尼采哲思录

The Records of Nietzsche's Philosophy

[德]弗里德里希·威廉·尼采　著　尤青　译

北京联合出版公司
Beijing United Publishing Co.,Ltd.

序言

呼唤意味着缺少

　　紧张工作的间隙，由于疲劳的侵袭，有时会突然感到伤感、空虚；热恋中的人有时会沉湎于不着边际的遐想，或者陷入莫名的烦恼之中；面对暮色茫茫的黄昏、沉寂的夜色、影影绰绰的山影、阵阵呼啸的狂风，在神秘的大自然、奇异的宇宙中，人会突然感到渺小、畏惧，不知所措，抑或身处逆境，在绝望之中不能自拔；面对冷酷无情的世界，人们认不清方向，看不到前途，既不能把握现在的命运，也不能寄望于未来……在即将走到人生尽头之时，忍不住回首，不论是留下不舍的目光，还是留下无尽的遗憾，结果都是一样。

　　这就是我们要面对的现代人生。长期以来，人们对人生的本质从来没有得到过统一的解答。在现实中，人类仍然缺少对于生活的理解：如何去爱？如何去实现生存的意义？如何去做一个真正的人？

　　"对于拥有再多，也不舍得给予的人，在别人看来仍然只是一个一无所有的人！对于那些自作聪明的人，我们感到的只有可笑！可悲的是，如今自作聪明者又如此之多，让这个本来不安静的世界，变得更加喧闹！"尼采发出这样的感叹。

　　如今的时代，没有多少人会认为自己的人生是成功的。人生固然有许多值得赞美的地方，但似乎不得不承认急功近利仍是人生的顽疾。人们似乎都很渴望成功，但对成功的理解却又十分狭隘。人生之于他们，并非是一种自由，一种完美。

1

完美的人生，需要哲学的关怀。

"假使你没有你所照耀的那些人们，你的幸福是什么呢？！"什么是人生？这是尼采苦苦思索并试图解决的问题。人生就是一条脚下的路，它可以让你登上巅峰，也可以让你滑下低谷；可以让你走向荣誉，也可以把你引向颓废。一个不问人生意义的人当然是不需要哲学的。可是，没有谁真正不在乎人生有没有意义。事实上，人们越是被世俗化的潮流裹挟着，在功名利禄上争夺、在人生的表面生活，心中就越是为人生意义的缺失而困惑、焦虑。因此，在今天的时代，我们比以往任何时候都更需要哲学来为自己的人生定位和定向。

对于人们用匆忙的世俗生活或虚假的意义来回避无意义的现状，尼采感到极为愤怒。他不懈地揭露着时代的颓废倾向，决心将无意义的命运承担起来，不靠任何宗教的、形而上的慰藉生活下去。他认为，哲学作为文化医生，是健康向上的生命力的产物。它在精神上最接近艺术，即只是对世界进行拟人化叙述的隐喻。哲学不应该把科学神化，把知识神化。于是，"治疗哲学"应时而生。他将哲学从观念的世界带入人们现实的生活，而我们需要的正是这样的哲学。它或许过于晦涩，但却洞察一切。人类无法改变天命与历史，但人类可以改变自己。因而我们需要尼采积极进取的人生哲学。

哲学的目的，就在于发现更光辉、更灿烂的生命；在于更深刻、更完美地表达自我；在于把希望、自由、幸福都带到人生里来；在于给予生命做人的勇气、信念和智慧。如果不是这样的哲学，我们也就不需要哲学家。如果一个叫作哲学家的哲学不是这样的，那他哲学家的帽子是戴错了。时代在变化，哲学也一样，哲学与人们之间的关系也如此。人们日益增长的兴趣不仅是冲着那些伟大的哲学家的名字，他们需要哲学对过去几十年的普遍经验做出负责任的说明。

我们需要共同面对世界，共同面对自己，共同创造我们的生活。人类需要一种互相的理解与认同，一种对于自身命运的共同占有，一种对于"人生是什么"的共同回答。人类需要这样一种能属于全人类的，人的哲学。

目录

快乐的知识

人性的价值

THE

RECORDS

OF

快乐的知识

哪里有知识之树，哪里就有天堂。

——弗里德里希·威廉·尼采

NIETZSCHE'S

PHILOSOPHY

客观存在的先驱者

　　不论我以怎样的眼光看待世人，总会发现那些千差万别的个人都心怀这样一个使命，即做对人类生存发展有益的事。然而，这种使命感仅仅来自人们自身存在的一种根深蒂固的、冷漠而又不可征服的行为的本能，而不是出自对人类的博爱。

　　虽然在日常生活中，人们通常会试图用一种短浅的目光将周围的人进行严格的区分，考虑他们对自己是有益的，还是有害的；是善的，还是恶的。不过，在对整个群体进行一个估计和长时间的思考之后，他们便会开始对自己的想法产生怀疑。最终，他们只好放弃了这种想法。因为，从保存本质的角度来看，最有害的人也许往往也是最有益的人。因为他不仅将自身的本能完好地保存了下来，还用自己的行为所产生的效应，保存了他人的本能。如果人类失去了本能的欲望，那么大概早已衰亡和毁灭了。

　　虽然人们将仇恨、奸邪、掠夺、统治欲等看作"恶的东西"，但是这些"恶的东西"都是体现本质的行为。当然，这些行为代价高昂，甚至还可以说是愚不可及。但是在使人类得以保存至今的诸多因素中，它们也是不可替代、至关重要的。你是否正处于违背本性的生活当中，我亲爱的朋友？这种生活是"非理性的"、"悲惨的"。几千年来，那些损害人类本性的东西，或许早已消失不见，现在即使是上帝恐怕也找不到它们了。请按照你自己的意愿行事吧，至善或者至恶的欲望，甚至是自我毁灭！无论哪种情况，你都能够在人类发展中起到至关重要的作用。这样，那些赞美你或者讽刺你的人也会被挽留下来。但是，你或许永远也找不到一个能够在你像苍蝇或者是青蛙一样可怜时，让你的心绪变好；而在你最得意之际，却能够嘲笑你的人了！就像人们通常会笑真理一样，我们常常也会嘲笑自己。然而，说到笑，就连那些伟大的人物对真理的认识都尚显不足；而天资最为聪颖的人也同样可能缺乏笑的天赋。难道笑是未来的事情吗？倘若在人性之中纳入了"个人与本性相比不算什么，后者才是最重要的"的箴言。人人都能够做到时刻用欢笑放松心情，缓解压力。那么，这笑或许可以与智慧联系起来了，并且也就有了所谓的"快乐的知识"。

不过，在有些时候，情况就完全不同了。在现存的喜剧认识观念尚未被人们普遍"意识到"之时，悲剧时代、道德时代以及宗教时代就悄然而至了。然而那些所谓的"道德发明者"与"宗教创立者"，以及为道德评价而斗争的人、鼓吹良心谴责和煽动宗教战争的导师层出不穷的情况，究竟是意味着什么呢？而那些活跃在历史舞台上的英雄豪杰们所代表的又是什么呢？事实上，所有的英雄都大同小异，其他偶然性的、可见的东西仅仅只是一种为英雄所做的铺垫。它们在一场表演中担任的角色，也许是道具、布景，也许是一些小角色——英雄的密友、贴身仆役（诗人就可以说是某些道德观念的贴身仆役），等等。虽然，这些悲剧人物自己认为所做的一切都是为了上帝的利益，并将自己当作上帝的使者。但是，这些行为的实质还是出自本性利益。当然，这是可以理解的。在生活中，他们对人们的生活信念起到了很好的促进作用，同时也促进了群体的生活。在他们看来"活着是值得的"，到处都可以听到他们叫嚷道："你们一定要重视，许多事物都隐藏在生活本身、生活的背后以及生活下面！"不论是最高贵者，还是最卑贱者，都同样具有一种会不时地将理性和激情爆发出来并且制造一些冠冕堂皇的理由来保存本性的欲望。而非要人们将这种欲望忘掉的做法是极其愚蠢和毫无道理的，虽然这往往是出于一种本能和直觉。我们都应该对生活充满热爱！不仅现在这样，将来也应该这样。因为只有对生活充满热爱，才能促进自我及邻人！伦理学导师为了使这成为今后人们生活的唯一目的及理性的、最终的信念而勇敢地登上了舞台。

他要论述的就是存在之意义并且在自己的观点中杜撰出了第二个存在。同时，他还通过新机械从古老的、一般的日耳曼人身上将旧的普遍存在取走。

在他看来，我们对存在和自身的取笑是绝对不被允许的，而且也不允许取笑他；他认为个人永远只是以个体的形式存在的，有可能做天底下最厉害的大人物，也有可能沦为一个微不足道、不起眼儿的小人物。然而，无论是怎样的人，都是作恶多端的；他还认为人不存在本性。他对于自然规律和条件的肆意曲解是多么愚昧和狂热啊！如果他们强迫人类就范的话，那么一切怀有可怕的伦理学的愚蠢与反自然倾向的伦理学家都足以使人类陷入灭亡的境地。

每一个"英雄"登上历史的舞台，都必将会带来一些新鲜的事物和让人诧异的笑料，同时也会给人们带来心灵的震撼。他们会这样想："我活着是值得的！"于是，无论是生活还是我们每一个人，似乎都突然之间对自身产生了兴趣。毋庸置疑的是，在这场战斗中，笑、理性和自然已经成为胜利者，而那些主张存在意义说的伟大导师只能以惨淡收场，一场存在悲剧最终演变成了存在喜剧。人性大体上是在"矫正性"的笑声里随着那些阐释存在之意义的导师的不断出现而改变的。现在，人性在原有的基础上又增加了一种希望这类导师和存在"意义"的理论出笼的需要。长此以往，人就逐渐变成了一种富于想象的动物。和其他动物比起来，在生存方面还多了一项新的条件，即必须坚信自己能够知道为何而存在。人类如果失去了对生活的周期性的信赖和对理性的信仰，就不可能达到像今天这样繁盛的状态。人类曾一度宣称："那些不可取笑的东西的确是存在的。"博爱主义者再加上一句："除了笑和欢乐的智慧之外，非理性的悲剧性事物也同样具有保存本性的作用。它也是一种手段，并且具有必要性！"

因此，我的弟兄，你们是否了解我的意思，明白这个盛衰规律了吗？我们也将拥有属于我们自己的时代啊！

思想界的起义

我们欧洲人正处在一片混沌的荒原世界中，这里虽然有些事物还高高矗立，但多数都已经坍塌倒下，进而腐烂，形貌可怖。这景致就像图画一样，到哪儿去寻找比这还要美的废墟——四处野草杂生的废墟呢？

教会就像一座破败的城池。我们亲眼看见基督教的根基已经动摇了，上帝的形象也在人们的心中轰然倒塌，对基督教禁欲主义理想的信奉正日渐式微。是的，像基督教这样一座历史悠久、精心构筑的大厦，这最后的罗马建筑。百年垒之，非一朝能毁去。然而，地震的震动、各种思想的啃啮、挖掘、凿击、腐蚀必然让它的坍塌加速。最令人惊异的还是，曾经竭尽全力维护和支撑这座大厦的人恰恰成了竭尽全力摧毁它的人，这就是德国人啊！看来，德国人似乎对教会的本质没有搞清楚。难道是他们智商不够高吗？或者是信仰太脆弱？南欧人的自由和自由思想为教会大厦奠基，还有南欧人对大自然、人和灵魂的怀疑。就是说，是与北欧人迥异的人生体验和认识。

马丁·路德的宗教改革，从整体来看，就是"单纯"对"复杂"的义愤。说得严谨一点儿，这改革不过是一场误解而已。是值得原谅的、粗鄙却又诚实的误解——人们忽略了一个有着诸多成绩的教会的特征，只看见了它腐朽的那一面；这是一种胜利的、自信的强权所许可的怀疑被人们误解了，误解了它的宽容雅量。今天，人们总是很友善，不会和马丁·路德在一些诸如强权的主要问题上所表现出来的灾难性的短视、肤浅和轻率斤斤计较。出现这些问题的主要原因是他来自民众，因为民众和统治阶级离得太远，缺乏夺取政权的本能欲望。

于是，马丁·路德的工作就把重建罗马教会的愿望仅仅变成了一项破坏性的工作，这并不是他的初衷，但也是丝毫未有察觉的。他怀着老实人的满腔仇恨，用力撕着那只老蜘蛛费尽心思、花了很长时间编织的网。他将教会的神圣典籍发给每个人。这些书落入了那些语言学家的手里，而他们是要消灭一切建立在书本之上的信仰。他破坏"教会"的概念，以抛弃神灵抚慰这一信念的方式。他很清楚，只要那些创立教会的所谓神谕或神灵启示思想，继续在教会中存在并在大厦的建设中起到作用，"教会"就能维持其力量。马丁·路德还把和女人性交的权利交还给牧师。民众，尤其是民间女性对牧师所持的崇敬态度大多是因为他们相信，在性上面特殊的人在别的方面也特殊。于是，民众对在人群里存在着被称为超人、神奇和拯救人的上帝深信不疑，而且这信念觅得了最高雅和最难于应付的律师的辩护。马丁·路德在给牧师送去女人之后，又剥夺牧师聆听教徒忏悔的权利。在心理学方面看这是正确的，但同时也就取消了牧师本身。因为牧师存在的最大作用就是做神的耳朵，那耳朵是一口沉默不语的井，一座帮教徒隐瞒忏悔秘密的坟墓。路德提出的"人人都是自己的牧师"的口号，这具有农民的狡黠的格言的后面隐藏的是他对"上等人"和他们统治的一种铭肌镂骨的仇恨。他粉碎了一个自己知道无法实现的理想，同时憎恶它蜕变的形式，并和它做最坚决的斗争。实际情况是，这个永不可能成为僧侣的人对教会统治是持排拒态度的。他在教会组织的内部做事情，做的恰恰是他在国家组织中万死不辞地通过斗争而实现的"农民起义"。

对于路德宗教改革所带来的影响，今天大体上是可以做出判断和评价的。可是，又有谁能幼稚地据此而对他做一个简单的评价呢？对于这一切，他是没有任何责任的，他不理解自己的所作所为。然而，不容怀疑的是，欧洲的尤其是北欧的粗浅鄙陋的思想以及这思想的"善意化"（假使人们还乐意听这样一个道德字眼儿的话），因为路德的宗教改革而前进了一大步。同时，宗教改革所引发的思想界的动荡，对独立的渴求和对自由权的信仰，使"思想和自然统一"。当人们承认宗教改革毕竟为我们现在所尊崇的"现代的科学"做了准备并推进这一价值的时候，也应补充说明一点，即宗教改革和现代学者的态度是起到了负面作用的。对于宗教他们缺乏崇敬、廉耻和深度；对于整个知识界却是天真烂漫的忠诚和老实。简单说来，思想界的平民主义也是他们影响的恶果。平民主义是近来两个世纪的特点，直到现在，悲观主义也没能使我们逃离平民主义的桎梏。

"现代的理念"也是这次北欧的农民起义的重要内容，这次起义反抗冷漠、暧昧、怀疑的南欧思想——将自己那硕大无朋的纪念碑建造在基督教会内的南欧思想。最后，我们还不应忘记，比之"国家的政权"，教会是什么？它首先是一种统治机构，它保障统治阶级和上层建筑；它信任思想的力量，认为没必要动用暴力手段。因而，教会不管在什么情况之下都要比国家政权显得高尚。

大家认为替道德辩护的最危险、最狡诈的律师在什么地方呢？这儿有一位缺乏教育的人，这个人才华有限，体会不到思考的乐趣；但他毕竟受过一定的教育，所以他是知道这种乐趣的。他百无聊赖、疲惫懒散、妄自菲薄。由于继承了一点儿财产，所以骗到的最后一个自我安慰是"劳动的赐予"，在所谓的"每天的工作"中忘却了自我。他对自己的存在是感到羞耻的，或许也隐瞒一些小的陋习。他只得读一些他理解不了的书，参加一些他无法领悟的思想界的交流，以此来博得虚荣，放纵自己。他全身中毒，因为对他来说，思想、教育、财富、寂寞统统都是毒剂，以至于他定然会滋生习惯性的复仇心态和意志。

大家请猜想一下，他必须得拥有什么东西才能使自己有着超过精英们的虚无的优越感呢？才能为自己至少是为自己的想象产生了报复之后的欢愉呢？他需要拥有的是道德，除此无他——我敢打赌！他需要道德的词汇；需要像咚咚作响的鼓声奢侈地谈论正义；需要智慧、神圣和美德，需要奉行禁欲主义（禁欲主义把人们没有的东西隐藏得多么巧妙啊）；需要高明的伪装是缄默、友善、温柔、敦厚。这些都是人们称为理想主义者的伪装，不可救药的妄自菲薄者及其虚荣心便在这伪装下大行其道。

但愿人们能朝着正确的方向理解我的话吧！从这类思想的对立面中产生了一批怪人，他们被民众认为是圣者、智者并大加推崇；滋生了那些嘈杂不已的、在创造历史的道德猛兽，圣奥古斯汀即是属于这一类。对思想有恐惧的心理，对思想报复——啊，这些作为驱动力的恶习就往往成了道德的发端甚至道德本身！即那种在地球上某些地方曾经出现过的要求；即哲学家对智慧的要求（最蠢笨、最骄矜的一种要求）。难道至今在印度和希腊不也主要是一种掩饰吗？有的时候，这要求许多谎言要假借着教育而神圣化，好像是为了要精心地照顾到年轻人似的，年轻人必须通过崇拜某些人物（通过被误导）才能约束自己并得以保护。

大多数情况下，哲学家的掩饰是为了自我救赎，把自己从疲惫、年迈、冷漠无情中拉出来。这是一种垂死的情感，也是动物濒临死亡时的本能智慧——它们会孑然独处、无声无息、甘守寂寞、爬进洞穴、变得智慧起来……什么？难道智慧就是哲学家对思想的一种掩饰吗？

知识和逻辑的起源

在漫长的岁月中，悟性除了给人带来错误之外，别无其他。当然，这些错误中也有被证明是有益的、对保存人的本性有帮助的。当遇到这些错误或者承袭错误的人，人们便心怀更大的幸福为自己和后代努力奋斗着。这些错误的信念被一代代沿袭下来，最终演变为人性的基本组成要素。例如存在以下一些错误信条：世界上有恒久不变的和相同的事物存在；还存在着物体、实体和肉体；一个事物看起来本身是什么，它就是什么；我们的意志永远是自由的、不受任何约束的；那些对我有益的东西，其本身就是有益的。如此种种，不一而足。

只是怀疑和否定这些信条的人在很久以后才出现，真理也便才露出头，这不过仅仅是一种无力的认知形式而已。似乎人们不希望与真理生活在一起，我们的肌体组织就是为了与真理形成对立而设置的。肌体的一些高级功能、感知以及每种情感都与那些自古就被接受了的基本的错误合作，甚至那些信条在知识领域竟然演变成了人们判断"真"与"假"的标准了，一直到纯粹逻辑最冷僻的范围，大概都是如此。这意味着知识的力量与真实的程度无关，而与知识的古老和被人接受的程度以及它作为生存条件的特性密切相关。

在所有生活同知识发生矛盾的地方，严肃的斗争决然不会出现，一切的否认和怀疑都被视为是愚蠢的。尽管如此，像古希腊的埃里亚学派那些不同凡响的哲学家，就曾提出了与那些错误相对立的观点，并一直恪守至今。在他们看来，这些相对立的观点是可以长久存在的。他们眼中的哲人是坚定、冷静、客观、视野开阔的，既是个人又是全体，具备一种处理反向知识的特殊能力；他们相信，哲人的知识就是我们生活的准则。哲人为了保持这一切，必须要对自己的现状产生某种错觉，同时还必须坚定地虚构出自己的冷静客观和恒久不变。对于认知者的本性给以深刻的误解，对认知中本能欲望的力量予以强烈的否定，将理性看作完全自由的、自发的活动。在反对普遍事物的斗争中，他们实践了自己的准则。但是这种准则的实现也会要求获得安宁、占有和统治的时刻。他们在面对所有这些时，都要用手捂住双眼，视而不见。诚然，诚实与怀疑的高度发展，最终是难以造就出这样的奇才的；他们的生活与判断完全依赖于最原始的本能欲望和一切能够感知的基本错误。只要是出现两种对立原则，则都能够适用于生活的地方。于是就会产生诚实与怀疑，因为这二者的共同点在于都能容忍那些根本性的错误，从而也就会出现争辩，争辩某种功利的大小。

诚实和怀疑常常也会在那些地方出现：在那里，对于生存而言，新的定则虽然无益，但至少也是无害的。它是一种智性的游戏本能的体现，如同一切游戏一样，它们是无害的，同时又能给人带来快乐。在人的脑海中，慢慢充盈着这种评判与信念。于是，在混乱的思绪中便逐渐产生出了一种极度亢奋的情绪、斗争与对权力的渴望。在为"真理"而战的过程当中，包括功利和欲望在内，几乎每一种本能都各有偏袒。智斗变成了工作、刺激、职业、义务与荣耀；知识与求真最终作为一种需要，被归到其他需要之中。于是，不仅是信念，还包括审察、否认、怀疑和矛盾，这一切都成了一种力量。一切"邪恶的"本能统统从属于知识，它们都是为知识服务的，而且获得许可、尊崇和有益的荣光，最终便成了"善"的眼睛，永远清白无辜。

于是，知识变成了生命本身的一部分，又进一步变成一种逐渐增强的力量。最终，知识同那些永恒的根本性错误相互纠结、相互冲突。二者都是生命，也都是力量；二者在同一个人身上共存。这样，此时的思想家变成了这样的人：在求真的本能被证明是一种保存生命的力量之后，他内心求真的本能便同那些保存生命的错误展开了第一次的战斗。其他的一切同这个战斗相比都是无关紧要的。此时，提出了关于生存条件的最后一个问题，也进行了第一次的尝试，并通过试验验证了这个问题。真理容忍那些被接受的错误的程度有多大呢？这个问题同时也是一个试验。

逻辑如何于大脑中产生呢？一定是从非逻辑中产生的，而这个非逻辑领域一定是非常宽广的。

有一个不争的事实，那就是过去的很多人所做的推论与我们今天完全不同！比如，谁如果不是经常依据谋生之道和敌视他的人去发现"同类"；谁如果对事物归纳概括得太过迟缓和谨慎。那么，谁继续生存的可能性就比能从一切相似中立即找到同类的那一个人小得多。

但是，将相似与相同同等对待，这种倾向虽然占有绝对的优势，但却是非逻辑的倾向。因为相同的东西本来是不存在的，然而这种倾向却奠定了逻辑的基础。正因如此，事物的变化必然遭受长期的忽视，以便产生一种对于逻辑的必不可少的物质概念，虽然没有什么实际的东西能够与这概念相符。

与那些在"变化流动"中观察一切的人相比，观察不甚仔细的人更占优势。因为在推论中过分谨慎，或者怀疑成癖，对生命本身就会构成极大的危害。倘若不努力培养出相反的癖好，就任何人都不能自保。这里所说的相反的癖好是指：宁愿肯定而不做出任何判断；宁愿出错、虚构而不愿等待；宁愿认同而不做出否定；宁愿评估判断而不要合乎道理。

现在，我们脑海里的逻辑思维和推论的过程同自身非逻辑、非正当的本能欲望的过程和斗争是相一致的，我们一般只是经历斗争的结果而已。现在，这个古老的机制正在我们的内心发动起来，如此迅疾和隐秘。

我们称作"诠释"的实则为"描述"，而从这描述中，又可以看出我们比古老文明阶段的认识和科学都要出色。我们擅长描述，但说到诠释，我们做得也并不比前人多多少。

我们现在能发现许多连续发生的事物，然而在古老的文明时代，单纯的人们与那些探索者所看到的仅仅只有两点——"因"与"果"。我们无法超越变化又圆满这一概念，也无法深入其的背后进行探究。在每件事的一系列"原因"呈现了我们面前时，我们就开始做出推断：这个是最先发生的，而另一个是紧接着发生的，可是最终却并无领悟。例如，每一次的化学变化过程和继续运动都称得上是奇迹，可没有人对引起继续运动的撞击做过任何"诠释"。我们又如何来诠释呢！我们仅仅使用一些不存在的东西，比如使用线、面、体、原子和可分割的时空。当我们最先将所有的一切都转变为概念——我们的概念时，又将如何来诠释呢？

将科学看作事物的人性化其实就够了；我们对事物及其先后顺序的描述，从而能够对自己进行更仔细的描述。"因"与"果"，估计不会再有这二元论了。我们面前有的实际上只是一种连续，但我们却将有些东西与这种连续孤立起来。就像是一种运动，我们感觉它是孤立存在的，而这种感觉还不是通过观察得出，而是通过推断。

我们的许多错误都是由许多的"果"所导致的，我们只是会感觉到很突然，而无数的过程却在这个突然的瞬间与我们擦身而过了。

将因果看作连续，而不要按照我们的本性将它们看作随意肢解的片断，将所发生的事情看作一种"流"。如果一种智力能够做到这一点，那么它便可以将因果概念抛弃，否定一切条件。

即使不存在新的追求知识的热情，科学依然会得到促进而发展壮大。现在，无论相信科学还是迷信科学，都很少表现出对科学的热情。对于科学而言，也没有被当作求知的热情，而只是现状和"风俗"。人们往往只会对知识感到好奇，对这一"风俗"已经习惯，这样就足够了。有的人这样做是为了名誉和荣耀，而有的人是因为不知怎样打发多余的闲暇而去读书，去收集、整理、观察，从而向别人转述。事实上，这些人的"科学欲"仅仅显现他们的百无聊赖。

有一次，罗马教皇里奥十世居然对科学唱起了赞歌，说科学是我们生活中最美的、最值得骄傲的、幸与不幸中的高尚事务。最后，他说："如果不存在科学，那么人类的一切活动都将失去支撑；即使在如今科学尚存，我们的行动还大有改进的余地的情况下，人们依然时常会对事物产生没把握的感觉！"然而，这个平庸却多疑的教皇，将对科学至关重要的评价隐瞒起来，这种做法同教会中所有对科学的赞颂如出一辙。从他的话里，人们听出他将科学置于艺术之上了。这对于他这个艺术爱好者来说，岂不是非常怪异的事情！原来，他这次对艺术高于科学的论调闭口不谈，仅仅是出于客气与礼貌而已。在他看来，尚未被挑明的东西才算得上"被揭示的真理"、"灵魂的永恒福祉"，也才称得上是生活的饰物与骄傲、支撑和稳定呢！

"科学并非不重要，只是二等事务，不是绝对的必需品，更不是追寻的目标。"这原本就是基督教对科学的评价，它深深地留在了里奥十世的心里！

科学在古代很难获得尊崇与褒奖，即便那些热心于科学的学者人也会将对于道德的追求放在首位；将知识当作道德可以利用的最佳工具加以赞美，这已经算是对知识的最高评价了。知识不愿只当工具，这在历史上还是很少见的。

"认识"的起源

我在民间听到这样一种舆论，民众中有人说"他认识我"。于是我就在思考这个问题：民众究竟是如何理解"认识"的呢？当民众需要"认识"时，他们究竟是需要什么呢？他们需要的只不过是将某些陌生的东西还原为某些熟悉的东西而已。

那我们的哲学家们对于"认识"的理解是否会更深刻一点儿呢？熟悉的意思就是我们对某种东西已经习惯，再不会对它感到惊奇。就像我们的平常生活，当我们身处它的自身规律之中，我们就对每件事情都非常内行。什么？我们寻求知识的需要和追求熟悉事物的需要不就是同一需要吗？不就是那种在一切怪异、不寻常、值得疑问的事情中发现使我们不再为之焦虑不安的东西的某种意愿吗？难道不是恐惧的直觉促使我们去认识吗？难道重新获得安全感不正是认知者的快乐吗？哲学家们将世界还原成"认识"，然后就说世界"已经是被认识的了"。噢，难道这不是因为他对这"理念"太了解、太司空见惯吗？难道不是因为他对这"理念"很少感到不安和恐惧吗？噢，这便是求知者的不思进取呀！看看他们的原则和对世界之谜所作的解答吧！每次似乎他们都能透过事物发现一些新的东西——只可惜那些都是我们屡见不鲜的。比如，我们的基础知识，或者我们的逻辑、愿望、贪欲等。他们是如此高兴！因为"不陌生的事物就是已经被认识的事物"。在这一点上他们的意见是相同的，胆小的那些人认为，熟悉的肯定要比陌生的要好认识，那么如何着手认识呢？从"心灵的内部世界"和"意识中的事实"出发，因为它们是我们熟悉的呀！真是荒谬之至！熟悉的就是习以为常的，而习以为常的却是最难被"认识"的。把习以为常的当作对象，当作陌生的、遥远的、"我们自身之外"之物来认识，真是相当不容易啊……

相比较心理学和意识要素的评论（所谓的非自然科学）而言，自然科学为什么可靠呢？就是它把陌生之物当作研究对象，并且研究对象本身就是矛盾和荒唐的。自然科学的研究对象从不是熟悉的事物……

时下几乎所有的欧洲人的职业都是生活的关怀硬塞和强派的。尽管在过渡时期，很多事物已经不再搞强派了。虽然有少数人有选择职业的自由，也只不过是表面现象罢了，仍然有大多数人的职业是被别人强加在身上的。

但结果却让人有点儿出乎意外的：绝大部分的欧洲人在年华老去时对自己在人生舞台中所扮演的角色感到很困惑，他们感觉角色和自己根本不相符，成了自己"技艺纯熟的表演"的牺牲品。当初左右他们择业的偶然因素、不稳定的情绪和独断专行，他们已然统统不记得了。他们原本可以尝试扮演别的角色，可现在已是来不及了！如果进行更深入的观察，则可看出，其实他们的个性是从角色中即人为的特性中转化过来的。在某些时期，他们坚定地认为自己是要从事这个职业直到终老，却不愿意承认这其中其实是有着很多的偶然因素。就是这样的信念使得阶级、职业、世袭的行业特权建立以中世纪为特点的社会高塔，塔的牢固和经久耐用值得称道（经久耐用性在世上具有头等价值哩）。

但是，也有和这不一样的时代，就是真正的民主时代。人们逐渐地忘记上面的信念，紧接着另一种大胆的信念、相反的观点浮出水面。比如一开始在培里克利斯时代，雅典人的信念相当令人神往；又比如当代美国人的信念现在越来越让欧洲人崇尚和效仿了。在这样一些时代，每个人都认为自己什么都可以做好，没有什么做不好的。每个人都在努力地做着各种尝试、即兴表演、全新的试验，而且带着非常好的情绪。自然的东西都停止了，变成人为的……

希腊人具备了这种艺术家的角色信念，然后就像人们后来了解的那样，他们一步一步地经历了奇异的、并不是每个方面都值得效法的变化：他们真的成了演员，来迷惑和征服普通民众，甚至最后成了"征服世界者"。然而我忧虑的是，而今人们能够明显地感觉到：假如人们心血来潮紧跟在希腊人的后面，那么我们现代人就全部走在一起了。如一个人，他感到已经是在演戏并且能知道演到什么程度，那他就已经是个演员了……

于是，在比较稳固、有许多限制的时代无法产生的新群体涌现了出来（在那些时代，这些人要么被置于"底层"，要么被紧缚双手或被怀疑为厚颜无耻）。因为这个而屡次出现最有趣也是最愚蠢的历史时代，那些奇形怪状的"演员"们主宰了这些时代；与此同时，另一类人的处境越来越艰难了，尤其是"建筑巨匠"。现今，建设力量业已瘫痪，作远景计划的勇气屡次遭受打击，组织方面的人才极度缺乏。又有谁会大着胆子做这件几千年才会实现的事儿？个体要对未来作远景规划，会为此付出极大的牺牲。他的价值和意义只是作为一座宏伟建筑物上的一块砖——这样的基本信念已经极少了！他为什么首先必须笃定地成为一块砖，而不做"演员"呢？

简单说来，从现在开始，社会不但不会被建设，而且也不可能再被建设了。因为建筑材料过于稀缺，我们已不再是社会的材料了。这就是现今的现实！然而，一些目光最短浅或许最老实但同时也最麻木的人却相信、希冀和梦想着相反的现实并大肆宣传，所撰文稿积案盈箱。我觉得这也无关紧要，他们用触目皆是的"自由的社会"这样的词语来描写未来。自由的社会吗？噢，这样的社会美是美啊！可诸位仁兄知晓吗？这样的社会用什么来建设呢？用"材质是木的铁"来建设吗？用著名的"材质是木的铁"甚至还不是"材质是木的铁"吗？

偏见的"科学"

依据划分等级的原则，中等智力的学者根本不可能看见原本重要的问题和疑问。因为他们的眼力和勇气都达不到那样的水平，更加主要的原因是，不管他们作研究背后的动机和计划是怎么样的，他们的愿望和探索也都是不求甚解，小富即安。

比如说，促使学究气十足的英国人赫伯特·斯宾塞热衷于虚构编造他那自以为是的"利己主义和利人主义"调和的动机是那么地让人讨厌。假如人类抱着斯宾塞的观点，并且是更改不了的观点，那我们肯定会感到，这样的人类何止是让人鄙薄，简直是该被灭绝的了！斯宾塞所认定的最高愿望对别人则是一种讨厌的可能性。

现在有很多唯物主义的自然科学家所坚持并确信的看法也是这样的，他们对这种看法感到非常满意，就是坚信在人的思想和价值观方面具有相同标准的世界，相信依靠我们那微乎其微的理性便可应付得了的"拥有真理的世界"。什么？难道我们真要把存在降低成账房先生那极为简单的算术练习和数学家的主观臆断吗？难道不应该首先剥掉存在那模模糊糊的特性吗？先生们，这正是良好愿望，即对在你们视野之外的一切东西表示崇敬的良好愿望所追求的呀！

对于世界的解释你们以为只有一种是正确的，你们也是以这种解释为标准来指导科学研究的，但这解释不过是依靠计数、计算、称重、观察和触摸啊！这种方式就不被认为是思想病态和愚笨，那也太笨拙和天真了。那么，与此相反的方法能不能行得通呢？首先需要理解存在的最表层和最外面的东西，即它的表象、皮肤、能被感知的肌体，或者仅仅领会这些东西？这样看来，大家所理解的所谓"科学地"解释世界简直是愚不可及、荒谬绝伦。我们讲这些话给那些机械论者听，这些人现在非常愿意与哲人为伍，而且错误地认为机械论是关于一切规律的学问，一切存在都是在这些规律的基础上建立的。然而，有着机械本质的世界也必然是有着荒谬本质的世界！

假设人们对于音乐价值的估价，是根据从它那儿算出的数字是多少，有多少能用公式来套。那么，对音乐进行这样"科学"的评价是何等荒诞不经啊！那样做到底领悟、理解和认识了音乐的什么呢？什么也没有……

有的人写文章，不单单是希望别人看懂，并且也是希望别人看不懂。当某人感到某本书不好理解。那么，这绝对不是对这本书的指摘和埋怨，这也许恰恰正是作者的意图哩！他就是不想让"某人"读懂。

任何高尚的思想或旨趣要推销和介绍自己，必定是要选择知音的。既然是有选择，当然也就会用屏障来拒绝"他人"了。大凡写作风格的所有准则都是在这儿发源的：站得非常远，保持一定距离，不准"进入"，也就是不让别人懂得；但是另一方面又觅寻知音，让那些与我们听觉相像的人仔细地听他的心曲。

我的朋友们，在这里我私下谈论自己的状况的原因，是我不想让自己的愚昧无知和活跃的性情使你们对我的了解有所妨碍。我不希望我的活跃妨碍了大家，即便是它能迫使我快速地应付某事。我在对深奥的问题进行处理时，就像在洗冷水澡时一样，飞快地进入，然后又飞快地出来。有的人说，在水里不能浸得太深，其实这是怕水的迷信，是没有亲身体验的理论。噢！冰凉的水让你的动作迅速！但顺便问一句：对事物只作浮光掠影式的接触和观察，是不是就肯定不能理解和认识它呢？是不是一定要像母鸡孵蛋一样整天对这事物追根溯源不可呢？是不是一定要和牛顿在谈论自己时所说的那样，做一个危险的人工孵化器呢？但至少还有着很多特别让人犯难、感到棘手的真理，它们都是刹那被人领悟到的，这实在是令人惊喜。

我风格的简明还有另外一个价值。我必须把一些让我很是费心思考过的问题中的许多东西说得言简意赅，让人听起来简单明了。我作为非道德者必须言语谨慎，不能玷污了别人的清白无辜。我说的是两性之中的老笨伯和老处女，他们除了从人生中获得的清白无辜一无所得。还有就是，我的文章还应该能勉励他们，激发他们去追求美德的兴趣。我不知道，在这世界上还有什么比看到欢呼雀跃的老笨伯和沉浸在美德的蜜罐中的老处女更让我开心的了。"我看见了这个东西"，查拉图斯特拉如是说。我已经说得太多了，委实有点儿违背了简明的初衷。糟糕的是，我对自己都没有办法再掩饰我的愚昧了。有时，我真为此感到羞惭，当然有时也为这羞惭而羞惭。

或许，今天我们的哲学家在面对知识时没有一个不是非常尴尬的：科学在不断地发展，侪辈中学富五车者也发觉自己所知未足多；既然这样，那么假如是另外一种情形——如果是我们所知过多，又将如何呢？或许更糟糕呢！我们的要务一直是这样：切勿搞错自己的角色，尽管我们也必须博闻强识，但和学者还是有所区别的。我们有着不同的需求、不同的成长，就是连消化也不同。有的时候我们需要的更多，有的时候又需要的更少。一位天才营养的需要，这是没有一定的准则的，假如他的兴趣是独立、改变、冒险、来去匆匆——这些只有那些动作迅速敏捷者才能胜任。那么，他还是宁愿生活得自由些，食谱内容单调些为好，以便摒弃羁勒和阻碍。一个优秀的舞蹈家在营养中汲取的不是脂肪，而是更好的柔韧性和更强的力量。我不知道，哲学家的思想所亟盼的东西与优秀舞蹈家的有什么不同。对于哲学家来说，舞蹈就是他们思想的典范、技艺，也是它唯一的虔敬，"对上帝的膜拜"。

理智的良知

我经常凭借着同样的经验去做事，在此期间还要做出一番努力去抵制它。尽管事实如此，但我却真的不愿相信：大多数的人都缺乏理智的良知。

我常常能够感觉到，如若用这样的良知去衡量，那么一个人身处人满为患的大都市就像孤身在荒漠中一样。每个人都以奇异的眼光看着你，并且用自己的尺度来衡量一切。他会觉得这个好、那个坏；而当你说这种衡量标准并不准确时，没有人会觉得羞愧，同时也不会有人表示愤怒，他们只会对你的怀疑付之一笑。

其实，大多数人事先并不知道赞成这个或反对那个的最有把握的理由是什么。他们只是一味地相信，并以此作为自己的生活信念。当然，他们也不会去花费心思去研究这个理由。然而，人们并没有因此而感到鄙俗和不齿，即使是最有天赋的男人和最高贵的妇人也常在"大多数人"之列。

但是，对我来说，善良、机智和天才又算得了什么呢？如果一个人在自己的信仰和评价中坚持马虎的态度；如果"对每件事都应有确切的把握"对他来说既不是内心最深切的要求和最诚挚的愿望，也不是用以区分人的高低的尺度。那么，这至少暴露出某些虔诚的人们对理性的憎恶和良知的泯灭！可是，就是有一些人，他们已经身陷这种重复一致的论调、莫名其妙的不确定性和多义性的存在里面。不去追问，更没有追问的欲望和兴趣，甚至他们还往往通过嘲笑发问者的呆滞来表达自己的憎恶之情。这便是我所认为的鄙俗和不齿，也是我要在每个人身上首先寻找的一种情境。

某种愚昧的思想一再说服我，让我接受只要是人都有这种情感的观念。我想这恐怕就是我的不当之处了。

一切高尚、慷慨的情感对卑贱的人来说都显得毫无意义，因而也是不可信的。当他们听到有关这种情感的讨论时，只会眨眨眼睛，似乎想说："也许这些东西是有一些好处的，可无论如何我是看不到的，谁能够透过墙看到那边的东西呢？"他们对用怀疑的眼光审视着高尚的人，就好像高尚的人正在隐秘的小道里找寻什么好处似的。一旦他们确信高尚的人并没有捞到任何好处，就会立刻换上一副得意的表情，蔑视和嘲笑高尚的人的快乐，把他们当傻瓜来看。"一个人怎么能在处境不利时还高兴得起来呢！怎么会眼睁睁地甘于身处不利境地呢！那一定是受了所谓的高贵的人的影响，失去了理性，出现了一种病态反应。"他们这样想着，随即又投去轻蔑的一瞥。他们是多么鄙视那些疯癫的人从坚定的思想中所滋生的欢乐啊！

大家都知道，卑贱的人眼睛只盯着自己的利益，他们一心都只想着怎样得到更多的实惠和好处，并且这种思想已经根深蒂固而且非常强烈了，甚至已经超越了本能的限制。他的智慧与情感就是绝不让本能误导自己去做无利可图的事情。高尚的人和卑贱的人比起来似乎更不理智，由于高尚、慷慨和自我牺牲的人往往会屈从于本能，当他处于巅峰状态时，便会失去理智。一只动物，会不顾自己的安危冒死保护自己的幼崽，或者在发情期追随异性而毫不顾及危险与死亡将至。它之所以会这样做，是因为它将所有的喜悦全部贯注在幼崽和异性身上，同时又担心这种喜悦随时都有被剥夺的可能。于是理性被暂时中止了，它的身心已经完全被喜悦和担心控制了，这时的它一定会比平时愚蠢许多，就像那些高尚和慷慨的人一样。

如果高尚的人的这种喜悦或者痛苦的情感趋于强烈，那么理智在它们面前，往往不是保持缄默，就是屈尊为它们服务。就像人们通常所说的"激情"，情感一旦爆发，心就跑到脑子里去了。（当然，有时也会出现所谓的"激情倒错"的反面情况。比方说，有一次，一个人把手放在丰塔纳的心口上，丰塔纳问他："您感觉到什么了吗？我最宝贵的还是我的大脑啊。"）这种激情是非理性的。在卑贱的人看来，高尚的人所谓的激情是向着客体而发的，而客体的价值是虚无缥缈的。他们总是受食欲的支配，因此感到十分恼怒。可是即使这样，他们还是可以理解那促使人变为暴君的饥饿的刺激，但却不能理解为何有人能够为了追求知识领域的某种激情而置自己的健康与名誉于不顾？

高等一点儿的人致力于尝试一些特殊的事物以及一般受人冷落、似乎并不美好的事物。他们的价值标准和一般人不同。不过在大多数时候，他们又认为自己的价值标准与常人无异，还将他们的价值和非价值当成普遍适用的价值和非价值。这样，他们的内心便在理解困难与不切实际中挣扎。他们深信自己具有潜藏在所有人心中的激情，并且对此极为热衷，还大加辩护。

如果这些特殊的人并不了解自身的特殊性，那么他们又怎么能够去了解卑贱的人，并且正确地评估世情常规呢！这也是他们认为世人愚昧、不当和空想的地方。他们对世界的混乱状态惊讶不已，为何世间有"亟待做"的事情呢——这恰恰就是高尚的人的不当之处。

平庸之中藏有真理

平庸藏真理，即使平庸的头脑也有最熟知的真理。因为，对于这样的人来说，这些真理太平庸了。这种人仅仅对具有刺激和诱惑力的真理的平庸精神感兴趣。就像现在，人们会遇到这样一个给人带来不快的论点。从那个时候开始，平庸的英国人便更加尊重这种精神了——在这里，我所指的是达尔文、穆勒和斯宾塞——它突兀而起于欧洲审美的中间地带，并且占据了重要地位。其实，谁愿意对其中的功利性产生怀疑呢？这种精神早晚会成为人们的主宰。人们认为这些高贵而会飞的精神是那么地伶俐，然后为此搜集大量卑微的事实，急于得出一个结论，但是这大概没有一点儿意义——他们，作为一种例外，刚开始就认为这种"规则"会处于不利的地位。最终，与其说这些人的学识渊博，倒不如说是他们做得多。也就是说，是利用某些新意，阐明了一些新的价值！

知与能之间形成的那道沟壑或许超出了人们的想象。因为，能者，是伟大风范的创造者。与之相对的必然是无知者；从另一个方面来说，就达尔文式的科学发现而论，人们可以将一定程度的褊狭、贫瘠和辛勤，处理得很好。最终，人们却不能忘记，他们凭借其深刻的平庸已经使欧洲精神出现了总体上的萧条。因为人们将它称之为"现代观念"，或者是"18世纪观念"，或"法兰西观念"的东西，使德意志精神"深沉"的厌恶掀起了浪潮，这些都源于英国。毫无疑问，法国人在这里仅仅充当了这些观念的狮狗或演员，同时一些人也扮演了英国的优秀士兵。同理，遗憾的是，法国人也充当了他们第一批以及最彻底的牺牲品，因为最后，由于"现代观念"的盎格鲁的可恶味道，使法兰西的灵魂变得非常稀薄。致使今天，在非信仰的影响下几乎又回想起了它的十六、十七世纪，以及它往日激情力量和高贵的发明。可是，人们必须闭紧嘴巴恪守住历史的公正原则，并且对眼前片刻的假象都不能掉以轻心。因为欧洲的贵族们，他们还是情感的贵族、审美的贵族、风俗的贵族。总而言之，所有崇高意义上的词汇，虽然都是法兰西的作品和发明，并且代表了欧洲现代观念的卑鄙和庶民主义，却也都归属为英国的。

法国，即使到了现在，也仍然是最具精神性和最雅致的欧洲文化驻足的地方，以及具有审美性的高等学府。可是，我们在这里必须懂得如何寻找这个"具有审美性的法兰西"。一切属于这个国度的人，都具有良好的隐蔽性——无论是活着的，还是仅仅是一个特殊的小数目人群。这里面甚至还包括无法靠大腿的力量站立的人，一部分宿命论者、奄奄一息的人、病人，以及一部分矫揉造作的人。这样的人具有一种将自身隐藏的虚荣感。对广大人民来说，某些事情则是卑鄙的。因为，这种人从不理会民主主义资产阶级发出的愚蠢怒骂和震耳欲聋的胡说，甚至对此不闻不问。

事实上在今天，站在前台的这个愚化了、粗俗化了的法兰西——新近。它在安葬法国作家维克多·雨果的时候，举办了一场真正的非审美、自我欣赏式的豪饮之宴。对于他们而言，或许还有一些相类似的东西，即一种抗拒精神、日耳曼化的善良意志——更显现了它的无能！或许，叔本华现在已经莅临了这个具有精神性的法国。这样一来，他也成了法兰西悲观主义的一员。在这里，叔本华比在德意志那里更享受到了一种宾至如归的体验，而且更加亲切。对于亨利希·海涅就更不用说了。他早已将巴黎的更为雅致、更为苛求的抒情诗与人们的血肉相连。或者，我们也不必再说黑格尔了。今天他以泰纳的形象——这个形象也可以称作第一位活着的历史学家的形象——发出了一种几乎暴虐的影响力。但是，当我们说到里查·瓦格纳，法国的音乐往往按照现代灵魂的实际需要来塑造自身。而它越是这样，就越体现了"瓦格纳化"。对于这一点，人们可以预告——它真的已经干得够意思了！但是，今天的法国人，凭借自豪的情感所提供出来的当作他们的遗产和财产的东西，当作一种欧洲古老文化优势的、仍然存在的、类似纪念碑式的东西，仅仅是三分老铜板。虽然其中体现着一切自愿及非自愿的审美的日耳曼化和庸众化。因为，技艺高超的激情能力——一种为"形式"做出牺牲的能力，正是由于这种形式才创作出了那句"为艺术而艺术"的话。这种东西在法国，三百年来都仍然在耳边回响，而且常常老调重弹。幸好"少数的敬畏之情，使这一类文学成为可能"。

法国人对欧洲的优势建立的第二条，就是它那悠久的道德文化历史。这种道德文化使人们平均起来，甚至在报纸上随意刊登的微不足道的小说家的作品和有时出现的巴黎野鸡那里，也出现了心理学上所说的刺激性和好奇心。对此，人们在德国是找不到什么概念的，更不用说找出任何事情了。对于德意志人来说，他们为此已经减少上百年的道德工作。但是在法国，这一点却是省不下来的；所有将德意志人称为"幼稚人"的人，会因为匮乏而为他们准备好一种赞誉。这与德意志在心理学的愉快艺术的对立面没有一点儿关系，但却与德意志交往的无聊性，有着较亲近的关系。一个对法国式真正好奇的发明天才，已经为这个体弱多病的大国做出了最成功的表达。亨利·贝尔就属于这样的人，他是一位令人奇怪、奋然先行的人，他选择以拿破仑的速度跑遍了整个欧洲，而且途经欧洲灵魂的许多世纪，成为一个灵魂的探寻者和发现者。亨利·贝尔是一位奇妙的伊壁鸠鲁式的享乐主义者，也是一个满身问号的人。他是法国最后的、最伟大的心理学家——对第三个优势还有一个要求：在法国人的本质中，曾经出现过十分成功的北南综合，这种做法使他们明白了很多事物，而且做了一件令英国人出乎意料、无法理解的事儿。

他们禀性的周期性中，不时涌动普罗旺斯和利古里亚的血液。这种禀性使他们远离了北方远古那种令人战栗的朦胧和黑暗的矛盾，以及贫血的侵害——我们称其为德意志的审美病。我们现在所面临的是人们以过分张扬的铁血决心。我想说的是，为自己安排的"伟大的政治"——在一种危险的疗法下，我等了很久，可是最终也没有聆听到希望的教诲。即使是现在的法国，也仍然有对那些为数不多的自满自足的人提出的先见之明予以盛情欢迎的。这样的人随处可见，根本不值得为哪个之说产生丝毫的满足感。而且这样的人善于在北国热恋着南国，而在南国又热恋着北国——正是由于这种先天的中央国度、"善良的欧洲人"；正是为了他们，乔治·比才这位最后的音乐天才创作了音乐。他看到了一个崭新的美丽诱惑——南国一部分音乐都是属于他的。

哲学与天才

在真理方面，现在的哲学已经发展得五花八门了，不禁令人生疑，所有的果实是否最终都能成熟。科学的范围和层次已变成了巨无霸，从而出现了这种可能，即身为学者的哲学家会变得身心疲惫，或者将自己放置在一个地方，使自己"专门化"。这样做的后果就是使自己不再登高，不再仰视、环视、俯视；或者，因为他不再拥有最佳的时机和力量，导致他登临太迟；或者，因为他受到伤害、变得粗糙、蜕化变质，甚至他的眼力，他的整个价值都不再有意义。正由于他智力良心的雅致，使他中途退缩；因为他害怕自己不小心成为门外汉的一员，或者误入千条大河和上万个感觉触角中。对此他太清楚不过了，一个对自己都已经丧失敬畏之情的人，在作为认识者的同时，也不会再发号施令了，并且失去了领导能力。因为他一心想当一位伟大的演员，成为哲学的卡格里奥斯特罗和精神的老鼠夹子。换句话说就是，成为诱惑别人的人。归根结底，这属于审美问题：如果它不是一个有良心的人提出的问题的话。那么为了再一次成倍加重哲学家的困难，他不会要求自己对科学，以及对生命和生命的价值做出判断，做出肯定或否定的回答——他不愿意学习、信仰对这种判断具有的权利或义务，而仅仅是从最广泛的，或许是最具干扰性、损坏性的经验出发，而且必须偶尔停下脚步、深思熟虑、少言寡语，为自己寻找一条通往那种权利和信仰的道路。事实上，众人长期混淆、忽略了这位伟大的哲学家，不论将他同科学家和理想学者相混淆，还是升华为与宗教的、没有感性的、"超凡脱俗的"上帝的拥护者和醉汉们相等同；如果今天有人还能听到对他的夸奖，这大概就不再是"聪明和超脱"了。明智——在庸人眼中似乎就是果实、手段和艺术品，借助它脱离糟糕的游戏。但是，正经的哲学家——在你们看来就是我的朋友，是吗？——让你们"非哲学"、"非明智地"继续生存吧！"非明智地"感受责任和义务，经过千百次尝试和诱惑生命吧——他自己要坚持不懈地冒险，他要去玩那糟糕的游戏……

　　同一个天才相比，也就是说同一个既不生也不育的人相比。"生"和"育"这两个词也被纳入其最高级的范围之中。学究、迂腐的科学者，经常到老处女那里捞取一些东西：因为，他们不具备立刻掌握人的上述这两项事务的能力。事实上，人们已经承认了学究和老处女的威严，好像出于一种补偿——人们喜欢在这种场合强调威望——由于这种承认的强制性而拥有了同样烦恼的同位语。我们更需要清楚地关注：科学者是什么？首先，他只是一个并不高贵的人类类型之一。之所以说他不高贵，主要因为他并不占据统治地位，而且是不自主、不自足的一种；也因为他的勤奋，在序列中富有忍耐性的编排，在能力和需要方面表现出来的平和和有分寸，他具有与他同等的人所必需的本能。这里最主要的就是认可，它是前提。但是他恰恰站在伟大涌流之人的前面，无比寒冷和萧瑟——此时，他的眼睛如同一个被冰冻的湖面，这里再也不会有激动和同感的波纹。一位学究所能做的最糟糕和最危险的事情，对他来说，完全出自其类型的平庸的本能。因为，出自平庸的耶稣会教义，它的工作内容就是本能地消灭与众不同的人，并且将那张如满月的弓折断。或者，宁愿如此并试图收弓。松弦，当然也体现了顾盼之情，用留情的手、用过分悲伤的同情做事：这就是耶稣会教义最本质的艺术，也是通晓使人进入同情宗教之门的艺术。

对于"伟大"的诠释

我仍然坚信，人们最终都没有将哲学工作者同所有科学研究者和哲学家混淆在一起——正是在这里，人们必须严格地"各得其所"，不要分配不均，一部分人给予的太多，一部分人又分配的太少。希望给现实上一课的哲学家，他自身也要站在所有等级上，甚至是他的仆人、哲学家工作者之上，而且他必须始终站在这个等级上；同时，他必须是批判家、怀疑论者、独断论者、历史学家，并且还要是诗人、收藏家、旅行家、猜谜者、道德家、预言家，同时还要成为观察家和"自由精神"，甚至一切的一切。从而可以围着人的价值和价值感的圆圈大饱眼福，带着各种眼睛和良心登高远望，从低到高，由角落至辽阔细细地观察。

可是，这一切仅仅是对下述的使命的准备：这种使命本身却想着另一样东西——它希望创造价值。哲学工作者以康德和黑格尔的高贵作为样板，必须对伟大事件做出伟大的估价——这被称为是从前的价值设定。创造价值，已经成为占据统治地位的东西了。它还被人们看作当时的"真理"——被强行套入公式，无论在逻辑、政治、道德，还是在艺术家的领域中都有所体现。这些研究者的责任就是，将此前的所有事件以及被估量的事物弄成一目了然，可以想象、理解、把握的东西。的确，所有长度和"时间"本身都要缩减并且压倒全部既往。这是因为它是一种庞大而神奇微妙的使命。为它奋斗，我敢说，任何一个雅致的傲慢、坚韧的意志，都会心满意足。可是，那些原来的哲学家仍然是发号施令者和立法者。因为他们说："就应该如此！"他首先应该确定的是人的行动方向，不是吗？为什么要确定这个？就为了人，所有哲学工作者、一切以往的征服者的准备工作都在他们的掌控之中——他们能够用创造的手捕捉未来。所有存在的东西，不论现在的还是过去的，在这里，都成了他们的手段、工具。他们的"认识"就是创造，而这种创造就是立法，也就是他们所需要的真理的意志——权力意志。不知道今天是否还有这样的哲学家？过去有过这样的哲学家吗？难道必须有这样的哲学家吗？

依我看，事情的发展趋势正是如此，作为明天和以后所需要的哲学家，他们无论处在什么时代，都一定是矛盾着的，而且必定是这种情况。因为，他的敌人大多都是不断变化的。到目前为止，所有这些的特殊倡导者，都将他们称之为哲学家。可是他们自己却很少能感觉到智慧之友的存在，更多的则是感觉自己是一个不被人喜欢的傻瓜。

但是，他们所肩负的艰苦、非情愿、无法证明的使命，却使他们在这个无良时代已然逝去很久之后才发现它的伟大。既然他们通过这种"活体解剖"的方式，将尖刀逼进了时代美德的胸膛，那么他们就将自己过去的秘密全部暴露出来了。为了明白一种崭新人类的伟大，为了走上这条人类伟大的道路。在同一时代道德最受人们尊敬的类型中，他们总要将隐藏着的虚伪、懒散、怠慢，以及任性堕落和谎言残留下来的美德都揭示出来。每次他们都会这样说："我们一定要深入到它们今天感到宾至如归的地方。"当我们面对一个"现代观念"的世界时，任何人都想把它赶进某个角落，或者是"专门性"的观念里面。

当然，或许会有一位哲学家——如果说某一天真的出现了这样的哲学家——被迫将人的"伟大"植入到他的广泛性和众多的全体性之中。因为，也许这位哲学家真的会按照一个人所能容纳的，将他的责任绷紧到某种程度来确定他的价值和社会等级。今天，那种人为的义务时代的审美和读报意志正在削弱，而且是趋于暗淡，因为任何东西都没有意志那样衰弱地恰逢时宜；

换句话说也就是,纳入"伟大"概念之列的是哲学家理想中具有的意志的强大、坚硬和进行长久决断的能力;通过一种似乎荒唐、放弃、沮丧、失去自我的颠倒学说和理想那样美妙的权利,我们可以测出一个颠倒的时代。

这样的时代,与 16 世纪一样,遭受了意志的能量和自私自利的洪水式的苦难。苏格拉底时代,身处疲惫的、嘈杂的、保守的老雅典人群中——他们或许是闲散的——"为了得到幸福",就像他们所说的那样;"为了享受快乐",他们这样做着。就是在这里,他们总是满口炫目震耳的言词,但是他们的生活早已剥夺了他们讲这种话的权利。或许灵魂伟大如苏格拉底式的老医师和庸人的安全离不开讽刺,无情的老医师狠狠地切入自己的肉,就像切入了富贵的肉、显贵的心一样。只是看了一眼,医师就清楚地说:"不要挡道!在这里——我们都是平等的!"但是今天,情况则完全相反。在欧洲,群畜独受尊重而且分享光荣。

"权利平等"或许会成为非权利中的平等。在这里我想说,一切罕见的人、陌生的人、特权的人、更高级的人以及更高级的灵魂、更全面的义务、更伟大的责任、创造权力的充盈都和统治进行着战斗。今天,"伟大"概念已经有了新的诠释,即高贵的存在、为己而存在、能另外存在、独处和依靠自己的脑与手生活。但是,哲学家却会违背自己理想中的某些东西,如果哲学家提出:"伟大应该指最伟大的那个人,也可以是最孤独的人、最隐匿的人、最会走僻径的人、超越善与恶的人、美德的主人、意志充沛的人,这才算得上是'伟大'。因为,多倍,可以代表全体;广阔,则表示充沛。"顺便问一声:伟大——在今天可能实现吗?

伟大的健康

我们是新人，寂寂无名之辈，难以被理解的人，属于那还没有被验明正身的未来的早产儿。为了达到新的目的，我们需要一种新的手段，即新的健康。它比到现在为止的一切健康更健硕、更有韧性、更加精明、更要大胆、更为快乐。

谁的心灵冀求经历那延续到现在的一切价值，经历一切值得期盼的事情，拿定主意决定乘船周游理想的"地中海"沿岸；谁想在自己的冒险经历中体会一下那些实现理想者的勇气。比如说，艺术家、立法者、圣者、学者、智者、虔诚者、预言家、老式的非凡者等。那么，谁就必须要有伟大的健康。因为这类人无法回避地一再牺牲健康，所以还必须一再重新获得健康！

我们，追寻理想的阿尔戈船员，在漫漫旅途中也许是勇猛有余、谋略不足，尝尽了沉船的苦难。但是我们现在更健康了，并且是具有再生力的健康。我们为此获得的报偿是：发现了广阔无垠的新大陆，理想的彼岸，一个充斥着华美、奇异、可疑、恐惧和不同一般的世界，以至于我们没有办法来掌控好自己的好奇心和占有欲。噢，能使我们满足的再也没有什么别的东西了！我们怀着对知识的热情期盼，并且视野开阔、见识增加了之后，又怎么能够以当代人为满足呢？我们毫无疑问地带着反感、严肃的心态去看待当代人的种种目的和企图，或许还会把它们看作平常事，不予重视呢！这当然是不够厚道的，但却是无法避免的呀！

另一种怪诞、迷惑、危险的理想又显现在我们的面前，我们是不会劝说任何人去追寻它的，因为我们不会把追求它的权利赋予任何人。这理想只属于这些人，他们纯真地和至今为止一切被称为圣洁、善良、神圣不可侵犯的东西沆瀣一气，而且还认为是"至高无上"的东西——民众想当然地也以此为价值标准——实则是危险的，至少是暂时迷失自我的。这看起来是一种符合人性甚至是超越人性的、善意的理想，可是它又常常显示是有违人性的。比如，它比之世间的真情，比之一切严肃凝重的表情、言语、眼神、道德和使命，就显露出它有违人之常情的一面。然而，或许也是正因为有这种理想的存在，世间才会出现伟大的真情，人们才会有问题的提出，心灵的命运才会出现转机，时针才转动，悲剧才会产生……

在以前，哲学家都害怕感官的东西，我们是不是将这害怕抛到九霄云外了呢？如今，我们这些哲学界的当代人和未来者全部已经变成感觉主义者了。这倒不是依照理论，而是依照实践才得出的这个结果……

以前的哲学家认为，感官会诱导他们走出那个萧瑟冰冷的"理念"王国，进入某个南方岛屿。他们不无担忧，也许恰恰是在那个南方岛屿上，会让他们的哲学家美德在令人目眩的阳光下消融。"将耳朵塞紧"，这在当时几乎是对哲理追根问底的人必须做到的，他们已经不再聆听生活的乐章，非但不听，还要否定这乐章呢！

现在，我们乐意做出相反的判断（说不定也是错误的）：理念比之感官，是更具危险性的毒害。它有因缺少血液而冷静的外表，但又得靠哲学家的"鲜血"来生存，将哲学家的感觉器官甚至"心房"完全消耗干净（如果大家相信我们的话），这些先贤便成了没有心肝之人。哲学的研究成了吸血鬼的吸血行为。对于斯宾诺莎这些人的形象，难道大家不感到恐惧吗？难道大家没看见这儿上演的戏剧越来越苍白了吗？诠释的理念越来越唯心了吗？难道大家没有想到身后长期隐蔽着一个吸血鬼，它先是吞食感觉器官，最后只是留下了叮当作响的白骨一堆吗——我指的是哲学范畴、公式和表述的言语（因为——请原谅我这么说——斯宾诺莎剩下的哲理爱神不过是嘎嘎作响的噪音罢了，已经被吮吸得滴血不剩时还谈什么爱、什么神呢）。总而言之，一切哲学上的唯心主义到现在为止都成了一种疾病，它不像柏拉图那样谨小慎微地注意健康，没有惧怕的感官，也没有一个聪明得像苏格拉底那样的门徒的智慧。

也许是我们现代人不够健康的缘故，所以柏拉图的唯心主义对我们来说就没有必要？而我们不惧怕感官的原因，是因为……

信仰的陨落

最近发生的最重大的事件是："上帝死了"，基督教的上帝不再值得相信。

当这件事情发生的时候，最先受到影响的是欧洲大陆。不管怎么样，至少对那些用疑惑的目光审视这场戏的人而言，太阳仿佛陨落了一般。一种古老而神秘的信任变成了谎言，这一切注定我们的世界走向黑暗、走向衰弱。也许我们还可以这样说：这件事情过于重大，几乎超出了大多数人的理解范围，因此他们从未触及过这些，也就不会明白由此带来的后果，以及随着这一信仰的毁灭哪些东西会随之消失。例如，整个欧洲的道德观念，原本都是依附于这一信仰的。

破败、沉沦、毁灭，这一系列即将出现的后果，又有谁能够对眼前的状况做出充分的预测，才不愧于成为宣布这种可怕的逻辑的导师呢？才不愧于成为宣布这种从未发生过的日蚀和阴暗的预言家呢？

人类是天生的释谜者，立于高山之巅期盼着未来，身处于今天和未来这两者的矛盾之中，就好像下一个世纪的第一胎婴儿一样。现在，我们已经可以看见那即将笼罩在欧洲大陆之上的阴影了。但是，究竟是因为什么，我们对这些阴暗没有一丝同情？而且丝毫没有担心过自己的处境，反而期盼着这场阴暗的到来呢？可能是因为我们深受近期这些事件的影响吧！可能这些影响与人们估计的偏偏相反，不是悲伤和沉沦，而是一种难以名状的新的明亮、幸福、欢愉和勇气。

是的，只要哲学家与"自由自在的天才"听到"上帝已死"这个消息，就会立刻觉得整个身体都沉浸在朝霞之下，我们的心就会流露出感激和期待。最终，我们的视野越过障碍。尽管这时的视野并不是非常明亮，但是我们的航船已经再度起航，做好了一切准备去面对重重危险；我们再度为了伟大的知识开始了冒险之旅；我们的海洋再度敞开胸怀。

人们都知道这样一句话：在科学的领域，信念并没有公民权。除非当自己将信念贬低为某种谦虚的假设、短暂的尝试、可以改变的幻想时，它们才会得到批准进入科学的领域，或者得到某种价值的认可。但是，这一切必须加上一项限制——它们必须在所谓的"警察"监视之下进行。

说得更准确一些，这是否就意味着当一种信念不再被重视的时候，就可以进入科学的领域了呢？是否对科学的约束就意味着人们不应该轻易地产生信念了呢？也许就是这样吧！但是我们必须质问一句：如果约束生效，是否必须产生专横的强制、绝对的信念，让其他信念成为它的牺牲品呢？

大家都知道，科学必须以某种信念为基础，"没有假设"的科学是绝对不存在的。我们是否需要真理？面对这个问题，首先，我们应该肯定地回答"是"；其次，让所有原则和信念这样表达：真理是非常重要的，所有事物与真理相比都是次要的。那么，追求真理的绝对意志是什么呢？是不被欺骗和不欺骗吗？

追求真理的意愿可以理解为"没有欺骗"的意志，首要条件就是"不欺骗"，这个法则也包括"不自欺"。但是，人为什么不愿意欺骗他人，也不愿意受骗呢？有人说过这样一句话，"不欺骗"和"不被欺骗"二者之间完全不在同一个范围之内。不愿意被人欺骗，这是因为受骗不但会给自己或者周边的人带来伤害，甚至会带来毁灭性的打击。因此，人们对科学提出正当的责问是一种历久不衰的智慧，可以说这也是一种功利。那么，单方面不愿意被欺骗真的可以减少伤害吗？对于生活的了解，难道决定了最大的益处取决于信还是不信吗？如果二者需要兼备的话，那么科学应该如何得到它赖以生存的绝对信仰——比一切都重要的东西——真理呢？如果真理与非真理都在证明自己的功利性，那么也就不会产生信念了。事实就是如此。

因此，对于科学的信仰而言，它是毫无争议地存在的。信仰并不是依据这种功利得出的，而是依据追求真理的意志产生的。当我们将所有信仰都扼杀在科学之上时，我们就可以了解不惜一切代价的含义了！因此，追求真理的意志并不代表"不欺骗"和"不被欺骗"，而是代表"不愿意骗人，更不愿意自欺"。对此，我们没有任何其他的选择。于是，道德就出现了。人们总是一个劲儿地问自己："我为什么不愿意欺骗别人呢？"尤其是在生活出现虚伪的时候（这种情况一定会出现的），我所说的虚伪是指——欺骗、错觉和诱惑。但是，它又总会表现出一种真诚的模样，也许这就叫作企图，也可能叫作堂吉诃德式的荒唐，也可能被称作某种可恶的东西。例如，敌视生命或者毁灭性的原则。因此，"追求真理的意志"也许就变成了追求死亡的意志。

为什么要将科学的问题引到道德的问题上来呢？假如生活、历史、天然都是不道德的，那么道德也就毫无用处了。所以，对于一个寻求真理、相信科学的人来说，世界是与生活、历史、自然相联系的。但是，在哪种程度上他才会相信这另外的世界呢？是否他会因此而否定这另外的世界的对立面，即现实的世界呢？

据说，人们很早就领悟到，对于科学而言，始终还是依赖于一种形而上学的信仰（我也这么认为）。即使是如今的求知者、无神论者、反形而上学者，也是依赖于那个古老的信仰——基督徒和柏拉图所点燃的火堆中取火的，在他们眼中上帝就是真理。但是，当这种信仰再也不值得相信，或者没有任何东西去证明自己的神圣，或者上帝也承认自己就是谎言的时候，那将会出现怎样的局面呢？

亲历的哲学

让我觉得幸运的是，导致肯定和否定之路的原因，在经历了数千年的迷惘与混乱之后，终于又被重新找到了。

我教导说，要对一切使人软弱、衰竭的东西以否定。

我教导说，要对一切使人强壮、积蓄力量、为力辩护的东西以肯定。

到目前为止，其他人还从未教导过什么，这是因为存在道德、无私和同情；其他人教导过连生命都要否定，这体现的乃是衰竭者的价值。

我在经过衰竭现象生理学的长期思考之后，被迫提出了一个问题，那就是衰竭者的判断深入价值世界的程度究竟如何。

即使是对于我这样一个对某些陌生领域相当在行的人来说，我所得出的结果都是如此令人惊叹。因为，我发现了所有最高价值的、主宰人类、至少使人变得驯服的价值判断，都能够归结为衰竭者的判断。

我用最神圣的名义得出了一个毁灭性的倾向——有人将虚弱之物、教诲虚弱的人和传布虚弱的人称为上帝。我发现，"善良的人"即颓废现象的自我肯定形式。

叔本华也曾教诲过的那种道德，它可以说是最高的、唯一的道德，同时也是一切道德的基础。这是因为在我看来，那种所谓的同情和任何恶习相比，都要危险很多。在类中的选择仅仅在原则上被取消了，从衰败中净化。这就是说，迄今为止的道德是真正的道德……

要尊敬灾祸——就是对弱者喝道"灭亡吧"的那个灾祸……

有人将反对灾祸——将使人退化、腐败的行为称为上帝……人们不应该无缘由地借用上帝的名义……

种族腐败了——然而却不是因为其本身的恶习，而是由于它的不学无术，它不认为衰竭就是衰竭。生理学上的混淆是一切灾祸的根源……

我们最大的误解就是道德。

问题：衰竭者是如何达到为道德立法的目的呢？也就是说：末人是如何取得权力的呢？……具有动物本能的人为什么竟然本末倒置了呢？

悲剧是什么？我曾不止一次地指出亚里士多德的伟大误解。因为他自以为是地认为这两种欲望——恐惧与同情，即是悲剧的欲望。如果他说的是真理，那么悲剧就可以看作一门有生命危险的艺术了。这是因为人们想有必要告诫他人要像提防某些危害公众和声名狼藉的事物一样小心悲剧。换句话说，艺术、生命的兴奋剂、陶醉感和意志，在这里就是为颓废运动而效力的，如同悲观主义的婢女一样，是对健康有损害的。习惯上，那些能够激起恐惧和同情感的东西也同时起着瓦解、削弱的作用。在叔本华看来，人们应该从悲剧中得知天命。如果这个论点正确，那么，悲剧也就变成了消融的过程。因为艺术的本能将生命的本能毁灭了。一些如基督教、虚无主义、悲剧艺术、生理学般的颓废现象全都携起手来了，而且在同一时间取得了优势，互相驱使，向前——向后……悲剧在这里简直就成了衰败的象征。

人们可以无情地将这样的理论驳倒。换句话说，人们可以借助动力计测量出悲剧情绪的效果，还可以得出最终只会否认分类家的绝对欺骗性的结果——也就是将悲剧当作一种滋补药品。如果叔本华从来没有想过要了解这个问题，如果他坚决地认为整个沮丧情绪就是悲剧的状态，如果他试图使希腊人明白，他们似乎根本就没有站在世界观的高度。那么，这乃是偏见、体系的逻辑、分类学者的伪造。因为这属于那种拙劣伪造中的一种，它逐渐地将叔本华的整个心理学摧毁了。

我达到了"肯定"的新路——到目前为止，所有我认识和亲历的哲学，都是志愿寻找生命的、令人厌恶和声名狼藉那一面的尝试。我从长期跋涉的经验中学会了用另一种眼光去看待迄今为止的一切有关哲学的论述——即哲学的秘史，我从中也明白了被冠以哲学大名的心理学。"一位思想家所能承担的真理会是多少，而敢于说出的真理又有多少"——这成了我真正的价值测量器。怯懦其实是错误的……而一切的认识成就，都是勇气、严于律己的结果……这种我所亲历的试验哲学，甚至尝试着要预言最原则性的虚无主义的可能性。然而这并不是说哲学总是坚持否定的，而是要否定的意志。毋宁说，它想要达到的是相反的那一面——直至狄俄倪索斯肯定世界就是如今这个样子的，不打折扣的，全无任何例外和选择的。哲学要求永恒的循环——即同种事物所联结的同种逻辑与非逻辑的永恒循环。这对于一位哲学家来说，称得上是最高状态了，也是对生命抱以狄俄倪索斯式的态度。我的公式即是热爱命运。

认为生命过去被否定的一面是必然的，是不够的，还应认为它是受欢迎的。这也在上述公式的范畴之内：即不仅对于过去被肯定的一面来说是受欢迎的，而且出于这一面的考虑，作为生命的更有力、更丰富、更真实的一面来说也是受欢迎的。这是因为，生命的意志会在这一方面中得到更加清楚的体现。

同样地，评价生命到目前为止被肯定的一面也属于上述公式的范畴；即要将这种估价的由来弄清楚，要了解，对于狄俄倪索斯对生命的估价来说，上述估价的约束力还是十分渺小。我思索和领会了在这里肯定的究竟是什么（一是受苦人的本能，二是群畜的本能，三是绝大多数反对特殊者的本能）。

因而，据我猜测，一个强者想必会在设想人的提高时朝着另一面去想，即更高等级的人，他处在善与恶的彼岸，处在无法否认来源于受苦人、群畜和绝大多数人的那些价值的彼岸——他可以算是我在历史中求索过的相反理想结构的雏形（"异教的"、"古典的"、"高贵的"这些概念都被应该重新发现，重新估价）。

我们缺少在音乐中善于给音乐家立法和创造一种良心的美学；缺乏能够

产生结果的东西，也就是为争取"原则"而进行的真正的斗争。因为，如同嘲笑叔本华的有关论述一样，我嘲笑赫巴特作为音乐家的不完全意欲。事实上，因此产生了非常大的困难。因为，对于"楷模"、"匠心"、"完美性"等概念我们已不再善于论证了。在价值的王国里，我们用旧的爱与仰慕的本能盲目地探索着。我们甚至还觉得"一切能够令我们感到满意的东西都是善的"。每次，无论我在什么地方听到人们天真地将贝多芬称作"古典作家"的时候，都会感到疑惑。这是因为我好像始终一丝不苟地坚守在别的艺术领域中，人们会将与贝多芬截然不同的类型认定为"古典作家"。然而，如果瓦格纳的完美与跃入眼帘的消融风格就是所谓戏剧性音乐被誉为"楷模"、"匠心"与"进步"的话，那么我将无法容忍。在我看来，瓦格纳所认定的音乐戏剧风格简直就是摒弃了一切风格，因为其前提乃是某种和音乐，即戏剧相比重要千百倍的事物。瓦格纳善画，他根本不是为音乐而音乐，他是诗人，强调姿态；最后，他呼啸着朝向"美妙的情感"和"隆起的胸脯"，如同全部戏剧艺术家所做的那样——他不择手段地说服女人和缺乏教养的人们相信自己。可是，女人和缺乏教养的人们同音乐又有什么关系呢！这些人根本就缺乏艺术的良心。当全部一流和绝对必要的艺术美德为了某种不可告人的目的遭到所有人的践踏与嘲弄的时候，没有谁会感到心痛；当这种戏剧所表现出来的东西丧失了艺术本身，也就是为了自己而失去法则的时候，这和表现手法的所有扩展又有什么关系呢？如绘画般的绚丽多彩与声音的力量、音响的象征性、节奏感、谐和与不谐和的音色、音乐的暗示性含义，所有这些就是随着瓦格纳登上统治地位的全部感性音乐。瓦格纳是凭借音乐来认识、发掘和发展这一切的。在语言方面，维克多·雨果曾经做过类似的尝试。然而，即便在今天，当法国人谈及维克多·雨果的时候，依然会扪心自问：这种做法是否败坏了语言，是否随着语言感性的提高而逐渐贬低了语言的理性、精神性与深刻的规律性呢？法国的诗人成了雕塑家，德国的音乐家成了戏子和文化贩子，所有这些难道不是颓废的标志吗？

被称作伟大的人，通常都是以天性所具备的伟大风格有所建造和发明的人。那么这究竟是什么人呢？其一，在这种人的整个作为中，都保持着一种不变的逻辑性。因为逻辑过于冗长，所以其他人很难知其梗概，因此常常处于迷惑状态。也就是说，他有能力从自己巨大的生命平面出发，修炼自己的意志力和能力；同时，他还拥有一种蔑视和摒弃渺小的蹩脚货的能力，尽管其中真的包含世界上最美、"最神性"的事物。其二，这种人比普通人更加冷酷、生硬、不假思索和不怕"舆论"；这种人将"尊敬"和被尊敬远远地抛到脑后，但同时他也不具备群畜道德一类的所有特性。如果说他没有能力当引路人，那么他就要踽踽独行。然而，这种事情总会发生，即当在途中遇到东西时，会发出低沉的喉音。其三，这种人并不希望自己拥有一颗"同情的心"，而希望得到一些奴仆和工具；当这种人与其他人交往时，他总是打别人的主意。他总是将自己武装得天衣无缝，因为他认为老实人都是乏味的；如果有人识破了他的真面目，那么他会感到惊讶。当他不对自己说话时，他则会戴上一张假面具。这种人宁愿撒谎，都不会说一句真话。因为撒谎可以令他富有精力和智慧；这种人的内心常常有一种孤独感，这种感觉是无法用褒和贬来形容的。它具有一种独特的可审判性，但却不会审判自己。

哲学的命题

论形而上学的心理学——这个世界是表面的。所以，一定存在一个真实的世界；这个世界是有条件的。所以，一定存在一个绝对的世界；这个世界是矛盾重重的。所以，一定存在着一个没有矛盾的世界；这个世界是变幻不定的。所以，一定存在着一个存在的世界。这些都是荒诞不经的推论（盲目信仰理性：如果 A 存在，那么它的对立概念 B 也应存在）。这种结论是由痛苦激发而来的。从根本上说，这些推论都是愿望，它们想要这样的世界。与此同理，对一个制造痛苦的世界的仇恨也表现在对另一个世界的幻想上，一个弥足珍贵的世界。这里形而上学家们对现实的怨怼真是有创造性！

什么才是我们受苦的目的？这里就得出了我们表面的、善变的、被动的、有着诸多矛盾的世界与真实世界的关系问题：一、痛苦是谬误的结果，谬误又是怎么发生的呢？二、痛苦是过失的结果，过失又是怎么发生的呢（将来自然领域，或社会中的纯经验普遍化反映到"自在"里面）？但是，倘若从因果关系上说，有条件的世界是由绝对的世界所决定的。那么犯错误的自由、犯过失的自由定然也都是由绝对世界决定的。因为，又会出现像目的这样的问题——这么说来，表面的世界、变幻的世界、矛盾的世界、痛苦的世界是人们愿意看到的。那么，什么才是目的呢？

这些错误的结论，形成了两种针锋相对的概念——因为，如果二者之一符合某种现实性，那么另一种也"定然"符合现实性。"要不然，人们怎么会得出一事的相反概念呢？"这么一来，理性就成了关于"自在存在物"这个启示的来源。

但是，那种对立的起源不是一定要追溯到理性的超自然根源上来的。因为，概念的真正起源只要是放在对面，就完全能够说明问题了。这种起源是来自实际方面，来自功利性，因而它拥有强大的信仰（假如人们的推论不是依照着这种理性，那么他就会因此而毁灭。但是，这证明不了理性所主张的东西）。

形而上学家们那里，偏见的产生是因为痛苦——十分幼稚；"永恒的欢乐"——心理学的荒诞不经。勇敢和创造性的人绝对不会将快乐和痛苦看作最高价值问题——这是伴随状态。倘若人们的某个目的希望达到，人们就一定想要这两者——宗教学家和形而上学家身上的某些疲倦和病态表现，他们认为主要的是快乐和痛苦的问题。因此，对于他们来说道德有很强的重要性，道德被认为是消除痛苦的基本条件。

同样，由于表面和错误所引起的偏见也是如此：痛苦的根源在于迷信，即认为幸福与真理是紧密联系的（混淆：幸福在于"信念"、在于"信仰"）。

康德的神学偏见和不自觉的教条主义。他的道德观是引导性的、统治性的和命令式的。

第一个谎言：这个事实是可能被认识的吗？认识皆是事实？什么是认识呢？假如我们连什么是认识都不知道，我们也就回答不了有没有认识这样的问题了——太妙了！但是，倘若我已然是"不知道"是否有认识，是否能够有认识，那我就完全不能合理地提出诸如"认识是什么"的问题了。康德相信认识这个事实。因为，他所憧憬的东西是天真："认识的认识"、"认识即判断"。但是，判断是一种认为某物是如何如何的信仰！而非认识！一切认识都在带有普遍有效性的特征的综合判断之中（事情在任何场合都表现为这样，而不是别的样子），带有必然性的特征（这种说法的对立面是不可能存在的）。信仰认识的合法性总是被看作前提。在这里，道德本体论乃是处于统治地位的判断。

这么说来，推论就是：

一、我们认为有一些说法是普遍有效的和必然的；

二、必然性和普遍有效性不可能从经验里产生；

三、因此，没有另外论证自身的经验，而肯定有一种另外的认识源泉！

（康德的推论：一、有一些说法，它们只对某种条件适用；二、这种条件就是：那些说法不是源于经验而是源于纯理性。）

这么说来问题就是，我们对这些说法的真理信仰是在什么地方取得自己的论据的？不，什么是信仰的原因？但是，信仰、强大信念的产生乃是心理学的问题。非常有限的和狭隘的经验常常会产生这种信仰！这种信仰的先决条件就已经是如此，即不但有后验的论据，连先验的论据都有，也就是"在经验之前"；即认为必然性和普遍有效性绝对不会从经验里得来。这么一来，很明显就产生一个问题：没有经验又如何会有必然性和普遍有效性呢？

任何孤立的判断都是不存在的！

孤立的判断是根本不可能是"真实"的，根本不可能是认识的，保障首先来自多种判断的综合关系。真实的信仰和虚假的信念区别是什么呢？认识到底是什么呢？他"知道"那是在谈玄！

他认为，普遍性和必然性根本不会产生于经验中！这也就意味着是不依靠于经验而是在一切经验之前！这种先验的认识也就是来自纯理性的"纯认识"而不依赖于任何经验喽！

"逻辑的原则，矛盾和同一性的原则是纯认识，因为它们在一切经验的前面。"——但是，这绝对不是认识！而是有协调性的信条。

为了对数学判断的先验性（即纯合理性）进行论证，应将空间理解为纯理性的一种形式。

休谟说过："综合的先验判断是根本不存在的。"康德说，有！数学的判断就是！而倘若存在这样一种判断，也许同时存在形而上学，也就是用纯理性来认识的事物！

由于形而上学在数学的条件下产生是根本不可能的，那么所有人的认识要么是经验，要么是数学，必定是这二者之一。

判断是综合性的，即不同的观念相互之间是有联系的。

先验的，就是表明那种联系是必然的和普遍有效的。它们根本不是产生于感官知觉的，而仅仅只是由于纯理性的原因。

倘若应该有先验的综合判断，那么理性就一定要有能力去联系，联系就是一种形式。理性就一定要具有塑造的能力。

论生命的理性

对于我头脑中的世界，你们知道是什么吗？想让我将其映在镜子里给你们看看吗？这个世界是：一个力的怪物，无边无际。一个固定坚实的力，它不变大，也不变小，更不耗费自身，而只是将面目改变。作为总体，它的大小不变，是没有维持家计的支出和消费，没有增长，没有收入，它被"虚无缥缈"所缠绕，如同被自己的界限所缠绕；不是任何含糊不清的东西，不是任何奢靡浪费的东西，不是没有限制扩张的东西，而是放在有限空间中的力；不是在什么地方都有的那种"空洞虚无"的空间，或者可以这么说，这种无所不在的力乃是忽而为一，忽而为众的力和力浪的嬉戏，此消而彼长，如同自身汹涌翻腾的大海，不停地变化，永恒的复归，以千万年为期地轮回；他的形状有潮有汐，从最简单到最复杂，从不动静止、僵死一团、冷若冰霜，突然变成为自相矛盾、难以驯服、热情炽烈；然而又从充溢状态回归至简单状态，从矛盾嬉戏回归至和谐的快乐，于其轨道和年月的吻合中肯定自我、祝福自我；作为终究是要永恒回归的东西，作为变易，它不知更迭、不知厌烦、不觉疲倦——这就是我说过的永恒的自我创造、自我毁灭的狄俄倪索斯的世界，它就是我的"善和恶的彼岸"，没有目的。如果在圆周运动的幸福中无目的、无意志；如果一个圆圈没有对自身的善良意志的话——你们想为这个世界起个名字吗？你们想替它的一切谜团找寻答案吗？这不也是投射在你们这些最隐蔽的、最强悍的、无所畏惧的午夜游魂身上的一束灵光吗？这是权力意志的世界——此外一切都不存在！你们自身也是权力意志——此外一切都不存在！

　　"疾病会成全一个人"，这是流行了千百年的著名观点。智者这么说，庸民百姓也这么说，令人深思。对于其有效性，人们想冒昧地提个问题：道德和疾病之间存在着一条因果的纽带吗？从大的方面来说，譬如，"对人的改良"在上个世纪让欧洲人的态度变得缓和起来，变得有人情味了，变得彬彬有礼了。这毋庸置疑——它是长期隐藏和公开的痛苦、怀疑、匮乏、暮气沉沉的结果吗？疾病"成全了"欧洲人吗？换言之：我们的道德性——我们欧洲现代的冠冕堂皇的道德性（可以和中国的道德性比较）——难道是生理学退步的表现吗？也就是，人们没有办法否认。历史上，每当"人"表现出异常突出的特别光彩和强力的时刻，他都会立刻接受一种出人意料的、危险的、狂躁的性格。于是，人性每况愈下，但或许只在看起来和寻常不一样的场合；也就是没有勇气和耐心让心理学变得深刻却也能够得出泛泛定则的场合，才有人性。因为，一个人自我感觉越是健康、强壮、充盈、成果丰富、很有作为，他也就越"非道德"。这是让人感到害怕的思想！不过，也是人们不应有的想法！但是，倘若人们怀着这种思想再往前挪一步，他将会见到一片奇妙绝伦的未来景象！我们竭尽全力去争取人性化、人的"改良"、人的"文明"的持续增长，世上有比这还要昂贵的支出吗？比美德的代价还要昂贵的是不存在的。因为，随着美德的出现，世界终将会变成一所大医院：人人皆是大众的看护员，或许这是聪明的推论。当然，或许那时人们会得到心驰神往已久的"世界和平"！但是，"和睦共处"实在是太难了啊！美、放纵、无理、危险太少了！让人感到活在这个世界上很值得的"伟业"太少了！啊！不会再有"伟业"了！所有伟大的事业，所有名垂千古的、永世长存的伟业——最大的非道德性可不就是处于理智深处的它们吗……

　　对于市民来说的婚姻，显然本意上也就是高贵的"婚姻"。它根本不是指爱情，也非金钱——爱情不会促成任何制度的形成——它说的不过是社会颁发给让两个人的性欲相互达到满足的那张证书，条件自然是要他们顾及社会利益。很明显，当事人的某些满足和非常善良的意志——容忍、迁就、相互体贴的意志——乃是这种契约的前提条件；不过，请不要因而对爱有所误解——这个字眼儿！就两个爱恋者而言，就恋人全面的、健康的意义而言，性欲的满足绝非本质，这只是一种象征而已：对一方来说，我已说过了，是完全服从的象征；对另一方来说，就是准许这种服从的象征和攫取的象征。贵族、旧式贵族所说的婚姻，指的是对一个种族的驯服和同化（现在还有贵族吗？要热心寻访才是）。换言之，婚姻的问题也就是保留一种固定的、确定的统治者的问题。由于这个，将夫和妻的关系牺牲了。显然，上面所说的第一个前提并非爱情，恰恰相反！那种互相体贴的善良意愿是绝对不能要的，因为那是让市民的婚姻能够成为美满良缘的标准！种族利益决定等级利益。这样一种高贵的婚姻概念摆在我们面前，就像古雅典各个健康的贵族政体和18世纪欧洲盛行的婚姻摆在我们面前一样，由于冷酷、严厉和精明而颤抖不已！我们这些有着一颗敏感的心的热血动物，我们这些"当代的人"哟！正因如此，作为受难的爱情——就这个词的无穷智慧来说——是为贵族政体发明的词语，并且就该政体之中存在着：因为，就是在那里，强迫、禁欲同样也是最为严厉的……

博爱的准则也是这样的。有这样的情形，生孩子就如同犯罪。那么对于变性病人和三度神经衰弱病人来说，要采取什么措施呢？要鼓励他们保持贞节，依托像"帕西法尔"音乐那样的东西，可能有人一直以来在做试验。因为，帕西法尔自己就是个典型的白痴，他不让自己传宗接代的理由是充分的。不幸的是，某种对"自我控制"的无能（对刺激，哪怕最小的刺激都经不起考验），就属于整体衰竭的通常结果。如果将莱奥帕蒂这样的人看作贞洁者，那可就是算计错了。在那里，教士们和道德家之间的赌博，输了，将这帮人打发到药房去是最好的办法。最后，在这里社会要履行一种义务。因为，人们是极少向他们提出这么紧急和有原则的要求。社会对生命是有托管责任的，它在生命面前要对每一个不该出生的生命负责——社会要抵偿。因而，社会应当阻止他们出生。在数不胜数的场合，社会应该节育。为此，社会应当是不问出身、门第和思想，一律剥夺自由，采取最强硬的强制措施，如有可能，准备阉割。《圣经》的戒条说："不可杀人！"这比之郑重防止生命退化乃如同是儿戏，也就是"你们不应生殖"。生命本身对健康的有机体同不健康的有机体之间有什么团结、"权利平等"是并不承认的：要么，将不健康的铲除；要么，玉石俱焚。同情颓废者，就相当于是给败类以"平等权"。我要说，这是最大的非道德，是自然本性有所违背的道德！

相对的贞洁性，在思想原则对色情有所防范，这是明智的。即便是在那些高贵的、完美的天性那里，这也是在生命伟大理性的范畴之内的。这一原则对那些艺术家是尤为适用的，它属于他们最出色的生命智慧。就这个意义上而言，那些非常镇定的声音又震响在耳边了：我说的是司汤达、戈蒂埃和福楼拜。艺术家，从类型上来看乃是感性的人，非常敏感的人。无论怎么说，对远来的刺激和灵感都是欢迎的。尽管如此，一般说来，由于是有自身使命感的压力，有自身要出众的意志要求和制约，他们其实都是有节制的人和守贞节的人。他们的主导本能对他们是如此要求的。因为，本能对他们以某种方式来消耗自身是肯定不允许的。这种消耗的力也是用以进行艺术构思和性行为的力；因为，只有一种力的形式。屈服于力，消耗自身，是对艺术家的背叛；因为，这全然表明本能和意志的缺乏，可以称得上是颓废的象征——无论怎样，艺术价值都会降低的，以致达到无可挽回的程度。

生命的关照

力的众多性通过一个共同的营养过程联系起来，我们称之为"生命"。一切所谓的感觉、观念、思维——即：一、对一切其他力的抗拒；二、依照节奏和形态对这些力进行调整；三、依照同化和排泄的标准来进行评价——这都属于让生命成为可能的营养过程。

"在思维的形成过程中，一定会到达这样一个点。在那里有这样一种认识，被人们称作为事物特性的东西，就是感觉着的实体的感觉。这种认识会进入意识，这样一来，特性就不是物体的从属物了。"而余下的就是"自在物"了。对自在物和为我们之物进行区分的基础，乃是那种能够给予事物以能量的陈旧的、天真的知觉。但是，分析的结果却显示，力也是附带加进去的。同样，实体也是硬塞进去的。实体观的源头在于语言，不在于我们之外的存在物！自在物根本不值一驳！

存在物被认为是感觉，是一切无感觉之物都不会以其为基础的感觉。

在运动中，任何现成的感觉内容都是不存在的；从内容上说，存在物不可能是运动，换言之就是，（不可能是）存在的形式。

（备注）可以尝试对现象解释的办法：一、用想象在现象的影像（目的）之前的方法；二、用想象在现象的影像之后的方法（数学——物理解释法）。

二者不应混淆。也就是说，那种需要以感觉和思维对世界约束的物理学解释，不能再生发或产生感觉和思维。毋宁说，物理学应该一贯没有感觉、没有目的地来感觉世界——一直到感觉最高等的人。目的说的解释只是目的的历史，绝非物理的！

科学仅仅只是问驱使我们去意愿的是什么。毋宁说，它否认被意愿，并认为某物的发生有一些不一样。简单说来，对"意志"和"目的"的信仰不过是幻想。它不追问行为的动机，好像在意识中动机是在行为之前似的。因为，科学首先将行为分成机械论的现象群，并对这种机械运动的前史进行追溯——但不是在感觉和思维中。因此，科学绝对不需要解释，因为感觉是科学的材料，它理应被解释。科学的任务就是：解释世界，而不是把感觉当成原因。因为，这意味着把感觉当成了原因。然而，却一直为解决科学的任务。

也就是说，要么是没有意志——科学的假说；要么是自由的意志，二者必居其一。后者代表了统治感，即便科学的假说的证明是对的，这种情感我们也不能摆脱。

对因果的普遍信仰的前提为自由意志是任何结果的原因。正因为如此，我们才会感觉有因果关系。还包含了这样一种感觉，即任何原因都不是结果，而只有意志是原因的时候才是原因，总是如此。我们的意志行动不是必然的——它是包含在"意志"的概念中。在原因之后的结果是必然的——我们这样感觉。认为我们的意愿在任何情况下都是必然，这也是假说。

长期以来，我们都是把某种行为、性格、生命的价值放在目的和意图之中。换言之，就是为了目的本身而表现、行动和生活的。因为，兴趣的这种原始的特质最终还是要发生危险的转折，倘若现象的无目的和无意图性更多地一再进入意识的话。这么一来，似乎是在暗藏着一种普遍的贬值："一切都没有意义。"这句伤感的名言的意思是说："一切意义都包含在意图之中。倘若没有意图，也就没有了意义。"依照这种观点来说，人们就不得不把生命的价值放在"后生命"中，要不就放在观念，或人类，或民族，或超越人之外的不断前进的发展过程中。但如果这样，人们也就进入到目的的无限发展过程中了。因为，人们最终需要为自己在"世界发展过程"中谋求一席之地（这也许是紊乱的鬼神说的影响所造成的，即认为这就是走向虚无的过程）。

与此相反，"目的"需要一种更严厉的批判，因为人们应当认识到，目的是绝对不会引起行为的。因为，目的是用作解释的手段。在对此进行阐述时，现象的某些点会被强调和挑选，以牺牲他人和绝大多数人为代价。每当干某件事时带着一个目的的时候，就会发现某种本质不同的东西和另外的现象。因为，联系到带有目的的行动来看，情形是和太阳辐射引起酷热的所谓合乎目的性一样，白白浪费了绝大部分热量。只有微乎其微的一点儿热量是"有目的"、"有意义的"；一种带有其"手段"的目的。这是一种非常模糊的描述，虽然可以将其作为规定和意志来发布命令，但它是以一种由驯服的工具组成的体系为前提条件的。它设定纯粹坚实的伟大之物来取代那个非常模糊的东西（我们设想了一个设定目的和手段的更明智但也是更狭隘的智慧，以便有能力赋予我们唯一知道的"目的"去起"行为的起因"的作用。这种权利原来我们是没有的，即为了一个问题的解决而把问题放进了对我们来说无法观察的世界）。

最后，"目的"为什么不可能是伴随现象呢？也就是在引起合乎目的行为时在变化序列中起作用的力呢？因为，之前进入意识的、引领我们见到现实现象苍白图景的，就是现象本身的象征，而非现象的原因。但是，这么一来，我们批判了的也就是意志本身了。因为，将意识中作为意志力出现的东西看成了原因，这不是一种空想吗？一切意识现象都只不过是终结现象即链条的最后环节吗？但好像决定它们的是意识平面内部的先后次序。这倒可能是一个幻想。

力量意识

意识是人类机体发育中最后和最晚出现的，因此也是机体发展中最不成熟和最无力的一环。无数的错误皆源于意识，一如荷马所言，它常常使人类同动物一样都被"命运"过早地吞噬掉了。

要是稳定的本能欲望不是那么强劲的话，就无法起到它作为调节器的作用。这样，人类就将成为睁着眼却是瞎作判断和想象的动物，就会流于肤浅和轻信，总之就会因为意识而自我毁灭。也就是说，如若没有本能的欲望，人类早已不复存在了！

在一个机能尚未形成和成熟之前，对有机生物体是有危害的，因此最好将它长期压制住，而意识就是这样被完全压制的，并且没有丝毫得意！人们认为这大概就是人的精髓，是他身上恒久不变的、最重要的也是最原始的东西。人们认为意识是一种恒久的能量，它没有成长与间歇性，它是"生物肌体的统一"！这种对意识可笑的误解也有其阻止意识形成过快的效用。因为人类至今仍然坚信自己已经具备了意识，所以就不用花费精力去获得意识了！

所以在人类眼中，获取知识并使之成为本能就成了一项全新的、尽管在人类意识中逐渐清晰起来、但却依旧几乎不被人看清的任务。然而，看清它的人就会懂得：迄今为止我们所获得的全部都是谬误，而一切意识都与这些谬误有关！

是否科学的最终目的就是给人创造最多可能的欢乐与最少可能的痛苦？如果欢乐与痛苦就像是用一根绳子连在一起的话，那么，一个人如果想要得到尽可能多的欢乐，也就意味着他将得到尽可能多的痛苦吗？也就是说，一个人想要体验"至高无上的欢乐"就必然也要做好体验"悲伤至死"的准备吗？也许就是这样的吧，至少禁欲主义者是这样认为的。他们一贯主张将欢乐减到最低的程度，这样就可以避免生活中的痛苦（当一个人用"最有德性的人就是最幸福的人"这句格言在表达自己的看法时，他其实就已经把它当成了对大众进行说教的招牌，又把它当成高人雅士诡辩式的高雅）。目前我们仍然能够选择：不是无痛苦或最少可能的痛苦——各党派的政客基本上不能再对其党徒作如此预言了；便是最大可能的痛苦，以牺牲大量的欢愉为代价！如果你们选择的是前者，想要减少人的痛苦，那么结果必将导致自身欢乐的能力也随之降低。

人们实际上可以利用科学将这两个目的向前推进。一方面，科学的力量直到今天才广为人知，人们发现它是个伟大的痛苦制造者，它剥夺了人类的欢乐，使人变得更加冷酷、呆板、禁欲；但另一方面，人们也发现了它的反作用力，这力量是无可估量的，它必将照亮欢乐的新世界！

凭着我们的好恶，人们将自己的力量施加在别人身上，目的是要造成有益或有害的结果！

　　就造成有害结果而言，我们必须要让对方感觉到我们的力量，让他们痛苦。人们对这种痛苦的接受远比欢乐容易得多，痛苦总是要追究它的起因，而欢乐则只图保持现状而不愿往后看。就造成益处而言，即将善举和善意施给依附于我们的人（这里的依附，是指这些人已经习惯将我们看作给他们带来幸福的源泉，并且常常怀念我们）；我们要增强他们的力量，这样其实也在无形中增强了我们自己的力量；或者我们要让他们明白处于我们的势力范围之内的诸多好处。这样，他们才会对自己的境遇大加称赞，更加愿意同我们一起反对敌对势力，同仇敌忾。

　　无论我们行善还是作恶，也无论我们是否在这种行为中牺牲，我们行为的最终价值都在于会得到某方面的改变。甚至即使是像宗教殉道者一样，为了这种正当的理由而拿自己的生命作赌注，那种牺牲也是最有价值的。因为那是为理想、为获取力量的理想、为保全力量意识而做出的牺牲。处在这种情况下的人会觉得自己是"占有真理"的人，他无论如何也不会让诸多"占有"白白溜走的，目的就是要使这种感觉一直持续下去！他之所以没有将一切抛弃，是因为他要保持自己"高高在上"的地位，也就是高踞于"缺乏真理"的人们之上！

　　当然，当我们作恶的时候，很少有像行善时那样感到那么愉快的。这表明我们的力量还很薄弱，或者说表露出我们对"不足"的厌烦之情，它为我们已有的力量带来了新的威胁和不安全感，同时报复、嘲讽、处罚和失败使得我们的前景变得暗淡了。也只有那些对力量意识的兴趣和渴盼最强烈的人才最喜欢在反抗者身上打上力量的印记，而那些业已屈从于他们的人（也就是他们行善的对象），对他们来说是一种负担，只会让他们感到腻烦。

　　一个人是如何适应自己的生活的？关键是看他给自己的生活添加了怎样的调味品，看他的口味如何，还要看他是想缓慢增强自己的力量还是突然增强，是以一种较为稳妥的方式增强还是用冒险、鲁莽的方式。通常状况下，人们总是依照个人的性情去寻找调味品。那种容易获得的战利品对心高气傲的人来说是不屑一顾的，真正能够引起他们兴趣和征服欲的是那些有可能成为他们敌人并不屈不挠进行抵抗的人，以及一些很难征服的事物。他们常常苛刻地讥笑正在经受苦难的人，因为他们不值得在这些人身上花费力气，即使征服了他们也不值得自豪；而面对与之相抗衡的人时，他们却反而彬彬有礼，甚至遇到适当的时机，他们说不定要与之展开一场荣耀的战斗角逐。骑士阶层的人由于怀有如此良好的情愫，所以总是在相互间显得过分谦恭有礼。而只有那些没有多少自尊心、也缺乏征服他人的能力的人才会觉得同情是一种愉快的情感，这些轻易得来的战利品真是让他们喜出望外啊，每一个受苦的人莫不如此。有人说，同情是属于女人的美德。

伪善的科学

对哲学家的迷信。人们将其与科学之人等而视之了。就好像事物中隐藏着价值，只要掌握事物就等于拥有了价值一般！在现有价值的作用下（比如他们对光明、肉体等事物的憎恨），他们的研究进行到何种程度啦？叔本华与道德相关（对功利主义的嘲弄）。最终，这种混淆竟然到了此种地步——连达尔文主义都被归入了哲学！因而现在，统治权落入了科学之人的手中。就像泰纳那样，法国人在没有树立任何一套价值标准的情况下去找寻，或自以为是地在找寻价值，继而拜倒在"事实"脚下，他们属于崇拜的种类。实际上，他们的所作所为是要推翻现存的估价。

这种误解需要解释。世上少有发号施令者，因而他们易于对自身造成误解。人们试图摆脱所有权威，并且坚信这是主流。在德国，觉醒男性包括评论家在内，像莱辛等人（拿破仑论歌德）。实际上，德国的浪漫主义挫伤了这一运动的锐气。因为德国哲学家的名声与浪漫主义有关，它似乎去除了怀疑论的威胁，似乎将作为信仰的直接证据。这两种倾向都在黑格尔身上得到了完美的体现。因为他对德国批判主义与浪漫主义进行了事实的总结，即辩证的宿命论。但这是出于对精神的尊重，事实上是哲学家对现实的妥协。而批判家要做的事儿呢？显然已经没有了！

随着叔本华的出现，确定价值的使命开始在哲学家身上萌发，但幸福论始终掌控着一切——这是悲观主义的至高理想。

在科学尚不发达的地区，人们千万不能冒充科学精神，即使是货真价实的研究者也要戴上对尚不流行的方法论的虚假面具。我们也不应该利用演绎法与辩证法编排歪曲人们从不同侧面认知的思想与事物，尽管康德就用他的"道德"歪曲了其内在的心理取向，而最近的例证便是赫伯特·斯宾塞的伦理学。我们不应当隐瞒或歪曲诸如我们的思想如何产生于头脑这类的事实。取之不竭的最高深的书籍中，或许始终会出现像具有巴斯噶思想的格言与突兀的内容。动力与估价早已隐于表象之下，它们的影响才是最先出现的。所有虚假的伪善的科学性，我都反对。它们指的是：

一、论证的方法。倘若它们有悖于思想起源的话；

二、对方法的要求。实际上，在特定的科学时代，这些方法根本不会存在；

三、对客观性的要求，即对冷酷的、无个性的要求。如同进行所有估价一般，我们自身与我们内在的经历可以用两个词来概括。世上存在诸多无聊的虚荣心，比如圣·伯维，他为之遗憾终生的是，在"赞成"或"反对"方面，他确实流露过一些温情与激情——假使他能够让这些事实从他的生活中消失该多好啊！

我们成了有良心的欧洲人。如何同爱国者区分开呢？我们虽然是无神论者与反道德论者，但我们对群畜本能的宗教与道德持肯定态度，即借助这些事物来培养一种人；终有一天，这种人会落入我们之手——事实上他们一定非常渴望。

超越善与恶——我们必须提出无条件地严加保护群畜道德的要求。

我们一定要留存几种必需的哲学。要知道，悲观主义哲学有时候可充当铁锤；欧洲的佛教或许也必不可缺。

支持民主主义倾向的发展与成熟也是我们应当做的。因为这对意志的软化有一定的帮助。

对各国人民所持有的态度。由于我们过于关注杂交的成果，因而存有偏见。

瞭望、富足、强盛。嘲笑相关的"报界"及其所处的文化领域，科学之人或许当不成文学家——这是我们所忧虑的。一切同读报有关的或者干脆为报纸撰稿提供服务的教育都为我们所蔑视。

我们所采取的态度（如歌德、司汤达一般的）同样出人意料。提出我们自身的经历充当前景，使得自己受到自身背景的欺骗；我们要等待，同时防止自己为此事坐立不安。我们好比旅人，而这些经历就是借宿的客栈——一定要谨防产生宾至如归的感受。

在其他人得到之前，我们首先获得了一种意志原则，并将所有力量都用在了意志力的发展上。这是种准许我们佩戴面具的艺术，也是种能够领悟激情的彼岸艺术（有时候也是一种"超欧洲人"的思想）。

这即是为将来立法者与地球主人的身份做的准备工作。倘若我们不能够，至少我们的孩子可以——这即是我的基本婚姻观。

要以肉体为准绳。倘若"灵魂"是一项诱人的充满神秘色彩的思想，那么哲学家与它难舍难分也是可以理解的。现在，哲学家们正试图摆正它的位置，而它也变得越发撩人、越发神秘了。这即是人的肉体。因为有它的存在，一切有机生命体的发展过程中最久远与最贴近的过去才得以恢复元气，变得生机盎然。一条毫无边际、无声流淌的水流仿佛流经此，奔流而去。因为肉体是比老旧的"灵魂"更让人惊讶的思想。不管是在什么年代，信任肉体即是信任我们实实在在的产业与最真实的存在。总之，信任自我即是信任精神（或者称为"灵魂"，或者称为主体，就像现今的学校中的教授那样）。从来没有过这种人——突然灵光一闪，认为自己的胃好像已非己所有，并且充满了神性；而自己的思想却是"上天赋予的"；自己的价值乃"受之于上帝"；自己的本能即是朦胧的行为——人的这一观点与审美已为人类的历史充分证明了的——特别是艺术家们。在有人问及他们杰作的产生原因与最佳构思的实现方法以及创意思维的来源时，他们常常表现得手足无措、战战兢兢、犹豫不决，脸上显出几分孩童般的腼腆。他们甚至都没有勇气开口说："这源于我的灵感，是我的双手创造的。"而令人感到可笑的是，基于自己的逻辑学与虔诚心而最有理由声称自己的肉体是错觉（并且是被克服了的绝对的错觉）的哲学家与教士们却不得不承认这一可悲的事实：肉体并没有消失。不管是圣徒保罗，还是吠檀多哲学，从中都能够发现令人惊异的证据。然而到底什么是信仰的力量呢？什么也不是！所以强大的信仰或许终归只是人类的愚蠢——这一问题值得深思……

总而言之，倘若觉得对肉体的信仰只不过是推论的产物，即如果这一错误的推论——按照理想主义者的说法——如果信仰是推论的原因，这难道不是在怀疑精神本身的可信度吗？如果多数、空间、时间与运动（无论信仰肉体有着怎样的前提条件）全部都是谬误，这又将对精神产生多大的怀疑呢？因为这些前提的形成都应归功于精神。毋庸多言，总之，对精神的信仰始终比对肉体的信仰略逊一筹。凡是想要对后种信仰进行诋毁的人，都无异于损毁了对精神权威的信仰！

如果世界真的存在所谓的目的，那么应该快实现了才是；如果世界真的能够达到永驻与固化，达到"存在"，那么或许这所有的变化都早已终结了，即是一切思维与"精神"的终结。"精神"即是生成的事实，这也就表明世界无目的，无最终状态，而且永不能达到"存在"的程度。然而，旧习惯确信：世间万象都是有目的的，并且存在一个发挥引导作用的具创造性的上帝。其巨大的影响使得思想家们千方百计地设想不再将世界的无目的性作为行动指南。凡是声称世界有能力创造永恒的新事物——即有限的、确定的、体积不变的——与世界同等能力的人，以及凡是声称世界具有神奇的、重塑世界形式与状态的人一定会这样想：如此一来，世界就会有意绕开目的，甚至能够人为地谨防陷入某种循环。

世界虽非上帝，但也一定具有某种神性的创造力、永恒的造化功能。它应当竭力防止陈旧形式的重复——不仅应具备这样的意识，更应该具备这样的能力。即是说无论何时何地，它的任何行动都应当避开目的、最终状态与重复——或许这一切都是一种特异的思维与愿望形式促成的。它们一直是陈旧的宗教思维与愿望方式，一种渴望——如同老旧的、可爱的、永恒的、极富创造力的上帝一般，世界也存在于某地，认为某地"老上帝还活着"。在"上帝即自然"（甚至是"自然即上帝"）的论述中，斯宾诺莎的那种渴求被表现得淋漓尽致。然而，定理与信仰到底是什么呢？如何能确切地阐释那种决定性的转变？如今的科学精神是否已对宗教以及虚构神灵的精神构成威胁了呢？这并不意味着作为力的世界是有限的。因为不能如此设想，认为无限力与"力"的概念无法调和，我们并不赞同这一观点。这也就意味着：世界并不具备创造永恒新事物的能力。

本质上来看，道德对科学并不友善——从苏格拉底开始就一直这样。由于科学所关注的事物完全和"善"、"恶"不沾边，所以在科学一边，"善恶"感也就丧失了重要性。即是说道德打算使完人全心为自己服务，因为它认为，倘若有人一头扎进植物与星宿的研究中，这就等同于浪费了一个人足够应付消耗的全副精力。所以当古希腊的苏格拉底在科学中散播道德化的瘟疫时，转瞬之间科学就衰败了。如德谟克利特、希波克拉底、修昔底德这些思想巨人，后世再未出现过。

我们的空气

我们都清楚地知道，像那些妇人和艺术家们一样，总是用悠闲的方式散步的人在审视科学的时候，会被科学的严谨、对大小事情的铁面无私以及敏捷的思考能力弄得头晕目眩、惶恐不安。最让这类人吃惊的是，科学必须做到一丝不苟、尽善尽美。即使达到了这种要求也不会得到他人的赞许和奖励，反而还像士兵一样，得到的只有呵斥和命令。因为，做好任何一件事情都是理所当然的，而失误则是不应该出现的。和别处的规矩一样，只要属于正常、无误的就不应该得到表扬。

所谓的"科学的严谨"就好比上层阶级的礼仪一样，足以让初学者诚惶诚恐；但是，只要适应了它的人就只愿与它厮守在一起，只愿在这种透彻、有力、富于阳刚之气的环境中生活；除此之外，任何地方在他的眼中都是不纯洁的，在那里他会变得呼吸不畅，同时怀疑自己的技术对他人来说都是毫无用处的，而自身也会变得毫无欢乐可言。加之其他种种误解，导致他一半的生命都消失了，而且他还必须时时刻刻小心谨慎、形单影只。总的来说，这种生活纯粹是在消耗他的精力！

然而，只要他具备了科学的严肃和谨慎，他就拥有了所有的力量，在科学的领域里翩然翱翔！因此，他绝对不会再次堕入那污浊的泥水中了！在那里，他不得不跋山涉水从而玷污了双翼。不！生活在污秽的地方对我们而言实在太艰难了，我们是因为纯净的空气而存活的，我们与光在竞争，我们愿意成为苍穹下迎向太阳的一粒尘土！

只是，目前我们的力量是有限的，只能将全部力气用在我们唯一能做的事情上——给地球带来光明，我们要变成"大地之光"！为此，我们要拥有自己的羽翼、敏捷和严谨，还要具备男子汉的气概，甚至要像可怕的烈火一样炙热。让那些不知道如何借助我们去温暖、照亮自己的人害怕我们吧！

我喜欢短暂的习惯，它对我而言是无价之宝，是认识各种事物的文化底蕴的无价之宝。我的本性完全依照短暂的习惯而来，这其中还包括身体健康与否，以及我所能接触的大小事物。我总以为，这样的安排会让我永远满意。短暂的习惯也需要热情，也需要相信永恒。我能够发现和认知这个道理，实在值得称赞！不论白天还是黑夜，短暂的习惯都在向我靠拢，使我感到满足，以至于我别无他求，也没有任何的比较、蔑视和憎恨了。

既然是短暂的习惯，当然也就有终止的一天，美好的事物总会离我而去；但是，它与我所反感的东西不一样，在道别的时候也是异常平静的。它对我非常满意，我也对它非常满意，就好像我们必须互相握手致谢一样。当它离开的时候，新的习惯已经在门口等待我了，我的信念——是多么难以摧毁的愚蠢与智慧啊！我相信，新的习惯才是绝对正确的。因此它对我来说，如同食物、思想、人类、城市、诗歌、音乐、教条、日常习性等，都是短暂的习惯。

相反，我非常讨厌长期的习惯，它对我来说就像一个暴君，让我周边的空气变得凝固。而有些事物的形态会明确表明，它必然会成为长期的习惯，例如乏味、单一的工作，一个固定的住所，始终与一个人相处，等等。是的，我对自己所有的痛苦和疾病是感激不尽的。因为它们我有了几十条后路，这些后路足以使我逃离长期的习惯。

但是，不得不承认，最让我无法忍受，最让我感到恐惧的事情莫过于不存在习惯的生活。随机应变的生活——那等于是我的放逐，是我的西伯利亚。

哲学家的责任

新品种的哲学家正走向历史舞台，我敢于为这一新品种起上一个十分危险的名字。正像我猜到的那样，他们也是如此——使属于他们的种类每一处都始终保持着神秘感——这群未来的哲学家们所享有的权利，或许并非如此，应该称自己为尝试者。而这名字本身也不过只是一种尝试，倘若人们愿意的话，也可称之为诱惑。

这群未来的哲学家会与"真理"为伍吗？很有可能会，因为古往今来的哲学家们都崇尚自己的真理，然而无疑会成为独断论者。倘若将他们的真理直接变为每个人的真理，对他们而言，这样做只会与他们为之自豪的审美相违背——这即是一切独断论者的最终目的与内心所想。"我的判断即是我的观点，同时这也是他人不能轻易获得的权利。"一位未来的哲学家或许会这样说。我们必须扔掉恶劣的审美，不要奢求一致的态度。倘若被旁人占有，"利益"将不再是利益，更不用说"公共利益"了！这一词义是自相矛盾的，因为能成为共有的东西，其价值终归不会很大。它终将会回复到从前的站立姿势。因为不管怎样，伟大的事物终将留与伟大之人，深渊留与深沉之人，羸弱与战栗留与文雅之人——总而言之，所有稀罕之物留与稀罕之人。

我还需要特别强调，这些未来的哲学家们将是非常自由的精神，但又不仅仅是自由的精神，而且某种更高大、更特立独行的，同时又是易于被辨识的人，是这样吗？然而在我说这话的时候，我对他们同样抱有反感——就像他们对我们一样，我们就如同他们的先驱与传令官，我们自身就是自由精神！

责任——这一由来已久的、愚蠢的旧见解与误解，造成这一结果，我们人人都有份儿。长期以来，如同迷了妖雾一般，"自由精神"这一概念始终模糊不清。无论是欧洲，还是美洲，都滥用这一词。这是一类非常狭隘的精神，存在于我们的意图与本能里的那一事物的反面便是他们想要获得的；而鉴于那种新生的哲学家，他们更要关闭门窗了。毫不客气地说，他们就是水准仪。这荒谬的"自由精神"就是常常用到的民主审美，并被束缚于"现代观念"之中。总而言之，所有没有享受到孤独，没有经历过内心孤寂的人，都是粗俗的硬汉，勇气与高尚的风俗都不应属于他们，他们肤浅，但并不自由。从他们的观点来看，人间的一切贫困与衰败都应该归咎于腐朽的古老的社会形式——真理有幸因这种观点本末倒置！真理所追求的至高目标，乃是享受盈盈绿草的牲畜们的幸福，带有为所有人的生命谋求福利的安全、舒适与轻松。他们常常挂在嘴边的最悦耳动听的歌曲与学说就是"权利平等"与"同情所有受苦之人"，苦难本身被你们说成必须被人们清除的东西。我们却朝向他们的反面，我们睁开一只眼睛，凭着良心反省这样一个问题：长久以来，那些被称作植物的"人"，在什么地方，又是怎样拼命地生长的？我们的猜测是他们总是在相反的条件下生长。因而，他所在的环境的危险系数将是无限大的；他的创造力与掩盖力（即他的"精神"）将在长期的压制与强迫之下，发展成为雅致与冒险；他的生命意志将被抬高到与权力意志同等的高度。我们猜测，严酷、暴力、奴役，在狭路上与内心的危险、隐秘、斯多葛主义、被艺术及各式魔法所诱惑——人身上的所有毒蛇、猛兽一般的东西，作为人的对立面，都能为"人"提供种种优良的服务——说了这么多之后，仍然觉得意犹未尽。不管怎样，我们的陈述与沉默都得到了运用。即便处于这一切现代意识形态与群畜生活的另一个极端，成为它们的对跖者，只是或许我们并没有将"自由精神"当作传闲话的精神，这有什么可奇怪的？不管从哪方面看，我们都不想对某个精神将自身变得自由之后又被驱赶到别处去多说些什么，但这又有何奇特之处呢？"超善恶"这一公式尽管为先，但至少使我们不会被混淆。

从某种意义上来讲,我们与"自由思维者"——是不同的,而我们也热衷于为"现代观念"这一辩护士命名。在许多的精神世界中,他都能"既来之,则安之",至少享受高规格的待遇,而现如今则是一次次从安逸的避难所中溜之大吉。可在我们看来,偏爱与偏见、青春、出身、偶然遇到的人与读到的书,甚至是旅行后的疲劳都仿佛曾将我们禁锢于避难所之中;满怀仇恨地拒绝隐匿在荣誉、金钱、地位以及感官享受中的诱惑,甚至对困苦与多样的病痛心存感激。因为它们总使我们脱离某种准则,进而摆脱"偏见",并对我们心中的上帝、魔鬼、披巾与体内的寄生虫心存感激,直至成为一种恶习,由研究者的刨根问底发展到残暴的程度。毫不犹豫地用手指对付无形之物,用牙齿和胃对付最不易消化之物,幸亏有一种"自由意志"的剩余,而随时准备运用锐敏的感官去从事某种手艺,实施各种冒险。对它们而言,谁也休想使用先天与后天的灵魂以窥探它那最终的意图与无法企及的目的——光天化日之下的占领者的大衣下面所藏匿的东西!难道我们将土地与浪费者等同看待了?虽然我们整天扮演着继承人与败家子、调停者与收税员、守财奴与吝啬鬼,在学习与忘却中当家,工于心计;有时候为范畴的标牌感到骄傲,有时候成为啃书本的书呆子,有时整日挑灯工作,倘若有必要的话,即便是吓唬鸟儿的稻草人的角色也无所谓。这也就意味着,我们仍旧是天生孤独的、爱慕虚荣的、招人嫉妒的朋友。这种孤寂是我们自身的、无论是子时还是正午时分的最深沉的孤寂——这就是我们,自由的精神们!或许,你们这些同类能够从中悟出什么,你们这些未来的、新生的哲学家,不是吗?

追求真理

对真理的强烈追求，往往会误导我们去做一些冒险的事情。古往今来的哲学家们都以极其严肃的态度对待那被恒久讨论的真理的真实性。因为在我们面前，这种迫切需要真理的态度已经发出了质疑声！多么奇特、多么严峻、多么值得关注的问题呀！这已经是由来已久的问题了，可看起来似乎才被注意到，不是吗？一旦我们对此丧失了耐性，毫不客气地甩手离去，这又有什么值得奇怪的！从这位斯芬克斯身上、从我们自身不是同样能够认识到这一问题吗？那么到底是谁在向我们发问？我们自身到底具备怎样的特质而需要我们去"追求真理"呢？实际上，过去很长的一段时间内，我们都纠缠在这种意志起因的问题上，直至干脆驻足于更加彻底的问题面前。我们也曾怀疑过这种意志的价值。假设，我们想追求并得到的是真理，但为何不愿去追求非真理？不愿去追求不确切甚至是虚空的世界呢？如此一来，有关真理价值的问题，已然摆在我们面前；抑或，我们正向这一问题靠近？在这一问题上，试问我们中间，谁会是奥狄普斯？谁会是斯芬克斯？这是一种约会，如同问题和问号之间的约会，而人们最终会这样认为。在我们看来，到目前为止，这一问题似乎还不曾浮出水面。这只是我们首次发现，而冒险一试——这就是一次冒险，或许是最为凶险的一次。

事件难道是由矛盾而生的吗，就如同真理源于谬误一般？抑或，追求真理的意志源于追求虚空的意志？再或是，忘我的行为源于本体的自私？再或是，智者纯粹的明心静观源于无边的贪欲？诸如此类，皆是诳语；凡立志于此者，皆是蠢人。啊，简直糟透了！无价之物必是另有奇特的源起——源自这稍纵即逝、虚妄诱人、不足道的世界，源自这充满狂妄与贪念的结合体，它们不是任何支流的衍生物！可都不比它们包容于存在的时间、永恒之物中、隐蔽的上帝间，产生于"自在之物"来得更准确。它们的根基一定存在其间，除此之外的地方根本不会有！典型的偏见便是这样铸成的，并被各个时代的形而上学家们奉若真理，他们的逻辑思维充当了这一估价的背景。由此"信仰"出发，他们努力地去认"知"，所得到的结果最终会被严肃地冠以"真理"之名。形而上学家们所谓的信仰建立于对价值矛盾的信仰之上，甚至他们中间最为谨慎之人也大意了，在最为关键之地转入了怀疑的门槛——当他们自卖自夸，表示"怀疑一切"之时。即人们应当对此提出质疑：其一，矛盾是否真有其事；其二，那种形而上学家们可奉为准绳的估价是否真的存在——或许不仅是表面的估价，也是暂时的远景；或许是从单一角度出发，坐井观天，类似于蛤蟆看到的远景，只是借用了一类画家们所常用的表达方式？在同真、实、忘我相对应的一切价值中，或许真有这几种可能：那种对一切生命而言，更为高级、彻底的价值会归属于表象，归属于故意欺骗的意志，以及自私与贪婪；抑或还存在这种可能，即呈现着善良与受尊重的价值的事物，也正寓于其内，同那种表象上互相矛盾、不祥之物扭结与纠缠，令人迷惑，或许本来就是一体的。或许正是如此！然而，谁又会关注这危险的"或许"呢！因而，人们只好寄希望于一种新型哲学家的诞生，他们怀有极其不同的、反其道而行的审美与嗜好，不同于那些对待任何理智都只会说"或许"的哲学家们。实际上，我已经看到冉冉升起的新星了。

THE RECORDS OF NIETZSCHE'S PHILOSOPHY

超然的道德

人类的生命，不能以时间长短来衡量，心中充满爱时，刹那即为永恒！
——弗里德里希·威廉·尼采

道德认识的差异

人格缺陷对人类造成的恶果有四点：软弱，浅薄，毫无顾忌，自我否定和否定一切的人格不会做出任何好的事情，尤其不会做出有关哲学研究的事情来。

"无私"在任何地方都毫无价值可言，面对大的问题需要更加丰富的关爱。而这些，除了强大的人、勇敢的人、拥有自我的人可以做到之外，任何一个人都无法办到。思想家会以他特有的方式来面对问题，这样他就可以在解决问题的过程中发现自己的命运；或者他会以"非个人"的方式——冷静而好奇的态度去看待问题。这两者之间有着天壤之别。如果他是以后一种方式解决问题的话，那么绝对不会产生任何结果，因此也不用抱有任何愿望。对于非常严重的问题，即使他是可以理解的，懦夫或者癞蛤蟆也不会理解。这是他们的习性造成的，永远都不会改变。而且，所有女人也具有这种习性。

至今为止，我尚未看见有谁是以人的标准来看待道德的（书里也从未出现过），而且重视道德这个问题，把它当作自己的痛苦、激情或者快乐，这究竟是因为什么呢？很明显，道德在今天并不是一个问题。人们在经历猜疑、矛盾之后达成某种一致的东西，它是思想家栖息、放松的处所。直到今天，我还没有发现有人敢于评估道德所具备的价值。我甚至还发现，人们对于科学的好奇心也逐渐消失了，心理学家和历史学家的那种骄纵的想象力也逐渐荒芜了。原本这种想象力能够随心所欲地捕捉到一个问题，而且也不需要费力去了解到底得到了什么。我努力地寻找资料，想要撰写一本有价值的评估历史的书籍（或者有关评估价值的论文），以此激励人们对于历史的喜爱，提高他们在这一方面的知识涵养。但是，此刻我才感觉，我的努力只是白费力气。尤其是英国的道德史学家，他们经常轻易地屈服于道德对他们的召唤，充当着道德的仆人而不知；生活在基督教统治之下的欧洲人，始终被人当作民间迷信。道德行为的特质在于无私、同情、牺牲自我。

在这个前提之下，他们所犯的错误是非常普遍的，也就是指坚持认为，各国人民在道德原则上是站在同一战线上的，并且从中认识到人与人之间的约束力；或者也会背道而驰，当他们意识到民族并不拥有同一个道德之后，又会认为道德并不具备约束力。事实上，这两种做法都是非常可笑的。就连他们之中最具智慧的人也犯有错误，他们批判民族对于道德的所有看法，也就是指批判道德的起源、宗教意识、自由意志的各种偏见，而误以为对道德本身进行了批判。

但是，例如"你应该……"这种推测是迥异于这类道德的见解的，就好比药物对于病人是否有价值，并不在于病人是否具备智慧的头脑，或者愚昧地像老妪一样。一种错误可以产生一种道德，但是至今为止，运用这种观点来表明道德价值的问题还没有出现过。也就是指，目前为止，还没有人研究过所有药品中最有价值的一种药物——道德。因此，评估这种价值是我们目前最重要的任务。

难道你们不明白吗？实际上，人们总是想尽千方百计了解我们，我们也在四处打听别人对我们的看法。我们到底是谁呢？如果用简单、明了的字眼儿称呼就是：无神论者、怀疑论者以及非道德者。但是，好像很久没有人这样称呼我们了，在晚年的时候我们成为了这三种人，所以人们很难理解我们；当然，你们这些好事的家伙也是不能理解的，因为理解需要很大的勇气。

不！我们不能从那些没有信仰的人中死拉硬拽出信仰来，我们要摒弃他们的艰辛与激情！我们洞悉这个世界并非神圣，按照人的标准也并非正义、仁慈。因为我们看得很清楚，所以我们像被蒸发一样，变得又冷又硬。我们所生活的这个世界，并非神圣、道德的；但是，在很长一段时间里，我们对它做出了错误的解释。原因在于，我们被自己的崇拜意识所迷惑了。人，是一种善于崇拜的动物！

但是，人又非常喜欢怀疑。以前我们猜测这个世界并没有价值，现在我们的猜测得到了肯定。那么多的疑惑，那么多的哲理！我们还是不要揭露那个连我们自己都觉得可笑的事实吧！如果人们需要发明一种价值，那么现实价值肯定远远低于虚构的价值。当我们从虚构的价值中撤退，就好像从人类的迷惘中退回一样。

这种迷惘最后所表现出的是现代悲观主义，相对古老的表现形式是佛教教义，当然基督教也有这样的困惑，而且对人的蛊惑更加深入。人作为"否定世界"的标准、衡量所有事物的标准、社会的制裁者，当他把存在本身置于天平之上并发现它的分量非常轻微的时候，我们将逐渐意识到，人面对世界的姿态是非常乏味，令人厌恶的。当发觉"人与世界"并存，仅仅是被"与"这个渺小的字眼儿所阻隔，便不禁偷笑起来！

究竟是怎么回事儿呢？难道笑意味着我们鄙视人的功力更加厉害了？在我们可以认知的那些存在中也进步了吗？难道我们仍然沉迷于怀疑这个世界吗？目前为止，我们心怀崇拜存活在这个世上！为了这个世界，我们才苟全性命！我们是不是还在怀疑另外一个世界呢？即怀疑我们本身！无情地、彻底地怀疑自己，这种怀疑已经使欧洲人就范，并且还将轻易地让未来几代人做出抉择："废除崇拜，或者废除自己！"后者是虚无主义，那么前者又是什么呢？这就是我们的疑问。

用来装扮的道德

一般而言，赤身裸体的人是不堪入目的，我所指的是欧洲男性（绝对不是欧洲女性）。假如魔术师用魔法将同桌共餐者的衣服脱去，我想，欢快的气氛不但会消失，而且会影响大家的胃口。欧洲人最不能缺少的便是衣服这个面具。

而那些伪装道德的人，他们借助正派的概念，将自己的行为隐藏在责任、美德、集体感、荣誉感和自我否定等这些概念的背后。难道这没有充分的理由吗？我并不是说将人性丑恶的一面隐藏起来，而是作为被驯服的动物，我们的外形非常可耻，所以需要以道德做伪装。长久以来，欧洲人的内在品格还没有坏到被人一眼看穿的地步。他们用道德做伪装，是因为他们已经成了多病、软弱、残缺的动物。他之所以要当被"驯服"的动物，是因为他已经畸形、不完整、笨拙……

并不是恐怖的怪兽需要道德的伪装，而是平庸、倦怠的群居动物需要。道德装扮了欧洲人，虽然过于华丽，但是我们必须承认，只有这样，才会显得高尚、体面甚至神圣。

宗教创始人最重要的发明之一就是找到了特定的生活习惯和道德风尚，并将它定为准则，消除了人世间的厌世情绪；另外一方面是讲述了这种生活模式的优点，因此散发出了价值的光辉，成为人们为之奋斗，甚至为之献出生命的至善之物。

这两个发明，后一种相对来说更加重要。因为某一种生活模式已经存在，只是人们不知道它的价值在哪里而已。宗教创始人的重要性，以及他的这种精神表现在他发现了这种生活模式，并且选用它，认识到它的功能，以及阐释它的功能。例如，耶稣，或者保罗，在古罗马被占领的地方——意大利版图以外的地区，发现了一种小百姓的生活方式。这是一种极其简朴、崇尚道德，比较压抑的生活。耶稣对它做出了诠释，赋予它崇高的价值；并且赋予它轻视其他的生活方式的胆量，以及赋予它摩拉维亚教徒那种狂热与自信。这种信任越来越强烈，终于有一天准备“征服世界”了（指罗马帝国的上层阶级）。

释迦牟尼也发现了一种人，这种人生活在各个阶层，他们的社会地位不同，但是都非常善良而懒惰（绝不是冒犯他人），他们的生活非常节制，几乎没有需求——这也是因为惰性使然。释迦牟尼明白，他有能力让他们接受这种信仰：承诺消除世人的辛劳（劳动的艰辛，行动的艰辛）。

宗教创始人还要从心理上理解个别普通人，他们还没有认清自己。正是他将这些人捏合在一起，所以，宗教的创立总是非常漫长。

在我们开始领悟的时候，我们在很大程度上可以忽略意识的时候，意识问题（或者更准确地说，是自我意识问题）才浮现在我们面前。而今，生理学和动物学史（莱布尼茨两百年前就对它们产生过怀疑）让我们回到领悟意识问题的初始阶段。我们原本可以思索、感觉、希望和追忆，也可以依据它的意思“行动”，而这些所有并不一定要“进入到我们的意识”（就像某些形象性的说法）。整个人生即便不在镜子中看到自己的影像也是客观存在的，就像我们绝大部分的生活——也就是我们绝大部分意愿、想法和情感没有这种反映也是照常进行的。这种提法，年纪大一些的哲学家听起来可能会觉得有些不舒服。

倘若意识在大部分的时候是多余的，那么它究竟有什么用处呢？你想知道我的答案、听听我的答案中是否会出现离谱的猜测吗？

我认为，意识的敏锐和强度是和人（或动物）沟通能力的大小成正比，而沟通能力又和沟通需要是成正比的。沟通需要这样理解是不准确的：如果一个人擅长把自己的需要告诉他人，并让他人理解，这样他就必须依赖他人了。我认为，哪里长时间地有让人们彼此诉说、彼此快速而准确地理解的需要，哪里就有多余的沟通能力和技巧。似乎是一笔缓慢积累的财富，正等着它的继承人对它进行挥金如土的浪费一样，所有的民族以及他们的后世子孙们无一例外。（那些所谓的艺术家就是这种继承人，还有演讲家、传道士、作家也是，还有一代代"晚辈"。这个词可以这样解释："晚辈"的本性就是挥霍。）

倘若这一观察没错，那么我就再做以下推测：意识只有在有沟通需要的压力下才会产生。在人与人之间（尤其在指挥者和服从者之间），意识一直以来就是必需的、有意义的，也只有与这个"功利"相关才会产生。意识原本只不过是人与人之间的联系网络，只是作为联系网络它必须得发展。隐逸之士和猛兽一样的人是用不着的。我们的行为、思想、情感以及心理活动进入到自己的意识——至少是有一部分进入意识——这就是那种可怕的、长期控制人的"必须"所致的恶果：就像一头受到威胁的野兽，人需要帮助和保护，需要意气相投的朋友，需要善于表述他的难处，让他人理解自己。他必须是先要得有"意识"，也就是说必须得要"知道"自己缺什么，在想什么，要"知道"自己的情绪。

人和其他动物是一样的，总是在不断地思考着，但是对此自己却是并没有意识到。转化为自觉思考的仅仅是那些思考中的一小部分，或者可以说是最表层、最简单的一部分。因为自觉的思考是用语言即沟通符号来进行的，由此就揭示出了意识的起源。简单说来，语言和意识的发展（不是理性的发展，只是理性的自我意识的发展）是齐头并进的。需要注意和强调的是，人与人之间的沟通手段，并不仅仅是只有语言，还有眼神、表情或紧迫之事，均可作为沟通的桥梁。我们逐渐觉察到自己的感官印象，将它们固定并表达出来的力量加强了，这力量便是一种要将感官印象通过沟通符号传达给他人的强迫。

发明沟通符号的人必定是自我意识越来越强烈的人，作为社会的群居动物的人得学会意识到自己，他一直都是这样的，并且越来越自觉了。现在你们可以看出我的观点和倾向了：意识不是人的个体生存的习性，而是属于他的群体习性；据此推断，意识只是因为群体的功利才得以迅捷地发展。所以，尽管我们每个人都最大限度地把自己作为独特个体来看待，"对自己了如指掌"。但是，让他进入意识的，却独独不是他的独特个体，而是他的"集体"。我们的思想本身一直被意识中发号施令的"集体的保护意识"所战胜，紧接着就被改编，并倒退为群体的观点。

从本质上来说，我们的行为是个性化的、独特的，这点毋庸置疑。可是，我们要是把自己的行为改编进入意识，它们立即就会和先前的有所不相同了。按照我对本原的现象论和主观论的理解，动物意识的本质导致的结果是：我们可以感受到的这个世界只不过是一个表面世界、符号世界、普通的世界；一切被意识到的东西都是肤浅、蠢笨、普通、符号、群体标识；与一切意识相关联的是大量而彻底的变质、虚假、肤浅和概括。因此，意识的渐渐增强实在是一种危险。谁生活在意识最强烈的欧洲人中他就会知道，这意识已经成为了一种病态！人们已然看出，我在这里所论及的主观和客观的对象中并不包括欧洲人的意识。这个问题还是留给那些依然钻在文法（大众的形而上学）怪圈里的认识论学者去论断吧！首先，在欧洲人那里，意识不是"事物的自身"的对象，不是现象的对象。因为我们的"认识"还远没有达到足以能下如此判断的程度。我们根本就没有专门掌控认识和"真实"的感官组织，我们所能够"知道"（或者相信，或者自以为）的，恰巧就是对群体利益有用的东西。而这里所说的"有用性"，从根本上讲就是信念和自以为是，对于我们来说有可能正是灾难性的愚蠢欲置我们于死地的呢！

道德在欧洲大陆的表现

现如今，欧洲大陆的道德感同样是如此细腻、多变、新奇而诡诈；与此相关的"道德学科"却显得幼稚、不专业、笨拙而粗糙。这是值得人们关注的矛盾。有时候，它因为扮演道德论者的角色而使人们倍感亲切。一提到"道德学科"这一概念，被其描述的事物也一并包括在内，然而它过于傲慢，与同善的审美相抵触——这一审美通常都是对较谦逊的概念的一种前审美。人们应当坦白地承认，这其中必将还需要点儿什么，是什么事物一时掌握着真理？即材料的收集以及一些笼统的价值观与价值概念上的生活、生殖、生长与灭亡的理解与总结。这或许是对鲜活的、结晶的、回归性的、频繁的塑造变为直观化的尝试，即是一种对道德分类学说的准备。

毫无疑问，人们从来没有如此谦虚过。那些哲学家们全部摆出一副深沉而严肃的姿态要求，倘若他们将道德视为科学，就会从自身的角度得出某些更加高级、更加庄重、更加严苛的东西以证明他们的道德。迄今为止的所有哲学家都认为需要论证道德；然而，道德本身却被认为是"既定的"。那种自以为是的、毫不显眼的、残留于尘埃和泥土中的描述使命（对他们而言，还算不上最敏感的触觉与最雅致的感官），与他们自身笨拙的矜持是多么的不相称！正是由于道德哲学家们对道德事实的肤浅认知——随意地删节、笨拙的缩写——几乎将道德变为他们环境、状况、教会、时代精神、气候与地表的一部分。

也正因为如此，在民族、时代与历史方面，他们受到了最为恶劣的教育，毫无进取之心，也根本无视道德的课题。因为只有在出现道德多样性时，这些问题才会显现。在有史以来的所有"道德学科"中，最缺乏的竟然是道德课题本身，这听起来让人感到不可思议，实际上是因为缺少怀疑精神。除此之外，还有哪些存在缺陷的事物被称为哲学家的"道德论证"与自己定义的东西呢？如果从正当的角度来看，作为居主导地位的道德善良信仰的学究形式，过去只是表述这种信仰的新式手段，即是特定道德性中的事实本身。总而言之，是将这一道德理解为对问题的否定，即作为一种课题来看待。不管怎样看，这都是一种怀疑、分析与考验，是对这一信仰的活生生的解剖。

正如在公众面前，叔本华用一种几近令人肃然起敬的无辜推论出自身的使命，而人们也据此得出了一种"学科"的科学性结论。作为此种学科的最后一位大师，其论调就如同孩子或者老处女一样："基本原则"——他说："任何一个伦理学家对其基本内容的认识都是一致的：不要伤害到任何人，而要尽力而为去帮助所有人——这是任何一位伦理学教师都试图证明的信条……伦理学的基础，几个世纪以来，如同寻觅智者之石一样，人们也在寻觅这一基础。"不过，论证上述信条的难度或许非常大——显然，连叔本华们也对此束手无策。但凡曾经彻底思考过的人，都会觉察到这条戒律的错误性。遗憾的是，在一个本质上为权力意志统治的世界，他就会首先想到的是叔本华——即便他原本就是一个悲观主义者——吹响了风笛……每日都在脑海中出现，因为人们在此读到了他的传记，不免发出这样的疑问：一个悲观主义者，一个否定上帝与世界的人，在道德面前，他停止了前进的步伐；对那个女人般的道德吹响了风笛，大加肯定。这是怎么了？他本来不是个悲观主义者吗？

有关爱情与美德

我们通常会认为贪婪和爱情是两个概念。其实，这二者可能只是出自同一欲望的两种说法而已。

一种说法是，对于占有者而言，欲望已经处于一种静止的状态，他们只会为"占有物"而担心；另一种说法是，从贪得无厌者和渴望者的立场出发，因而将其美化为"好"。难道我们的博爱不是对新的财产的一种渴望吗？同样地，我们对知识和真理的爱，以及对新奇事物的追求难道不也是这样的吗？

我们对陈旧之物和已占有之物渐渐感到了厌倦，于是便想要再度伸出手去攫取新的。即使是在风景最美的地方，当我们住上三个月之后，就会发现自己已经不再那么喜爱了，而不管是多么遥远的海岸都会引起我们的贪念和妄想。因为我们的一再占有，占有之物变得越来越少了。我们对自己本身的兴趣总是源于这兴趣在我们身上所引起的变化，只有这样才叫作占有。如果有一天我们对占有物失去了兴趣，自然也就对自己产生了厌倦之情。（人们常常因为占有太多而感到痛苦，因此将所占有的东西抛弃或分给其他人，还冠以"爱"的美名。）我们乐于利用一个人处于为难之中的契机，来攫取他占有的东西，这种做法就像慈善者和同情者所做的一样，而他依然将这种获取新的占有物的欲念叫作"爱"，并在即将成功的新的占有中获得了快乐。

人们的爱情更多的是表现为对占有的不懈追求。情郎总是想绝对占有并且独自拥有他所追求的女人，渴望对她的灵魂和身体拥有绝对的控制权力，他要单独地被爱，而且要统御并驻留在女人的灵魂里。这实际上就意味着他将所有人都排拒在了美好、幸福与享乐之外。他的目的是要使他的情敌都变得一贫如洗，而自己就将成为金库的主人，成为"征服者"与剥削者之中最肆无忌惮、最自私的人；其他人对他来说是毫无意义的，他时刻准备牺牲一切来扰乱所有的秩序，完全置他人利益于不顾。想到这些，人们不禁惊讶于这种疯狂的性爱欲念与对财产的残酷欲望，一直是被大肆美化、圣化到如此地步，使得人们从中获得这样一种爱情概念：爱情与自私是完全对立的。而事实上刚好相反，爱情就是自私的代名词。在这里，很明显的，一无所有的人和渴望拥有的人对此还颇有微词；而那些在爱情方面被恩赐了许多而感到满足的人。例如，在所有雅典人中最值得爱和被爱的索福克勒斯，有时也难免将爱情称为"疯狂的恶魔"。可是，爱神厄洛斯却总是在笑话这些一向是爱神最伟大的宠儿、如今却亵渎神灵的人。

其实，在这个世界上到处都存在着一种爱的延续。两个人在这种延续中就会将一种渴求转向另一种新的渴求，从而有了更高的共同目标，也就是在他们之上的伟大理想。可是，谁真正熟悉这种爱呢？又有谁经历过这种爱呢？它的正确名字就是友情。

再说说美德。一个人的美德之所以被人称赞，并不是由于这些美德对其本人的影响，而是由于这些美德对社会、大众的影响。从古至今，人们在颂扬美德的同时，很少会有"无私的"、"非自我本位"的心态！

似乎人们在潜意识里非要看到美德（诸如勤勉、服从、纯洁、虔诚和公正等）对具有它的人造成伤害不可。美德既是这些人强烈的本能欲望，同时又受到理性的限制，无法与其他的本能欲望保持均势。如果你真正具备了某种完美的道德（而不仅仅是一种对道德的向往）。那么，你注定要成为这种道德的牺牲品！然而，你反而会因此受到最亲近者的褒奖呢！一个勤奋的人会得到人们的称颂，但与此同时，人们却忽视了这个人因为过度勤奋而在视力、思维及创意方面所受到的损害；人们对一个"鞠躬尽瘁"的青年表示出敬重与惋惜之情，他们这样评价："失去一个最优秀的人对整个社会来说是微不足道的！因为牺牲是必要的，尽管觉得惋惜，但更加值得惋惜的是个人的想法，甚至个人对自身的维持与发展完全违背了服务于社会的宗旨！”人们之所以惋惜这个青年，并非他本身之故，而是他的亡故会给整个社会带来巨大的损失，社会也由此失去了一个屈从的、大公无私的所谓的“老实人”的工具。也许我们会想，如果他在忘我地工作时能照顾好自己，活得长久一些，这样是否对社会更有益呢？当然，这个益处早得到了人们的肯定，不过在他们看来，另一个益处更高、更长远些，那就是，虽然一个人牺牲了，但他勇于牺牲的精神却永远地留存了下来！可以说，美德中包含一种工具的性质，而褒扬美德实际上就是在褒扬工具的性质。因此，从一方面来说，美德中存在着一种不受个人整体优势的控制、非理性、盲目的本能欲望，也正是由于它的非理性，才使得个体转变为整体的职能成为可能。简而言之，颂扬美德就是颂扬其对个人的损害，也就是颂扬那种剥夺了人的最宝贵的自我本位和最大限度保护自己的力量的本能欲望。

为了使人们的行为习惯都符合道德的要求，就必须降低美德同个人利益结合起来的可能性。而实际上这样的结合的确已经存在了！举个例子来说，尽管勤奋是一种美德，可是盲目的勤奋不但会成为甘愿当工具的人的典型美德，也被当成一种发财、成名的途径和医治无聊、情欲的特效毒药。然而，人们却将勤奋所带来的极大危害紧紧地隐瞒了起来。我们所说的对人的教育，实际上是试图通过一系列好处将人们吸引过来，从而使他们形成个人的思维和行为方式。而一旦这样方式成了习惯，甚至是本能与激情，那么就必然会有损个人利益,而"有益于大众"。盲目的勤奋所导致的名利双收经常可以见到，但是同时却也剥夺了个人肌体器官的灵敏；人们在享受它所带来的名利以及得到了抗御无聊与情欲的手段的同时，也使感官逐渐迟钝，使心灵在面对新的刺激时失控。（我们这个时代是所有时代中最忙碌的，因为知道现有的勤奋和财力不会有太大的进展，所以只能靠加倍勤奋以期获得更多的财富；许多伟大的人物通常是付出多，而收获少！相信我们的孙子后代也将会这样！）

对人的教育的成功必将使个人的种种美德有益于公众，但却不利于个人的最高目标，这样就可能造成严重的后果——个人精神的苦闷和先天夭折。对无私奉献、行善积德的人的赞美，实际上就是对那些没有将自己的力量与理性用在保存、发展、提升和促进自身以那些企图扩张权势的人的赞美。这种人从来都先为别人考虑，与世无争，然而人们对他们的赞美绝对不是因为他们的这种忘我的精神！"最亲近者"对无私的赞美源于他已经从中得到了好处！如果觉得自己"无私"，那么就应该努力阻止那些损害个人利益的倾向发生，更重要的是大声宣布自己的无私；然而他并没有对无私称道！这其实也说明了一个问题，那就是时下正受推崇的道德的矛盾所在：道德的动机与原则事实上是背道而驰的！用来证明道德的东西反过来受到了道德标准的反驳！

这句"你有舍弃自己，成为牺牲品的勇气"，应该由情愿舍弃个人利益的人来说，即使这种"个人应作牺牲"的要求会带来自身的毁灭，但似乎这样才不致与他的道德标准相悖。事实上，如果最亲近者或者社会为了公众利益而对利他主义大加赞许，这时，一定会有人站出来反对，他认为："你应该在对无损他人利益的前提下寻求自己的利益。"这样看来，"应该"与"不应该"都是别人说的。

清醒与面具

世界上根本没有人会如此轻易地相信一种学说——仅仅因为它能够使人拥有美德和好运。但那些可爱的"理想主义者们"则不然。他们使善、真、美、连同他们池塘中的各种各样、蠢笨如牛与慈悲的所有合意性都交错游弋。幸运与美并不能为他们作证。然而，人们总是健忘，即使是精心挑选出的精神也是一样。使之不幸或变恶，一样不能做反面的论证。或许有些东西是真的，然而用最精准的刻度去衡量，同样是不安全的；其本身或许能够归于生命的基本特性，人们因为认知获得了圆满而朝毁灭走去，以至于要具有某项强大的精神才能对抗无数"真理"的自我揣度；更通俗的讲法是，具有能够将真理冲淡的、掩盖的、变甜的、变钝的、伪化的精神能力。但针对发觉真理的某些方面而言，不幸与变恶显然有更大的好处，并且具有更多的成功概率；什么是恶与不幸——这是被道德家们杜绝的话题。或许，要想产生强大的独立精神与哲学家，相对于那些软绵绵的、精雕细琢的、低眉顺眼的善性与轻率的艺术来说，强硬与诡谲才是更为有力的条件。人们以一个学究的标准来估量，并有权做出估量。假设眼前有物的阻碍，人们便不会将"哲学家"这一概念同写书的那位哲学家联系到一起，要不然就将他的哲学统统填入书本！这也是司汤达为树立具有自由精神的哲学家的形象所做的最后的贡献。鉴于德意志的审美标准，我是一定要着重强调一番的，特别是因为他那完全有悖于德意志审美的行为。这位伟大的心理学终结者说道：

"要成为一名善良的哲学家，人们必须保持冷静、头脑清晰并且没有虚无色彩。一个想当财主的银行家，必然具有相当的哲学认知能力——对存在之物的必备见识。"

但凡深沉的事物都喜欢戴上伪装的面具，并且对与表面相似的形象与比喻都怀有莫大的仇恨。矛盾最初不就是以上帝遮羞布的形式呈现的吗？这真是个不得不问的问题。倘若没有哪位神秘主义者已经冒险这样做过，那还真叫奇怪了。有些万分精细的做法，以粗糙的外表遮盖，很容易被人们埋没、无法辨识；不可否认仁爱与宽宏大量的存在，但这之后，除了拿上一根手杖痛打目击者之外，再没有别的行动，人们也因此淡忘了此前宽宏的举动。淡化或扭曲自己的记忆，某些人十分精于此道。至少能对这唯一的知情人施以报复——所谓的羞耻完全是无中生有，这并不是让人感到羞愧的最糟糕的事情。假面具的背后不仅仅只有诡谲，诡计中同样存在许多的善。我能够想象：

如果一个人想把值钱的或易破碎的东西藏起来，那么他一生便会像一只箍得紧紧的、装着新酒的破酒桶一样，粗俗地在地上滚来滚去——他那高贵的羞耻心驱使他这样做。他的命运与他那颗脆弱的决心，使他在中途邂逅一个将深沉隐于羞耻的人——此路一向少有人至，甚至连他最为亲密的人也未知这条小路的存在。他的命运之惑隐于眼中，如同上了再造生命的保险。如此隐秘的天性，使他本能地沉默与隐瞒，并尽量避免交谈；他情愿戴着一副面具在其快活的内心与头脑中游弋；而倘若有一天他厌倦了这一切，那么双眼便会识破他的真相。虽然如此，他还是需要他的假面具，这样也挺好。面具为每一个深沉的精神所需要，并且围绕着更多深沉的精神，又会不断地生出面具。每一个对生命符号的连续错误做出平淡解释的词句、步骤于这一切都功不可没，这也是他能够给予的。

洁净的本性

　　我能不能在此指出自己天性中的最后一个特点呢？正是因为这一点，我与他人很难和睦相处。对于洁净，我似乎有一种天生的、不可思议的、灵敏的本能。正因如此，我才会利用生理学的方式去感知邻近的地方。我应该怎么解释这个现象呢？我可以依靠这种灵敏性——心理学的触角，嗅出每一个人灵魂最深处的东西，以此来掌握和控制所有秘密。任何一个人，只要他的心里隐藏着污浊的思想（这也许是因为天生具备的卑劣的血统决定的，也许是因为后天的粉饰而产生的），只要经过与我的接触便知分晓。如果我的观察是正确的，那么，只要是无法忍受我的洁净感的人，都会感受到我因为厌恶而产生的谨慎。因为，无论如何这些人的气味是不会因此变得芳香。我赖以生存的先决条件就是我极端的洁净感。我的生死取决于环境的干净与否。长久以来这种习惯始终跟随着我，在清澈的水中、在一种清透的元素中，我不停地畅游着、嬉戏着。在我与他人的交往过程中，这种洁净感让我经历了很多对耐力的考验。同情并不是我对人情味的认识，而是别人对我的同情。持久的自我克制是我对人情味的一种理解。但是，孤独是我一直不愿意抛弃的，也就是我所说的康复——找回自我，呼吸自由的、轻松的空气。《查拉图斯特拉》里的所有内容都在歌颂一首孤独的酒后的狂歌；如果人们能够理解我所说的含义的话，他们就会清楚地认识到，实际上这是一首赞美洁净的歌。幸亏不是在赞颂纯净的傻瓜，那些对色彩敏感的人会把查拉图斯特拉看作金刚宝石。对我来说，最大的危险莫过于对人的厌恶，对"庸众"的厌恶……你们想不想听听有关查拉图斯特拉对于厌恶感的论述？

究竟在我的身上发生了什么事情？我如何才能摆脱厌恶感呢？是谁让我目光变得像孩童一般？我要飞到怎样的高度，才不至于再看见庸众呢？

难道厌恶感已经为我增添了双翼、赋予了我预测泉源的能力了吗？是的，除非我飞到极顶，才能再现快活之泉！

我的兄弟们，极顶之上喷涌着快活之泉！那里有一个生命，他的身边没有庸众与他共饮泉水！

快活之泉，你知道吗？你的喷涌是那么地猛烈！你想要斟满酒杯，所以才一再倾杯！

现在我要学会的，是如何更加谦虚地接近你。因为我的心因为你而沸腾不止。

我火热般的心仍然在不停地燃烧着！这短暂的、炎热的、让人兴奋不已的夏天啊！我这颗热切的心渴望着你为我带来阵阵清凉！

我那春天般的犹豫的沮丧已经消失了！我那六月般的邪恶的雪花已经离开了！现在我已经完完全全变成了炙热的夏日。

极顶上的夏天，有冷泉和愉悦在安静地陪伴着他。来吧！我亲爱的朋友们！用你们那清澈的目光注视着我的快活之泉吧！泉水是不会因此而变得污浊的，它正在以自身的洁净等待着你们。

用未来之树来建造我们的屋脊；让雄鹰为我们这些孤独的人衔食！

事实上，那些不洁净的人根本就不应该得到食物！他们应该去吃火，让火烧掉他们的嘴巴！

事实上，我们根本没有为不洁净的人准备住所！他们应该将自己的身体，以及精神都安置在冰窖里！这就是我们的幸福！

我们应该与雄鹰为邻，与白云为伴，与太阳为友；我们应该像风一样掠过天空。

我希望有那么一天，我能像一阵清风吹过他们身边，并且以我的精神扼杀他们的精神。这就是我对于未来的打算。

对于所有低贱的人而言，查拉图斯特拉就好比一阵风，时刻告诫敌人和被唾弃的生物：你们要小心了，不要迎风而唾！

地点和气候对人类的营养问题起着至关重要的作用。谁都不可能随遇而安。如果一个人肩负重任，而他又必须为了这个重任全力以赴，那么他对于这些条件的选择就更为严格了。气候对人体的新陈代谢有着很大的影响（它会使人体的代谢变得缓慢或者加速）。因此，地点、气候的好坏直接影响到人们肩负的重任，如果选择失误的话，就会导致自身与重任相异化，而且很有可能因此阻碍了重任的完成。他没有任何办法去正视这种使命。他的身体，永远缺少那么一点儿动物性元气。因而，无法获得那种波涛汹涌般冲击精神事物的自由。面对这种情况，人们会意识到：只有我才能胜任此事……一旦养成了轻微的内脏惰性，即使是天才也会因此变得平庸。这是一种德国式的东西，德国的气候就足以让强壮的身体和富于英气的内脏变得消沉。

精神步伐的快慢或者迟滞与新陈代谢的速度形成了精确的比例。是的，实际上，精神本身只是新陈代谢的一种形式而已。在这里，我们可以很容易地列举出以前出现过的，或者正在出现的产生人杰的地点：在那里，诙谐、狡猾、阴险、卑鄙是幸福的一部分；在那里，所有的天才都有一种宾至如归的感觉，他们无时无刻不在呼吸着干燥、爽快的空气。巴黎、普罗旺斯、佛罗伦萨、耶路撒冷、雅典这些地方足以证明：干燥的气候和晴朗的天空盛产天才。也就是说，通过坚持不懈的努力，通过新陈代谢的迅速，就能够获得无穷无尽的能力。有这么一个例子：一位身心自由的人，仅仅因为不良天气的影响，从而缺乏了自然本能，久而久之变成了心胸狭窄、卑鄙猥琐的人。如果不是因为病痛的折磨让我认识到了现实生活中的理性，很有可能我最终的下场也是如此。如今，依靠长时间的亲身体验（就好像通过一架严密、准确的仪器认识到气候和气象的起源，以及影响一样），从都灵去往米兰的旅途中，通过自我心理的测量，计算出了空气湿度的变化。

我想起一件让我很惊恐、很害怕的事情：我的一生，直到最近十年，这个生命危险的年代，总在那些错误的、跟我本身完全不符合的地方度过。就我的身体状况而言，瑙姆堡、普福塔文科院、图林根、莱比锡、巴塞尔、威尼斯都不是适合我的地方。如果说，我的童年时代和青年时代没有给我带来任何快乐的记忆的话，那么在这里强调"道德"上的，看似无可争辩地缺乏社交纯属愚昧。因为，就算到了今天，我仍然对于社交一知半解，然而这并没有妨碍我成为一个乐观、勇敢的人。但是，对于生理方面的愚昧——糟糕的"理想主义"才是我生命中真正的不幸，这中间还包括许多多余和无知的成分。因为没有一丁点儿相互抵消或者相互消化的成分，所以产生不了任何优质的东西。面对在理想主义中产生的后果，我寻找到了，能够解释所有失误以及与我的生命所肩负的重任相背离的谦虚和恭敬。例如，当我成为一名语言学家的时候，最起码我会这样问自己："我为什么没有成为医生？或者其他的可以让人惊叹的人物呢？"当我还在巴塞尔的时候，除了每天的时刻分配表以外，其余时间都是在滥用我的精神状态。没有任何东西来补偿我所消耗的精力，甚至从来没有想过在耗尽这些精力之后要如何添补。

以前，我从来没有过自私之心，也从来没有对独断本能的保护；那个时候对我而言，人与人之间是平起平坐，没有任何差异的。让我永世不能原谅的，是对"忘我性"这样一种对距离感的忘却。当我的生命快要走到尽头的时候，或几乎已经走到尽头的时候，我才开始思考"理想主义"这种非理性的概念。只有病痛让我了解了理性，接近了理性。

保存本性与绝对的责任

往往是那些最强和最坏的天才人物推动着人类不断前进，他们将昏昏欲睡的人们的激情再度点燃（秩序井然的社会往往会使人类的激情昏睡）——也一并唤醒了人们的比较意识和矛盾意识，引起了人们尝试新事物、对未经试验的、冒险的事物的兴趣，迫使人们对各种思想和范例进行比较——使用武器，倾覆界碑，破坏虔诚，甚至借助新的宗教和道德的力量！

而同样的"邪恶"也会在新事物的导师和宣传者身上出现，征服者也会因为它而变得声名狼藉。如果它不是立即采取行动，而表现得较为文雅，那么也许不至于落到臭名昭著的下场！然而，不管怎样，新的总归是恶的、要被征服的，还要用以掀翻旧的界碑与虔诚；似乎只有旧的才是好的！每个时代的所谓的好人都会对旧的思想刨根究底，从而获得思想的硕果。他们成为了思想的耕耘者，每一块土地都得到了充分利用，但是土地最终都将干涸，"邪恶的"的犁铧也必将是要来光顾的。

现在出现了一种备受推崇但是从根本上就是错误的道德理论，尤其在英国，根据这个理论，对"善"与"恶"的判断是以"实用"和"不实用"为依据的。所谓的"善"即是保存本性，而所谓的"恶"则是破坏本性。但实际上，恶与善的本质都是实用的、保存本性的、不可或缺的，只是它们的功能不同罢了。

对人类的本性的保存需要有责任的支撑。所有人可能都觉得需要用最强烈的言辞和音调，最强势的姿态和表情，来影响和支配他人。革命的政治家、基督教或非基督的传道士，所有这些人并没有做出什么惊天动地的大事，还异口同声地大谈"责任"，而且还强调是绝对的责任。他们清楚地知道，假如没有"责任"的存在，是无法生出强烈的激情的！

于是，他们想借助于习惯对某种绝对要求进行说教的道德哲学，攫取宗教中某种美好的东西，就像马志尼所做的，将这二者融合在了一起。

因为他们要得到别人的绝对信任，就必须先得绝对相信他们自己，其根据便是某些自身非常崇高但又不可言明的信条。他们觉得自己已经成为这个信条的仆从和工具，并且也下定决心要为之尽职尽责。在道德启蒙和怀疑那里，我们会遇到很有影响力的对手，不过他们毕竟不多；反而在任何以利益诱导服从的地方，便会存在许多这类对手，他们已经形成了一个庞大的阶级集团。例如，当一个世代望族的后代想到自己沦为一个君主或一个党派、组织甚至是某个财团的工具时，他会感到自己的人格被贬低了。然而，因为某些原因，或者为了个人，或者为了团体，而不得已做这个工具时，就必须要遵从某种矫揉造作的、时刻挂在嘴上的所谓绝对责任的原则；就必须不顾羞耻地屈从于这种原则，并且还要将这种服从完全展示在人们面前。

紧紧依附于绝对的要求的一切奴性是那些决意要从责任中夺回绝对个性的人的死敌。而这些人之所以这样做，是受到正直，或许不仅仅是正直的影响。

一个人可以清楚地意识到自己的一切个性，尤其当这些个性在周围环境里凸现出来的时候。可是，就个性本身而言，它也有其特有的发展规律。在有些时候，它过于细微，即使在最细心的观察者眼前也深藏不露，就像是躲在一片虚无的迷雾后面一样，人根本无法意识不到它，或者不能了解它。

这就像是爬行动物鳞片上的精细雕刻一样：如果只是通过观察，简单地猜测这些精细的雕刻是一种装饰或者武器，那就大错特错了。而我们能够通过可以说是人造的锐眼的显微镜来发现它，但是其他动物可没有这种锐眼！

它们单凭自己的眼睛，将那鳞片上的雕刻看作装饰或武器了。

一些我们看得见的道德，尤其是那些确信已经被看见的道德正在正常运行着；另一方面，那些不可见的、对于我们来说既非装饰亦非武器的道德也在正常运行着。或许这两种截然不同的运行状态连同那些精巧的雕刻能够带给一位拥有神奇显微镜的神明许多欢悦和精细呢！举例来说，众所周知，我们有智慧、野心和敏锐的直觉，而同时我们也极有可能拥有另外一种更大的智慧、野心和敏锐的直觉。但是这一切都不能被发现，因为察觉我们"爬行动物鳞片"的显微镜还没有发明出来啊！而直觉的道德之友会说："太好了！他至少认为无意识的道德是可能的，这样我们就满意了！"——唉，你们这些容易满足的人啊！

被"病态"的怀疑论

如果哪一位哲学家希望人们明白，他并不是怀疑论者。那么我希望，在上述对客观精神的描述中，人们已经听到了这种声音，是不是？从而，全世界都听到了，虽然有的人很不情愿。人们面带羞怯地抬起头望着他，想要问的问题太多。在众多怯懦的倾听者中，他说从那里起始便有危险了。对于他们来说，好像在他拒绝了怀疑论之后，远处便传来了某种凶恶的、带有威胁性的声响，似乎某个地方正在做某种新式爆炸物的试验。

一个精神动力学，或许是一种新发现的俄国式否定法；一种善良意志的悲观主义，它不仅仅说得否定，希望否定，更主要的是他在进行可怕的思维！反对这种"善良意志"类型，对一种现实的生命否定来说，今天再没有比怀疑论更有效的安眠药和安定剂了，那是一种温柔的、迷人的、听催眠曲的、罂粟花式的怀疑论；哈姆雷特如果活到今天，我们这个时代的医生也会针对他的"精神"特点和他的嘟嘟囔囔把他藏在地板下面。"难道人们就没有竖起耳朵认真地听一听从地下冒出的那些不堪入耳的嘈杂声吗？"怀疑论者这样说道，他就像一个安静的朋友，甚至保安警察。因为，"从地下冒出来的是极其可怕的！"最终，那只悲观的鼹鼠不再聒噪了。

因此，这种令怀疑论者感到极其恐惧的软绵绵的造物，使他的良心受到了如此的训练。在每一个否定那里，在每一个坚决的肯定那里，突然爆发了，出现了震颤，并且感觉自己好像被咬了一口似的。是否——对他来说，这两个字是与道德相抵牾的。相反，他则喜欢用高贵的忍耐庆祝自己的美德。既然他用蒙田的话说："我晓得什么？"或用苏格拉底的话说："我知道，我是无知的人。"或者，"这里，我对自己失去了信任；这里，没有哪扇门是为我敞开的。"

或者，如果门是敞开的，那么人们为什么要立刻踏进去呢？所以，从来就没有什么如果、假如，这种假设可以归属为优秀的审美。难道你们真的想把某种原本弯曲的东西弄直吗？难道你们要用麻絮把所有的窟窿都要填满吗？噢！上帝，你们真是魔鬼！难道你们就不这样着急吗？不确定的东西也具有其独特的魅力，斯芬克斯也是一个喀尔刻，而且喀尔刻还是一位女哲学家。如此说来，怀疑论者应该感到安慰了，但是他还真的需要某种慰藉。

由此可以说，怀疑论有一种确定的、多情的生理学习性，但是人们却将它称为神经衰弱或是一种病态。当不同尺度和价值在遗传方式下进入血液后，人们就会感到不安、干扰、怀疑、尝试；最佳的力量起到的是阻碍的作用，美德本身则不允许彼此间有丝毫的强大，因为这样会在肉体和灵魂中缺少平衡、重力，以及测锤式的垂直安全。

可是，在这样的混血儿身上，一定存在着病入膏肓或发生蜕化变质的东西，这就是我们所说的意志。因为他们没有认识到决心中的独立性，所以根本不知道愿望中存在着快感——即使在梦里，他们也怀疑"意志自由"这种说法。今天的欧洲，已经因此成为激进阶层的一个荒谬而又突兀的尝试舞台，因而出现了种族大混合的现象。从而令人们对所有至高和至深的事物都心存疑虑，渐渐地为那种灵活的怀疑论添砖加瓦——它急切、贪婪地从一个枝蔓跳到另一个枝蔓，很快就会像一片满载着问号的云朵，模糊他的意志，使他变得像垂死一样的饱和！因为，今天的人们已经找不到这种呆坐的残废者的处所，所以要乔装打扮！啊，这些人打扮得多么诱人啊！他们用美丽无比的花做伪装。例如，今天被称为"客观性"、"科学性"、"为艺术而艺术"、"纯意志自由的认识"等，成为橱窗中陈列的最多的东西，它们只是乔装打扮之后的怀疑论和意志消沉。我愿意为能够治疗欧洲疾病的处方担保。

欧洲上空弥漫着意志疾患，无边无际。因为在这里，这种疾患反而显得最伟大、最花哨，那里的文化早已成为乡土气息的沉沦。还是"野蛮人"——或者是又一次成为"野蛮人"的人——在抖动的西方教育的盛装掩饰下，它可以发挥权利，收到效益。现时的法国，就像人们轻易得知且可以切实把握的那样，以此将意志严重地坑害了。法国，一直具有娴熟的技巧。现在，它的精神也变成了"引诱物"、"诱人学坏的东西"。真可怕，今天它竟然成为了怀疑论的学校和展览室，并且完全凌驾于欧洲之上的文化。它要展示力量，而且希望得到永久的意志。这种趋势在德国也日渐强大，而且在德国的北部，这种趋势要比德国中部强大得多；在美的西班牙和科西嘉岛，这种趋势更是出奇地强大。

在那里还与冷漠相连。在这里，就换成了与硬邦邦的脑壳相连——这里先不说意大利，因为它太年轻，而且它好像已经知道自己究竟想要什么了，但是这种东西必须先加以证明，它是否真的想要。但是，在欧洲向亚洲回流的那个庞大的中间帝国里——俄国——则将它那最强有力和最令人感到惊奇的东西表现了出来。在那里，意愿的力量被积蓄、保存下来了；在那里，意志的等待——无法确定；看似否定又似乎是肯定的意志——用一种威胁的方式等待着被激发，以便借用今日的物理学家的行话。

这或许并不是印度战争和亚洲卷入所必需的——尽管这样，欧洲仍会摆脱危险，取而代之的是帝国主义内部的倾轧和分崩离析，并且是议会的胡说所引发的。吃早餐时读报是每个人的义务。我说这样的话并不是为了祝愿谁，因为对我来说，也许对立的东西早已指向了我的内心——这里我所指的是俄国的这种威胁的增长。换句话说，欧洲此刻必须下定决心把它变成旗鼓相当的威胁，也就是变成一种志在必得的意志。在一种统治欧洲等级的新手段下，一种持久的、恐怖的自我意志，它完全能够超越千百年来设定的目的。从而，或许最终，它长期经营的小国政治将走向终结。渺小的政治时代早已成为历史，到了下个世纪，整个世界将要掀起争取统治全球的斗争——强制的，奔向伟大的政治。

人们那遥远、崇高、深沉的内在经验，是人类灵魂的全部历史及其尚未枯竭的证明。这对于一个天生的心理学家与"伟大狩猎"的朋友而言，是已经划定的狩猎区。而他却总是绝望地说着："噢，仅仅只是个别人！看，这片原始山林多么浩瀚、多么伟大啊！"因而他期盼着能拥有上百名的狩猎助手与高素质的猎犬。他仿佛能够将他们带入人类灵魂的历史中，在那里一展雄姿。这一切完全是徒劳。他总是略带苦涩地打量着自己的表现，他对那些能够刺激他好奇心的所有事物态度都非常恶劣。他迫切地找寻助手与猎犬。将学者们派遣到需要勇气、智慧、细致的全新而又危险的猎区中。而正是在这样的环境中，他们成为了废物——这正是这一做法的弊病所在。"伟大的狩猎"同时也是伟大的冒险拉开序幕。在那里，他们没有了猎眼与猎鼻。正如为了猜出并确定宗教之人的灵魂里，有关认知与良心的问题到底有过怎样的一段历史，人们必须拥有如同"帕斯卡"那样的智者所具备的深沉与良心——伤痕累累、广袤无垠，并时刻与狡黠的、睿智舒展的天宇紧密相连，同时俯瞰这充满危险与痛苦经历的聚集地，稍加调整并采取强硬措施使之成为一种模式。然而，谁能为我提供这种服务呢！谁又有时间等待这样的仆人呢？他们的出现实属罕见，无论在什么时候都不大可能！最终，为了能掌握大概的情况，人们只好亲自动手，这就意味着人们要亲自做很多事儿！但像我这样的好奇者，却始终自得其乐——请原谅，我真正想表达的意思是：不管是上天还是入地，对真的追求，都会得到报酬。

信仰——如同刚一问世的基督教对它的要求并在一定程度上所达到的那样——正处于一种怀疑论与南国自由精神的氛围之中。在经历了长达几个世纪的哲学派系之争以及罗马帝国的宽容教育之后，这种信仰最终被贬为那种忠心的，时而粗暴时而恭顺的奴仆信仰。从一定意义上来讲，那个叫路德的，或叫克伦威尔的，或某个北国精神的野蛮人就是怀着这样的信仰依附在上帝与基督教的威名之下的；那个帕斯卡的信仰与前者比起来还要晚一些，帕斯卡仍以一种恐怖的方式将理性看成一种慢性自杀。试图用一种一劳永逸的方式将这种命贱却顽强的蛆虫般的理性打倒。从一开始，基督教信仰注定就是一种牺牲：牺牲所有的自由、自豪以及精神上的自我肯定，同时也是一种奴役与自嘲、自戕——即是这种信仰的残酷与宗教的腓尼基主义，其前提是对一种被宠坏了的、脆弱而多变的良心所持有的不现实的幻想。精神上的屈服所感受到的痛苦是无法形容的。不管是它的过去还是现在，面对荒谬，精神都习惯于采取自卫行动。而从荒谬这一方面来说，"信仰"即是同精神对抗。现代人不再仿效基督教术语表中的最高级的圆滑，因为这对古代审美而言，就如同陷入了"十字架上的上帝"这一古怪的公式之中。到目前为止，还没有哪个地方显现出与此次案中相同的果敢之气，以及这公式中所呈现的可怕的、值得一问的东西。因为这果敢意味着对古代一切价值的重估。这即是东方，深沉的东方，奴性的东方——他以此种方式报复罗马及它的轻率而高贵的宽容，报复信仰"天主教"的罗马——过去它并非如此，自由曾是它的信仰。曾经依附于主子的奴隶们，被那半斯多葛主义和对信仰的严肃性报以冷笑的态度以及"启蒙运动"所激怒了，进而起身反主。因为奴隶要求绝对的制度，暴君式的绝对统治，在道德上也是一样；他的爱即恨，并无感情色彩之分，直到沉沦，直到感到痛苦，直到染上疾病——直到隐藏于身的诸多痛苦一起爆发，进而反对高贵的审美——似乎是因为它否认痛苦。从本质上看，反对痛苦的怀疑论只是贵族政体道德的一种大度，至少没有为最后的伟大的奴隶起义添砖加瓦。这起义发端于法国大革命。

谦虚的品格

谦虚的危险——对社会、任务、日常生活和劳动秩序过早地适应了，使我们处于这种秩序中的是因为偶然，但是我们的力量和我们的目的却未曾以立法者身份进入我们的意识。通过这样所取得的过早的良心安全感、轻松感、共同性即过早的恭顺，它作为摆脱里外皆不安宁的手段而讨好情感、娇惯情感，并用最危险的方式压制它；按照"相同地位的身份"的形式来学习尊重事物，就如同我们自己心中全然没有设定价值的标准和权利似的。意图对审美——它也是一种良心的内在声音做平等衡量的努力，成了一种令人恐惧的、敏感的枷锁。倘若最终一切爱和道德的羁绊在刹那的崩溃瓦解没有引起大爆炸，那么个人也会变得没精打采、唠唠叨叨、婆婆妈妈、小里小气。对立物已经是足够坏的了，但比前面所述的事物要好。因为，它受到环境的烦扰，也苦于对环境的褒贬，因而就受到了伤害，也为没有道出实情而烦忧；并不是自愿地怀疑，为维护自身而对环境之爱一概排斥，学习沉默不言，也许通过说话来掩饰沉默，为喘息、流泪和崇高的自慰而打造出一个犄角旮旯和未能预料的孤独——直至人们最后是足够强大到能够这样说："我同你们有什么关系呢？"并且依然故我。

论我们估价的起源我们可以用空间的方法来对我们的肉体进行分析，于是我们从中得到的观念与从星系得到的并无二致，有机和无机的区别是再也看不到了。在以前，对于行星的运动，人们将其解释为意识到目的的生物在起作用。因为，这种解释现在人们不再需要了，联系到肉体运动和自身的变化，人们早已不再认为能够与设定目的的意识相安无事地共处了。各种运动与意识一点儿关系也没有，与感觉也没有关系。感觉和思想比之无时无刻发生的无数现象，是微不足道的。

与此相反，我们察觉到，即便是在最小的现象中都有一种实用性处于统治地位，而我们的知识还不能足以担当后者，谨慎、选择、汇集、补偿等。简单说来，我们发现了一种运动，应把它纳入一种不知高出我们意识道德多少倍的、俯瞰一切的智慧。我们从所有意识的东西身上未能得到思维。因为，对自身负责的习惯我们没有能够学到，作为有意识、有目的生物，我们只是一切有意识之物的最小部分。

如同空气和电，这些时时刻刻都在发生的现象，我们几乎未能感觉到什么。因为，或许真的是有足够的力，尽管我们觉察不到，却是对我们无时无刻不在发挥影响。比之一个细胞和器官，对另一个细胞和器官所发挥的无数刺激，快乐和痛苦乃是稀少异常和极度缺乏的现象。

这是意识谦虚的阶段。最终，我们会认为有意识的自我本身，仅仅只是服务于那种更高级、俯视一切的智慧的工具而已。那时我们可以发问，一切有意识的意愿、一切有意识的目的、一切估价是否只是用来获取和意识内部的在本质上有所不同的某种东西的手段。我们认为：这牵扯的是快乐和痛苦的问题——但是快乐和痛苦或许只是我们用来完成在我们意识之外的某些成就的手段。应当指出，一切有意识的东西仅仅只在表面停留。因为行为和行为表现得如此不同，我们对行为以前东西的了解又是如此地不够。我们关于"意志的自由"、"前因和后果"的感觉是如此地想入非非。思想和想象，就如同词汇乃是行为的符号一样：任何行为都是不可探寻追究的。一切褒贬都是表面现象。我们有意识地生活于其中的想象和臆想是多么的本质。我们来谈论想象，用我们掌握的所有词汇（也包括激情）；人类的关系对这些想象的传导和继续又是多么依赖啊！从根本上说，实际的联系（通过生殖）走着自己不为人知的途径。这种对共同想象的信仰真的能对人有真正的改变吗？或者，意志、目的、思想、价值等这些真的存在吗？这整个有意识的生命难道仅仅只是如同镜花水月吗？即便是在估价似乎决定着一个人的时候，事情的表现也完全是另一种情形！简单来说：倘若是用自然作用来解释实用物是可以实现的，并且不需要假定一个设定目的的自我，那么最后连我们对目的的设定、我们的意愿等，对于某种本质不同的东西来说，就仅仅只是一种符号语言也就是无意识的东西和非意愿的东西了吗？仅仅只剩下了有机物自然实用性的那最细腻的外观了吗？与有机物就一定没有区别了吗？

总的说来，就精神的整个发展进程而言，在这里只是对肉体的问题有所涉及。渐渐会让人觉得，这是一种级别更高的肉体的形成史，有机物攀登上了更高的阶梯。我们试图来认识自然的渴望乃是一种肉体想借以完善自我的手段。或者不如说：要想对肉体的营养、居住方式、生活方式进行改变必须要做无数的试验。因为，肉体中的估价和意识、所有种类的苦乐观都是这些变化和试验的象征。说到底，这里提到的不是人心的问题：因为人应当被克服。

更高级的哲人习惯独处并非是他想孤独，而是因为他找不到和自己同属一类的人。今天，在人们已经记不起了对等级制的信仰，并且由此而对这种孤独不尊重、不理解之时，他周围是有着多少危险和痛苦积聚着啊！以前，智者几乎通过完全不顾庸众感受的方法将自身圣化——今天，隐士只得以疑惑的乌云笼罩自身。而不仅仅是心中只存有妒忌和卑鄙。因为，他不得不从每个遇到的好意中去发掘误会、疏忽和浅薄，他在那有限的同情中认出了其怀有的阴险。因为这种同情将自己看作慈善与神圣，假如它试图在自己面前以所谓舒适的条件，秩序井然的、可靠坚实的社会来"拯救"隐士的话——的确，隐士对这种不自觉的毁灭欲应当是心存向往的，所有精神平庸者都会带着这种欲望去反对隐士，并且是自认为这样做是有着充分权利的！对这种不能被别人理解的孤独化的人来说，必须熟练而由衷地将自身用外在的、孤寂的空间外衣裹住。这才是他的聪明之处。今天，计谋和伪装也还是少不了的，以便让这种人能够在时代的危险的洪流中保存自己，保持自己的崇高地位。他必须赎回一切对当今现实忍受的企图、一切对当今这些人和目标的接近，就如同赎罪一般。因为，他或许惊讶于自己本性所隐匿的智慧。因为，当这一切企图出现的时候，智慧都会立刻将其引回本身，用疾病和恶性事故。

愚蠢与美德

享乐主义、悲观主义、功利主义、幸福论，所有这些思维方式都是以乐和苦，也就是以不同的心态和次要的事物，作为测量的标准的。它们就是前面提到的思维方式和幼稚的表现。在这一点上，凡是意识到塑造力和艺术家良心的人，都不会轻蔑它，更不会没有同情心地俯视、鸟瞰它。对你们同情！这当然不是什么同情，而且更不是你们所说的同情。因为，这并不是对社会"困苦"的同情，也不是对"社会"、对社会上的病夫、不幸者的同情；它不是对有恶习者、原本就支离破碎的人同情，虽然这样的人躺在我们脚边；这更不能算作对满腹牢骚、反抗闹事的奴隶的同情，因为这些人所追求的仍然是统治——他们将此称作"自由"。我们所说的同情乃是一种更高级、更有远见的同情——我们已经看到了人是如何变得渺小的，你们是怎样将人变渺小的？就在这种时刻，我们用一种无法形容的担心，关注着你们的同情，我们对这种同情提高警惕，因为我们发现你们的这种郑重竟然比任何一种轻率都要危险。摆脱苦痛，难道是我们？——这似乎是我们所希望的更爱、更高、更糟地拥有这种前所未有的苦痛！就像你们所理解的舒适和健康——这确实不能算作目的，在我们眼中它只是一种终结！

　　有一种心态，能够将人马上滑稽化、蔑视化——它想将人希冀于沉沦！培植那种苦痛，培植那种所谓的伟大的苦痛——你们不会知道，正是因为这种培植，才创造了迄今为止人类的所有升华。那种不幸所导致的灵魂的紧跟，培养了你们的坚强、你们在伟大的毁灭时刻的战栗，并且培养了你们在幸运地拖带、坚守、阐释和充分地使用过程中所具备的敏感性和勇敢性。这不过是深邃、秘密、虚假、精神、诡计，一向之所赐——难道这不是深处在苦痛之中、深处在培植伟大的苦痛之中所享受到的吗？世界上，造物和造物主本属一体。因为，在人世间，四处都是质料、碎块、泥巴、污垢、荒谬、混乱；在这里，同样存在造物主、雕刻家、坚实的锤头、观众的神情和第七日——你们明白其间的矛盾性吗？你们的那种同情倒是很适用于人世间的"造物"，这种东西必须经过一番成形、破碎、铸造、撕破、焚烧、加热、提纯——它必然要受到一些苦楚。当然，这些苦也是应该受的，不是吗？但是我们所说的同情——你们不会理解的同情，则适用于我们的同情的相反一面，如果它与你们所说的同情相抵牾，与一切最致命的柔弱化相抵牾的话，是吗？也就是说，此同情反对彼同情！但是，还要重复一遍，世界上存在一种比乐、苦、同情这类课题更高一层的课题；任何单单以这些课题为出发点的哲学，都是幼稚。

　　正直——如果说它是我们的美德。从这一点出发，我们将不能自拔，我们有自由的精神——那好吧！说实话，我们想以一种恶意或者钟爱之情去研究它，并且在特留给我们的美德中，乐此不疲地使自己"完善"起来。愿我们美德的光辉就像一束镀了金的、蓝色的、嘲弄般的晚霞一样，投射到这陈旧的文化及其阴郁的郑重上！如果我们的这种正直哪天突然变得疲倦，并且长吁短叹、伸展四肢；而且发现我们过于强硬，希望更好地、更轻易地、更柔和地拥有它，那么这就像一种惬意的恶意一样：我们要始终保持这种强硬。因为我们是最后的斯多葛！我们将我们仅仅依靠的暴虐行径所拥有的东西统统派出去，去帮助它——我们讨厌臃肿笨拙，我们为了被遭禁的东西而奋斗。我们充当冒险家，增加冒险的勇气；我们的狡猾和被惯坏了的好奇，穿上我们最雅致的服装。乔装打扮之后，我们便拥有了最精神性的权力意志和征服世界的意志，然后垂涎三尺地神驰和醉心于一切未来帝国——我们所拥有的一切"魔怪"是我们向"上帝"的施助！但是我们很可能会否认自己或者混淆自己，这是为什么呢？人们也许会说："因为你们的正直啊！这就是你们的暴虐行径，除此之外你们还有什么？"这到底是什么原因？即使人们真的明白了道理！但是到目前为止，所有神灵不都是同样的、重新接受洗礼的魔鬼吗？最终，我们对自己又有什么了解呢？面对引导我们前行的精神，我们应该怎样称呼呢？但是我们又要怎样保护这么多的精神呢？我们正直，我们有自由的精神——我们担心，它们千万不要学会我们的虚荣、装饰、奢华，以及我们的局限、愚蠢！因为任何美德都是倾向于愚蠢的，所有愚蠢也都倾慕于美德。在俄国，有人说"愚蠢至神圣"。所以我们担心，我们千万不要因为这种正直而最终变成圣者或者是无聊的人！我们自己掌握生命，它不是过于短暂，就是过于无聊。人们大概已经信仰了永恒的生命，从而……

认清道德的面孔

人们口中所说的陶醉的快乐状态，其实是高度的权威感。一旦时空感改变，就好比能够一览无余一样。视线开阔，就能够看得更远、更长久；器官敏感，就能够感知微妙或者瞬间的现象；"睿智"的感性可以预知最微小的暗示；强大的力量统治着肌肉，是对运动的渴望，是舞蹈、是轻盈、是迅速；强力是勇敢的冒险，是对生和死的无畏……这是生命中所有的因素在彼此激励；每一个因素都可以激励现实世界产生另外一个因素。最终，所有的状态聚集在一起，也许它们原本能够保持彼此的不同之处。例如，对宗教的迷恋、对性的渴望。这两种奇妙的感觉，终于能够协调起来了。那些虔诚的女人最满意什么呢？年老的女人？年轻的女人？答案是：拥有美丽大腿的圣徒，那年轻的白痴。悲剧中存在的残酷和善良（同样协调）；春天、舞姿、音乐都是性的角逐以及浮士德式的"广阔心胸"。

对于艺术家们而言，如果他们喜欢做某件事情，那么他们就会沉迷于此（在肉体上也是这样）。如果性系统不存在某种过热感，那么也就不会有拉斐尔——创造音乐，就好像生孩子一样。贞洁对于艺术家来说就好比经济学。不管怎样，艺术家不再具备高产的生育能力了；艺术家们应该放飞自己的想象，去看待原来的事物；同时要把眼光放在事物更充实、更简单、更强大的一面。为此，他们必须具备年轻的心态，以及生命中经常出现的陶醉感。

为什么心理学家会遭受道德特质的迫害呢？这是因为，在陈旧的哲学中，没有人有胆量去研究"非自由意志"——否定道德的理论；也没有人有胆量将任何一种快乐幸福视为权利。因为，对权力的欲望是不道德的。没有人有胆量将美德视为是为种族或者城邦服务的，无道德、无权力意志的结果。因为，权力意志也是不道德的。

在整个道德发展的过程中，并没有出现真理。因为，所有用来从事研究的概念性都是虚无的；人们所遵循的所有心理学都是虚伪的；那些被人们拉进谎言中的逻辑形式都是诡辩的。道德家的特征就是，毫无理智的纯洁感和自我控制感。因为，他们将"美感"视为论证的依据；对他们而言，"挺起的胸膛"就是他们神性的风向。精神史上最让人疑惑的时期就是出现道德哲学的时候。

首例伟大的证据就是：以道德的名义，人们以卫道士的身份做出前所未闻的违法行为，这就是颓废的表现。人们对于伟大的希腊哲学家，所体现出的典型的颓废状态给予肯定，并将这种状态传播开来，就好像传播疾病一样。从整体上来说，"自我解脱"是抽象了"美德"对自我抽象最大的诱惑。

有一种很奇怪的现象，道德遭受了诡辩派最初的批判，第一次认清了道德的面貌；它几乎对所有道德价值的判断进行了归类；它告诉人们，所有道德都会用辩证法为自己脱罪。也就是说，诡辩派明白，对于道德的论证必须使用诡辩的方法。这是自柏拉图起，直到康德，所有古代哲学家最伟大的证明。"自由的道德"、"自由的善"是根本不存在的，如果在这方面讨论"真理"，那简直就是荒谬！

那么，那个时候正直的理智去了哪里呢？

诡辩派的希腊文化，创造了希腊人的本能，这是属于伯里克利斯的文化，柏拉图是绝对不属于此例的。因为，赫拉克利特、德谟克利特才是诡辩派文化的先行者，才与古代哲学的科学类型相同；它还体现在修昔底德的文化里。他们是有道理的，因为认识论的进步，以及道德认识的提升，证明了诡辩派哲学家是正确的。赫拉克利特、德谟克利特、普罗塔格拉是我们经常选用的思维方式。我们也可以说它归属于普罗塔格拉，因为他综合了赫拉克利特和德谟克利特的论调。

柏拉图是一个非常伟大的冒险家。人们应该知道，伊壁鸠鲁是如何评价他的，提蒙又是如何评价他的，也许柏拉图的真诚是不容怀疑的！但是，我们至少应该知道，柏拉图想要宣扬为真理的东西，与他所说的真理并没有关系。因为，灵魂的独立存在，以及不死的特性是他所强调的。

所有道德教育中，伟大的理性始终源于人们想要得到的安全感。因此，善良的意图和手段首先与意识相连。人们应该以士兵对待操练的态度一样，去对待行为。实际上，这种非意识性是所有完美性的特征，就连数学家在计算排列组合的时候也是非意识的。

苏格拉底的反动究竟代表了什么？它以辩证法为例，走向了美德之路，并将此视为乐事，假如道德不能以逻辑法自我辩护。但是，后者正好体现了反动的高超之处：假如没有非意识，它将一事无成！

如果人们能够将论证性强调为个人美德的前提，那么这意味着希腊本能即将解体。造成解体的原因就是那些"有道德的人"和"滔滔不绝的人"。

实际上，这意味着，道德判断脱离了自己原本条件的限制，脱离了古希腊的政治根基，在高尚的外衣之下被非自然了。"善良"、"正义"这些伟大的概念与所属的前提背道而驰，成为辩证法的原本"观念"的对象。人们在它的背后寻找真理，人们将它视为实体，或者实体的符号。因为，人们为它设想了一个，能够使这些概念又回归之感的世界，从而能够成为它的发源地……

总的来说，这种胡闹对柏拉图而言，已经达到了登峰造极的地步，所以人们必须重新构想一个抽象的、完美的人——善良、正义、充满智慧的辩证家。简单来说，就好比制作一个古代哲学家的稻草人，去吓唬别人。这是一种不具备调解能力、有特定本能的人性；一种能够自我"辩解"的美德。荒谬的"个体"！无以复加的非自然！

道德价值的非自然，为我们创造出一个变质的人种的结论——创造"善良"、"幸福"、"智慧"之人。价值史上最深刻的邪恶因素就是苏格拉底。

是苏格拉底促成了有利于辩证法审美标准的转变。到底是什么原因呢？是苏格拉底开创了这一转变，是他战胜了高贵的审美——高贵者的审美观。愚蠢之人利用辩证法得到了胜利。苏格拉底出现之前，上流社会并不相信辩证法；他们认为辩证法是愚蠢的，他们告诫年轻人不要相信辩证法。为什么要罗列这些理由呢？为什么要对此提出警告呢？因为人们能够借用权威去反对他人。人们命令道："够了！大家都是一样的，同等的身份，但是各有来历，都有自己的权威。"最终，人们"互相了解"了！这里根本没有辩证法的容身之处。而且人们并不相信公开展示的论据。所有真诚的事物，都不明白自身的因素。五个手指，各有长短。能够证明自身的东西是没有价值的。辩证法会引起人们的怀疑，它说服不了任何人，这是政党的发言人透露给我们的信息。对于辩证学者产生的影响，是非常容易消除的。辩证法只能应对突发事件。人们终究会陷入危机，所以必须强制执行自己所拥有的权利。不要说，人们不需要辩证法的帮助。这样说来，犹太人、狐狸先生、苏格拉底都是辩证学者。他们的手中拥有无情的武器，他们能够依靠武器来实行暴政。但是，他们却因胜利出丑。他们向自己的牺牲品证明自己不是白痴。他们让人变得暴躁、让人束手无策，可他们仍然非常冷静——他们让对手的理智变得麻木。辩证学者的冷嘲热讽是愚蠢之人最擅长的报复形式。

因此，被压迫者的残忍就在于三段论法的冷枪暗箭！

忧虑和偏见之于道德

古往今来，整个心理学始终依附在道德偏见与忧虑之上，从未敢越雷池一步，并被认为是形态学与权力意志的阐释。实际上，尚无人深入到其思想本身——正如我所观察到的那样，在早已约定俗成的事物中，发现一种长期受到冷遇的事物是被允许的。道德偏见所实施的暴力，深深渗透到表象看来最冷酷与最无反抗力量的精神世界，并十分明显地产生了有害的、阻碍性质的、令人辨不清方向的、扭曲的作用。真正的外貌心理学应当同研究者心中的无意识对立情绪做斗争；它应该将"心"朝向自身，创立一种论"善"、"恶"冲动相互作用的学说，即是一种更文明的非道德，在有力而由衷的良心中造成痛苦与烦恼，甚而有了一种善的冲动皆由恶的冲动派生出来的看法。然而，倘若有人将仇恨、忌妒、贪婪、野心等激情当作决定生命的因素，当作生命全部内容中存在的基本法则与特质——在生命被拔高的同时，这些因素也应该被拔高。那么他就会患上由自身所引起的转向病，就像晕船一样。从广义上来讲，在这一庞大而几乎全新的领域中，这种假说并不算最最痛苦与完全陌生的认识。实际上，人们完全有理由避开这种结果，可谁又能办得到呢！另一个方面，倘若人们就在现在驾着小船向这边漂过来。噢，那好吧！咬紧牙关！睁大双眼！牢牢稳住方向！我们碾压着道德，破浪前行。或许我们会将残存于我们自身的道德摧毁，因为我们的船正驶往那个方向，英勇向前——这完全取决于我们自己！迷茫的游子与冒险者永远不会为自己开启一扇更深刻的、洞察世界的窗口。那位因此做出牺牲——不是牺牲理智，正与此相反的心理学家至少有权提出要让心理学再次成为诸学科的皇后，其他学科均要为她效力。心理学将再一次成为通向解决各种基本课题的必由之路。

在这样一番令人愉快的开场白之后，有一句话可不要被漏掉了，这可是向最严肃的人说的话，你们可要做好思想准备啊！你们这群哲学家和认识之友们，小心那种神秘学啊！不要因"真理意志"而受苦啊！甚至要特别注意自己的辩护词啊！它将会损害到附于你们良心之上的无辜与雅致所处的中立地位；会使你们伸长了脖子去反击异议与红布块；它使你变得丧失理智、兽性大发。倘若你们要同危险、诽谤、嫌疑、撞击甚至更粗俗的敌意做斗争，那么你们最后不得不摆出大地的真理辩护者的身份来手舞足蹈一番——似乎"真理"充当的就是这样一种驯良的、动作愚笨的角色，难道真理真的需要辩护者吗？不仅如此，在我看来，你们这群神情沮丧的骑士就成了闲士们与造就时代精神的大人物了！你们最终将会明白，这一切并不能决定任何事情。例如，是否将保有你们的权利啦——到目前为止，还没有哪位哲学家享受过如此待遇。真实性或许就藏在一个个小小的问号中，常常能在你们的私房话与情人学说的后面（有可能的话，也在你们自己的后面）看到这些问号的身影，一脸庄重的神情来庆祝原告在法庭上所获得的胜利！你们靠边站吧！你们找个隐蔽的地方躲起来吧！你们不是精明而善于伪装吗？这正好让别人认不出你们！你们或多或少有些心虚吧！还记得我的园子吗，有着金色栅栏的花园？你们以及围在你们周围的人，就像是个花园；又或者像记录流水的音乐，在黄昏之时，白昼已然成为回忆。选择有益的孤寂吧，选择自由的、不受拘束的、毫无负担的孤苦吧！它将使你保有善——无论是何种意义上的善！任何一场长期的斗争都使人变得如此恶毒与狡猾！任何一场长期的斗争都不是公开用武力来进行的。你们经历了漫长的恐惧，仍旧历历在目！一种旷日持久的精力对决——对可能存在的敌人的关注！这一社会的碰撞，这种长久的迫害、低能的追捕——同时还包含着强制的退隐，就如同斯宾诺莎与布鲁诺所遭遇的那样，没人逃得出。不管是最理智的伪装，还是那些自知将成为历练过的复仇者与放毒者（这也正是人们放弃探求斯宾诺莎的伦理学与神学的原因），根本不屑于去谈论道德愤怒这种愚蠢的把戏，而它却成为一位哲学家最为显著的标志，这也表明哲学的幽默感已远离了他；他的"为真理而献身"被强制曝光——这是那群鼓吹和平的演员们硬塞给他的。而假使人们自始至终只是用一种艺术家的好奇心去打量他，再结合某些哲学家的例子，那么这一危险的兴趣就能够为人们所理解了。在他不断退化的过程中，任何时候都能看到他（蜕变为"神秘主义者"，坠落成舞台或讲坛上的大喊大叫者）。人们怀着此种愿望，不管怎样也要一看究竟——这只是一场萨提尔之戏，只是一出压轴的闹剧，只是作为持续的证据，以证明那原本冗长的悲剧终于落幕——无论何种哲学，其形成过程皆是一出冗长的悲剧——这是首要的前提。

无聊的道德哲学

我想人们会谅解我的发现。即到目前为止，一切道德哲学都是无聊的，而且大多数都成了安眠药。在我看来，除了这种"美德"所代言的无聊言论的伤害之外，再没有什么别的东西可以伤害它了。我不否定它的普遍适用性的原因，其实原因很多，对于这个问题，大概没有谁真正地思考过。因此，出现了更多的理由，尽管有一天，道德会变得有意思！但是，人们丝毫不用担心！它的样子还将与以前一样：因为，在欧洲我并没有看到哪一个对之得出某种概念的人，对道德的思索很大程度上被认为是危险的、惹出麻烦的、蛊惑人心的。这里面可能真的存在灾祸呢！例如，人们打量了那些乐此不疲的美国功利主义者，他们会以笨拙、令人肃然起敬的态度继续在边沁的道路上游来摆去，对于这一点如果用荷马风格的比喻，大概会说得更清楚一些。正同边沁自己跟着爱尔维修亦步亦趋一样。但是这位爱尔维修并非危险人士，用伽里阿尼的话来说，这位人士是一个很少操心的人。

不存在任何新思想，没有任何老思想，也没有雅致的习语和褶皱，更没有想过的真正历史。因为，总的来说，这并不是一种事实存在的文学，如果人们不知道用几分恶意使其发酵的话。换句话说也就是，这些道德论者中，也溜进了那个古老的美国恶习。当人们必须阅读他们时，就不得不用一种意图的态度阅读他们了。这就叫作虚情假意的废话，而且还是道德伪善的把戏。这一次它是被塞进了科学的新形式之中了，当然也少不了内疚的秘密防卫。那些陈旧的清教徒式的种族，当他们对道德进行科学研究时，一定会遭受到这种内疚的折磨。因为一个道德论者，事实上就是一个清教徒的对立物。换句话说，当一位被人认为是道德上有问题、值得怀疑的，简言之有问题的思想家时，他的这种道德化不就是非道德的吗？最终，他们都想让美国的道德得势。因为，一旦这样，即使是为了人类，或者说"普遍受益者"，"绝大多数人都会得到幸福"。否则——为了英国式的幸福，他们必然竭尽全力证明自己要为了英国式的幸福而追求。

按我的话来说，追求的幸福就是舒适和时兴。这样也可以在最高的职位上，或在议会里捞上一个位置；同时，这种追求也可以看作美德的正当后门。真好，迄今为止，世界上有这么多的美德，而且都存在于这般追求之中。在这群行动笨拙、心怀鬼胎的动物之中，根本不会有哪一头想要从中明白什么或发现什么。"普遍福祉"，它是一个没有理想、没有目的，更没有丝毫可把握的概念；它仅仅是一服催吐剂——因为，适应一个人的东西，其实并不一定也适应另一个人。对于众人来说，某一种道德恰恰会损害更高级的人。简单地说，这就是人与人之间存在的等级制。所以，它也可以看作道德与道德之间的等级制。

它针对的是一个基本过得去的、中庸的、功利主义的英国人。而且，就像前面说到的那样，只要他们认为无聊，人们便没有任何办法以高尚的境界去思考他们的功利性了。相反，人们会鼓励他们。我们可以用一排韵文大致尝试这件事吧！

你们万岁，干得好，推车人！

永远的含义是"道路越漫长，越心甘情愿"，

高昂头颅，将膝盖绷直，

不是精神化、没有笑谈，

非沙漠化——平安，

无精神，无笑谈。

善恶之辩

让我们再次强调一遍我们早已说过千百次的话吧！尽管今日的耳朵对这项真理——我们的真理——已不愿再倾听了。我们非常清楚，这声音带有多么严重的侮辱性——倘若有人将人不加修辞地直接当成动物的话。然而恰恰在我们谈论具有"现代观念"的人的地方，会经常用到"群畜"与"群畜本能"之类的词，这或许要算是我们的一项重罪了。可这又能怎么办！我们别无选择，恰恰是在这一点上我们有着新的见解。在一切有关道德的主流判断中，我们认为，整个欧洲都是统一口径，就连对欧洲有着主要影响的国家也算在内。在这里，人们显然知道苏格拉底所不知道的事物，也正是那条众所周知的毒蛇曾许诺的事物——今天的欧洲人"知道"：什么是善，什么是恶。在此，不需要大声喊叫让耳朵受罪了——倘若我们总是重申此种说法的话。在此被认

为是已知的事物，在此基于他的赞誉与指摘而自我标榜的事物，都自称是善的属类，统统都是"群畜"的本能。这类人突然冒了出来，成为大多数，并趋向居于超出其他本能的优势地位，而且风头更劲。

根据持续增长的生理学上的相似性，它即象征着这些事物。群畜动物的道德即是今日欧洲的道德——正如我们所熟悉的其他事物，这只是人类道德的其中一种。无论在它之前或之后，或是与它并行的时代，同样存在其他的道德。首先是可能有或者应该存在的更高等的道德论者，然而此种道德全力抗拒的就是这种"可能"与这种"应该"。它发出最严正的声明："我即道德本身，此外别无道德。"甚至谋求一种曾经为群畜动物最微妙的欲望服务并善于阿谀奉承的宗教的协助。在政治与社会的构建中，我们发现了一种日渐明显的对此道德的表达方法：基督教运动的宗旨造就了民主运动。然而，即使对那些最缺乏耐性的人、对病人或通常意义上的本能的瘾君子而言，这种运动的速度未免过于迟缓，需要放声地号叫一番。

这一切或许会让日渐嚣张的无政府主义疯狗们高兴，现在这群家伙正漫游在欧洲文化的小巷中。从表面上来看，他们同驯良而勤劳的民主主义者以及革命的意识形态家们背道而驰，那些笨拙的哲学骗子和热衷于兄弟情谊的人们更是不靠谱。这些人想构建"自由社会"。实际上，他们出于本能地敌视任何一个有别于自治群畜社会形式的社会，所有这些家伙都是一样的（甚至拒绝"主人"与"奴仆"的概念——既无上帝，也无主人，这即是社会主义模式），反对所有特殊要求，所有特权（实质上就是反对任何权利。因为一旦实现众生平等，就不再需要"权利"了）；他们对惩罚性的正义持怀疑态度（这种行为在他们看来即是对弱者的强奸，对此前社会形态必然后果的无理之举），但同样对宗教持同情态度。只要感受到，经历过或遭遇过（无论是卑贱的动物，还是高贵的"上帝"；"与上帝一起同情"的犯上行为，则属于民主主义时代）。在同情的焦躁与呐喊、对苦难的仇视及其女性对观众的无力感方面，都不能容忍痛苦的存在——这一点也是一致的；在非本意的阴柔化方面同样如此。

在此种魔力的影响之下，欧洲似乎又面临着一种新佛教的威胁；在同情的道德方面，保持信仰的一致，好像道德原本就是这样，成为至高点，人已至巅峰；前所未有的对未来的希望，对当下的慰藉，对以往所有过失的巨大清偿——作为女救世主的共同体，信仰群畜与信仰本身都是一丘之貉……

道德矛盾的价值

我们发现那只不过是在世俗中出现宗教神经官能症之地。除此之外，我们还发现这与三项错误的医嘱饮食处方相关：孤独、禁食与残酷的节制。但在此处尚无法判断出哪里是因？哪里是果？是否具有因果的联系？现在是提出最终问题的时候了：正是那种突如其来的毫无节制的淫荡，成为了野蛮的抑或驯善的民族最具规律的象征。在那时，这种淫荡同样翻身成为忏悔的颤抖与对世界和意志的否定。难道两者可定义为戴上面具的癫痫病？无论身处何处，人们都不该放弃这种解释。到目前为止，这种荒唐而装神弄鬼的大杂烩还从未占过上风；到目前为止，对人的解释，甚至是对哲学家的解释好像并没有引起人们的兴趣。是时候掉转目光撇开它们了。这已经成为冷门，要学会谨慎地研究，或许还有更好的方法。在此后的哲学背景中，出现了叔本华式的东西：在宗教危机与顿悟之后，添上一个令人不寒而栗的问号——似乎是作为自在的课题。否定意志，这可能吗？圣者如何能做到？实际上，过去这一问题就一直存在。借此叔本华摇身变为哲学家，这只是个开始而已。一个真正的叔本华式的结论是，理查·瓦格纳——最令人信服的叔本华的信徒（但就德国范围而言，也是他最后的弟子）——最终将那个恐怖而永恒的专门类型作为孔德里搬上了舞台，并借此为自己生平的杰作画上了圆满的休止符。现实的类型即是他本人；而同时，精神病医生们——可以说欧洲国家的所有精神病医生们，都由此获得了一个就近研究它的理由。在患上了宗教神经官能症的地方，或是如我所说的"宗教本质"的地方，作为"救世军"，都为最后流行病似的爆发装扮一番。倘若人们自问：是什么力量通过神圣现象将一切时代形形色色的人（哲学家自然也包括其中）变得如此可笑？这无疑是被附体的奇迹的假象，即被道德做了反面估价的、相互作用所造成的直接矛盾的灵魂状态。人们以为，一个善人徒手就能够由一个"恶劣的人"变成一位"圣徒"。在这一问题上，心理学一直以来都在碰壁。因为心理学始终都是将自身置于道德统治之下。它对道德矛盾的价值表示信任，并从文字到事实都将这些矛盾穿凿解释，难道不正是因为如此才使之变为主要事件的吗？这是怎么回事儿？难道"奇迹"无非是释义的错误？又或语文学自身的缺陷？

凡是长期在某种无名的欲望驱使下致力于悲观主义的研究，试图解救偏颇与狭隘的半基督教、半德意志的人——就像我一样——最终将会以叔本华哲学的形象呈现于本世纪；凡是运用一种亚洲或超亚洲式的目光洞察一切思维式的、可能的、否定世界性的事物——即超善恶——就不用在沉迷于道德的幻想与魔力之中了；如同佛陀与叔本华那样，或许他也是这样，但并非出于本意为与之相悖的理想睁开双眼——因为这意味着最最傲慢、灵活与否定世界之人而为；他们不仅仅学会了满足于永恒的东西并与之协调，同时为了飞跃一切永恒，不知疲倦地呼唤元首，不只是为了自己，而是为了整场戏剧；不只单单为了一出戏，实际上，是为了那些视戏剧为必需的人。因为他自身也成为了一种必需——怎么，作为上帝的循环论证，这并不成立？

如今，人们应当站在怎样的哲学立场之上呢？不管以何种角度观察世界，看到的都是满眼的虚假。原以为生活在这个世界上，我们的双眼将能捕捉到的最为真实、最为保险的事物——有关原因的原因被我们所发觉，并被引诱着根据"事物本质"去推测某种欺骗的原则。然而，凡是让我们的思维本身——即精神——为世界的虚假性负责的人——这即是任何一个有意或无意成为上帝的辩护人所推崇的正路——将会把这个世界所有的空间、时间、形式、运动都包括在内，并具有创新性质地将其理解为虚假。这样一种人至少怀有善意的诱因，最终将学会对思维本身产生怀疑——这难道不是迄今为止在我们面前所上演的最大的恶作剧吗？有谁能够保证同样的剧目不会继续上演？思维者所表现出的无辜，具有某种煽动性，易于唤起人们的敬畏。即使是在今天，它也有本事使人们把它放在意识之前，被请求给予一个严肃的答复。诸如这一切是否是"现实"的，为何要把外部世界如此决然地套在自己的脖子上，这类的问题实在很多。信仰"直接的确定性"，即表现为一种道德的幼稚性，哲学家们通过它来获取荣誉。然而，如今的我们已经不是"完完全全有道德的"人了！如果除去道德，那种信仰只是一种愚蠢的行为，我们根本不会从它那里得到什么荣誉！在普通人的生活中，无时无刻不存在的怀疑，可谓是"恶劣品格"的象征，所以并不是什么明智之举。在我们中间，平民世界以及它的彼岸世界，有什么会阻碍我们做愚蠢的事情、说愚蠢的话呢？然而哲学家们有权将"恶劣品格"视为一种本质。无论过去还是现在，"恶劣品格"都被以最佳的形式愚蠢化了。如今的哲学家不具有用最恶毒的眼光去怀疑的义务——人们会理解我戏谑这种阴险的恶作剧的行为用语的。对于行骗与被骗，一直以来我就在做着与众不同的思考与衡量，为熄灭这无名的怒火，我已经准备了不少奸诈之法。这种怒火蒙蔽了哲学家的双眼，使他们受到了欺骗。这样做不对吗？与假象比起来，真理当然更值钱，说它是道德偏见已经不那么确切了，这种假设甚至是被全世界以最恶劣的手法证明了的。或许人们供认了过多的真实。倘若不站在全局性的角度与虚假的基础之上看问题，那么生活也就不存在了。而人们试图借助一些哲学家的美德激情与蠢行以彻底消除"虚假的世界"——这也并非不可能的事情，然而如此一来，你们的"真理"也将消失殆尽了！噢！到底是什么样的力量驱使我们从小就这样假设呢？"真"与"假"在本质上真的具有矛盾性吗？仅仅是假设虚假性的等级还差得远呢！假定出表面或明或暗的阴影才更到位呢！凡此种种不同的色调，难道是以画家的术语来表达吗？为什么与我们众生息息相关的世界或许并非是一种虚构呢？而又是谁在哪里发问呢？"始作俑者，也属于虚构的范畴吗？"——这一问题或许同样得不到满意的答复。这又是为什么呢？"属于"或许并非同属于虚构的范畴，是不是呢？难道反对主语也就和反对谓语与宾语是一样的概念吗？做一项小小的讽刺难道也是被禁止的吗？哲学家超越相关的语法信条，难道是不应该的吗？一定要当心那些喋喋不休的老处女！不过哲学拒斥那些老处女的信仰，难道不是正当时吗？

人的蜕变

我们，属于另一种信仰——对我们而言，民主运动并非是政治组织的蜕变形式，而是一种腐朽的、使人渺小化的形式，使人俗化而贬值。我们应向何方去寻找我们的希望呢？朝向新式的哲学家，此外别无选择；朝向原始的幽灵们，它们的强大足以树立与之相抗衡的估价，并颠覆与重估"永恒的价值"；朝向先期到达的来使，朝向未来的人，这些人掌握着将千年意志逼上崭新路途的强硬手腕与纽结。对这个人而言，人的未来即是其意志，根据一个人的意志去开导，是开展伟大冒险与全部培育和教育的大胆尝试，借此与那种令人不可思议的荒谬的所谓偶然统治——被世人称为"历史"的东西——做一个了断——"最大限度的荒谬"，只不过是它最终的形式。因而，或许在未知的某个时间，我们将急需一种新式的哲学家与发号施令者。同这些新生力量的形象相比，地球上现存的一切隐藏的、恐怖的与友善的幽灵身上所具有的东西，都显得苍白而微不足道。这一元首形象近在眼前——请允许我大声地说出来：自由的精神们！为了它们的产生，人们既要创造条件，也要充分利用条件。灵魂通过擅长的途径与试验，达到如此的高度与暴力程度，以体现这些使命的迫切性。在价值得到重估的情况下，要使得一种良心钢化为重锤，施以新压力以得心成铁，这仿佛是对责任分量的一种欺骗；从另一个方面来看，呼唤元首的必然性是一种可怕的危险，这些事物的力量很有可能外泄或者蜕变，或者远未成气候——我们原本担心的并感到沮丧的事情就是这些。你们是否也发觉了，自由的精神们？它们既是高深的思想，又是深沉的乌云雷霆，悄然掠过我们生命的天空。这样明显能见到、猜到与共同感受到的敏感苦痛，世间少有。如此一个别致之人竟会失途变质了。但凡生有洞察整体危局之眼的人，当他发现人本身的坠落时，也会和我一样认识到偶然性的巨大力量。一直以来，人的未来就玩着属于自己的游戏——一个从来没有"上帝的指头"参与的游戏！他猜到了蕴含于"现代观念"中荒唐的、毫无恶意的、轻信的劫难；他一眼就洞悉自己正受到难以形容的威胁。在对力与使命的积累和提高的积极状态下，以人为本而给予培养的一切事物，他以他全部良心的知性来窥探人为实现最大的可能性怎样的全力以赴。他更为清楚的是：人类，早已立于高深的决策力与崭新的道路之上。在他最为痛苦的记忆中，最高等的生成因为习惯，打倒、打沉、打碎了可怜的事物，进而连他也变得可怜了。人全面退化，直至今日，那些一心想要构建"自由社会"的笨蛋和傻瓜们充当你们的"未来之人"竟是你们最高的理想了！人退化、渺小化到了完全等同群畜动物的地步（或如他们所形容的那样，成了"自由社会"的人），人蜕变为要求平等权的矮小动物的兽化过程并非耸人听闻！但凡有这项觉悟的人，会比其他人在更大程度上认识某种憎恶；或许，这即是一项新的使命吧！

人，面向人

任何一种道德，与随性的发展相对立，是反"自然"——即反"理性"专制的一部分。然而，作为反对此种道德的证据，这些都不够充分。人们恐怕要再次从某种道德角度出发以证明一切专制形式与非理性都是不允许的。任何一种道德都有基本物与不可估量的部分，它是一个长期的强制过程。为了搞清楚斯多葛主义、波尔诺亚尔女隐修院或清教徒主义，人们情愿忆起强制——长久以来，由于这种强制，所有语言都变得强大而自由；忆起有着格律的强制、有着节奏与韵脚的专制。不管在哪一个民族，这都足以使诗人与演说家们陷入窘境！几位近日的诗人也包括在内。在他们的耳朵里存在着一颗无情的良心。"为了一种愚蠢起见"——就像那群自诩聪明的功利主义的蠢东西所说的；"出于对肆意妄为的法则的奴颜婢膝"——就像无政府主义者所说的，他们以为"自由"了，甚至是获得了自由精神。然而，让人感到诧异的是，事实上，所有来自地上的自由、典雅、狂妄、舞蹈与权威的事物，现在都存在，或者曾经存在过。不管是在思维或统治中，不管是在言辞或艺术中，都如习惯上的那样，首先在"这种肆意妄为的专制法则"基础之上发展起来，这正是"自然"与"自然的"——而非那种放任自由！所有的艺术家都知道，其"最自然的"状态，离放任到底有多远；自然的整顿、设置，在"灵感"下塑造——正是在此种时刻极其严谨细致地听命于重似上万倍的法则；正是因为它们的坚韧与坚决，嘲弄了那些用概念表达的事物（即便是最确切的概念，只要反抗，也会生发一些飘浮的、多面或多义的产物）。"在天上与地上的"

的基本物，好像曾多次强调，要朝着一个方向忠心耿耿地一直服从下去。在那里，长期以来总有某些东西产生出来，并且已经出现过，而且成为在地上生存的意义，就像美德、艺术、音乐、舞蹈、理性、精神性这类圣化的、精练的、荒诞的与精神性的事物。精神长期被禁锢，强制对思想中的可同情性产生不信任。强制——也就是培育，在教会与宫廷的规范下或者在亚里士多德的前提下，思维成为思想家所要担负的责任。这种长久的、精神性的意志，要按照基督教的模式解释所有发生的事物，重新发现存在于偶然中的基督教上帝，并为此辩护——所有这些具有暴力色彩的、强硬的、可怕的、反理性的事物都是为欧洲精神培植坚强而狂妄的好奇与高雅灵活的手段；这也就等于承认了在力量与精神方面施压、扼杀与毁掉很多事物的必要性（这里到处都体现出原本的"自然"，在其全部挥霍与冷漠的宽容中，它发怒了——但却是以高雅的姿态）。一直以来，欧洲的思想家们所做的都是在为某些事物而思考着；然而今天，在我们看来却完全相反。所有思想家都忧心忡忡地"想要证明某些东西"。在他们看来，总存在某些已确定的或要确定的事物应当是他们最应严肃思考的产物。另一些像在亚洲的占星术，或是在今日无害的基督教道德中，"为了敬仰上帝"与"敬仰灵魂"而对最近发生的个人事件的解释中，暴戾恣睢——都是这严厉与雄伟的愚蠢所培育的精神；在更为雅致与粗糙的理智中，奴隶制仿佛也充当了这种精神培养与教育的必要的工具。如此一来，人们产生了审视每一种道德的兴趣。因为道德中的"自然"教唆仇视大行其道——即是一种放任的自由，为了今后的使命而培植对有限的地平线的需要。它教唆压制前景——也就是将某种意义上的愚蠢作为生存与发展的条件。"你必须服从，不管何时何地，一直服从下去；如若不然，你将会灭亡，失去对自身关注的最后机会。"在我看来，这即是道德的自然命令。显然它既非"绝对的"——就像老康德所要求的（因此才需要"否则"）；也并非是针对个别人的（个人同自然有何关系），而是面向民族、种族、时代、等级而言的。首当其冲的，是面向整个动物世界，"人，面向人。"

人与人的差别

　　古老神学中，针对"信"与"知"的论题——更为确切地说，是有关本能与理性的论题——有过这样的思考：在对事物做出估价时，本能是否要比理性发挥出更大的作用。因为理性是根据原因——即"为什么"——也就是目的性与功用性来进行估价和行动的，这已经是个老朽的道德论题了，始作俑者是柏拉图本人；早在基督教产生之前，精神就已经被它分裂了。尽管苏格拉底以其卓越的辩证学者的审美观首次跻身于理性一方，而他所做的这一切就是为了嘲讽那些上等雅典人的无能。他将本能之人当作上等人看待，却从没有对他们的行为做出充分的解释，不是吗？与此同时又隐秘地嘲讽了他自己，从他那些更为高雅的良心与自省中发现自己同样无能与困惑。但他能够劝诫自身，因而脱离了本能的束缚！人们必须协助本能与理性获得权利；紧随本能的同时，也要给理性以充足的理由去辅导本能——这就是那位伟大的、高深莫测的嘲讽者原本的欺诈；他通过自己的良心获得对自我欺骗的满足。从本质上说来，在道德的判断中他洞悉了非理性的事物。在这些事物上，柏拉图则更加无辜，而且也不像古罗马平民们那般狡猾，他只想全力以赴地——迄今为止只有一位哲学家耗费过如此伟大的力——证明自我。本质上，理性与本能殊途同归，共同指向善，指向"上帝"。柏拉图之后的神学家与哲学家们仿佛都是这样。在迄今为止的道德事物中，本能——即或基督徒们所说的"信仰"，又或像我所说的"群畜"们——都获得了胜利。或许人们要将笛卡儿排除在外，这位非理性之父（正因为如此，他也是革命的祖师爷）承认了理性的权威性，然而他却是肤浅的——理性无非只是一种工具而已。

人与人的差别不只是在他们在于不同的货物标牌，也在于他们追求不同的货物价值，并且对价值量的判断与公认的货物等级的认识也并不一样。那些被认为是事实拥有或占有的事物更多的体现了这一差别。比如，女人。在那些节制的人看来，支配肉体与性享受即是达到满意度的拥有与占有的标志；而对那些以猜忌与贪欲之心渴望占有的人来说，他的标准却是个"问号"。这不过是这种拥有方式的表象，他更渴望深入的试验。其宗旨要弄清楚：女人是否并不是委身于他，而是为了他，情愿显出自己所拥有的或似乎喜欢拥有的事物——只有这样，才能算得上"被占有"。然而即便这样，第三者的怀疑心与占有欲仍没有达到极限，他问自己：倘若女人真的为自己舍弃了一切，这是否只是女人对自己的幻觉而为。因为他首先想被人彻底地了解，以使自己完全地被爱；他十分坚信自己的想法，随即就以自己的占有方式全身心地体验这位情人。倘若她不再欺骗他，因为他的暴躁与隐性的不满足而始终爱他，如同因为他的殷勤、隐忍与精神性而爱他一般。那个人想对一个民族实施占有。在他看来，即使采用更高级的卡格里奥斯特罗与卡蒂利纳的艺术，只要能达到这一目的，都是正当的。这个人因为更高雅的占有欲而自言自语："在有意占有的地方，人们不应该撒谎。"——在设想将由自己把假面具附于民族心上时，他急不可耐，最终着了魔："因而在让他人认识我之前，我首先要认识我自己！"在乐善好施的人中，那笨拙的诡计为人们所发觉，几乎早有防备，这诡计首先为自己备下了应给予帮助之人。比如，在实施诡计的需要下，这个人是"值得"帮助的。而他们都会对这些帮助感激不尽。他们因此发明而获得了被需要的东西，如同获得一笔财富的人一般，因为要求财富而成为圆满的乐善好施之人。倘若在施善时遇到他们，殷勤地招待他们，那必然会招致嫉妒。父母们毫无顾忌地将孩子塑造成和他们一样的人——这即是他们的"教育"。事实上，没有哪一个母亲会相信，自己靠孩子积累了一笔财富；也没有哪一个父亲会承认自己迫使孩子臣服于他的思想与判断中。当然，在古代，父亲掌握着初生婴儿的生杀大权（如同古德意志人那样），并根据自己的喜好行事。就像这些父亲一般，如今，我们仍然能够看到所谓的师长、教士、公侯以及任何一个权势者，在任何新生的人那里享有无可争议的新类型的占有机会。这是为什么呢……

爱情观之男女有别

对于一夫一妻制的观点，尽管我做出过让步，但我绝不承认人们的这一观点：一夫一妻制婚姻的男女双方是平等的。所谓的平等根本就不存在。对于爱情的理解男女双方是不同的，双方对爱情的前提条件，即一方不应要求另一方的情感及爱情观和自己完全相同，理解也有差异。

女人的爱情观是一目了然的，那就是彻底地奉献灵与肉，毫无保留、无所顾忌，甚至一想到如果奉献时带上附加条件就感到羞惭、惶然。在这种无条件奉献的情况下，男人的爱情便只是一种信念：女人没有别的信念。如果一个男人爱上了一个女人，从女人那里他就要得到爱。这样，他与女人之爱的前提条件就背道而驰、大相径庭。除非世上也存在要求完全奉献自己的男人，要真的是这样，他们也就不是男人了。男人倘若像女人那样去爱，他就会沦为奴隶；但女人倘若像女人那样去爱，她就会成为更加完美的女人……

女人无条件地放弃自己的权利，这激情的前提条件是男人不要有同样的激情，不能同样放弃。如果男女双方都为爱情而放弃自我，我的确不知道结果会是什么？或许是人去楼空吧！女人希望男人将其当作占有物接受，希望完全献身于"被占有"，故而冀求得到一个接受她的男人；而这男人又什么也不付出，相反使他变得更丰富，也就是说由于女人的奉献使他的力量、幸福和信念不断增强。我想，女人奉献而男人接受，这理所当然的矛盾。人们通过任何社会契约、要求平等的良好意愿也超越不了的。那么，反而是这些符合心愿。不要总是把这一矛盾的冷酷、可怕、不可理喻、不道德等属性置于眼前。因为从全局来看，爱情乃是天性。一般地说来，天性总是有点儿"不道德"的。

女人的爱情还包括忠诚，这是从爱情定义中衍带出来的；而对于男人来说，忠诚很容易被当作爱情的后果。比如当作谢意、特别的情趣、所谓的心灵亲睦等，但从不属于男人之爱的本质。故而人们有理由说，在男人身上，爱情和忠诚是天然对立的，他们的爱情就是占有的愿望，而并不是奉献和放弃。占有的愿望每次又都是以占有为结局……

男人是很少承认正是由于"占有"才维持了他的爱情，事实情况的确如此，这正是他的占有欲更巧妙、更令人怀疑之处。他轻易不承认，一个女人对他已经没有什么好"奉献"的了。

这时，我们往往就会转移兴趣，将兴趣转向了书本，我们不是死啃书本从书本中获得思想的人。我们的习惯是在户外思考、散步、跳跃、攀登和舞蹈，最好在空无一人的山间，要不然就在海滨。在这些地方，连小径都会显出若有所思的情状。至于音乐、人和书籍的价值，我们首先不禁要问："它会走路吗？它会舞蹈吗？"……

我们读书很少，但我们读得并不比别人差。噢，我们能立刻看穿一个人的思想是如何产生的，可以知道他面对墨水瓶，佝偻着腰，奋笔疾书；噢，我们是飞速的读完了他的作品，他那被死死揪住的五脏六腑将他的秘密泄露了。我敢打赌！正像他那陋室的空气、天花板和狭窄的空间泄露其秘密一样。这便是我合上一本朴实但思想深邃的书所产生的感觉，感激之情油然而生，如释重负……

几乎总有某种压抑和被压抑的东西充斥在学者的著作中间，"专家"总会在著作中显现自己的热情、形象、愤怒、真诚以及对"蜗庐"的溢美、驼背——

大凡专家都是驼背的。一部学术专著总是被扭曲的心灵的反映。实际上，每种职业都是扭曲的。

让我们与共度青春时光、现在已经是有了一些成绩的朋友重逢吧！噢，他们的结局和我们预见的往往背道而驰！他们一直在科学的役使下，被弄得神魂颠倒的！身处于狭窄的一角，已经被压抑得毫无知觉，失去自由和心态平衡，骨瘦如柴，全身棱角分明，没有一处是圆的。离别多年，一朝重聚，真是让他们激动地说不出话来。

不管是哪一种职业，即使是待遇优厚如日进斗金，他给你的压力也有如上方有着一块铅质的天花板在压着，让你的心灵是扭曲的。这是无可辩驳的事实。我们不相信这种畸形是可以通过某种教育技巧能避免的，世上的高超技巧要付出的代价是高昂的。为了掌握专业，人们不惜一切代价，然而最终还是沦为专业的牺牲品了。和我同时代的先生们，你们不希望也这样吧？你们想付出"少"一些，但要生活得舒服一些，对吧？如果是这样的话，你们得到的结果马上就不一样了，你们就成为作家了，圆滑世故、见风使舵的作家，而不是职业大师。而作家是不会驼背的，除了作为思想界的售货员和教育的"载体"向你鞠躬时；作家本微不足道，但他几乎"代表"一切，扮演并"代表"专家，同时又极其谦卑地表现自己是被人豢养的，也是受尊敬和欢迎的。

我尊敬的朋友们！我倒是愿意为你们的驼背祝福！为你们和我一样蔑视这些作家和教育界的寄生虫而祝福；为你们不懂得如何与思想界做交易而只拥有以金钱无法来衡量的见解；为你们不具备什么也就不代表什么；为你们仅有的志愿只是当职业大师并尊崇绝技与才干，勇往直前地拒绝文学艺术中一切虚假、半真半假、煽惑、矫饰、看似杰出的演戏一样的东西。总而言之，拒绝一切还在你们面前的训育排练，我为你们这所有的祝福！尽管天才善于掩饰上述缺点，但却是无法从根本上克服的，只要注意我们身边天赋过人的画家和音乐家就知道了。他们统统狡猾地创造出模仿的格调、临时代用品，甚至是原则，来获取那一类训育排练、顽固教化的外表，同时又不因为这个来蒙骗自己，不使自己已经觉得理亏的良知长期地缄默不语。你们知道吗？当代伟大艺术家哪个不是因愧天怍人而痛苦不堪的呢！

女人的独立性

女人，理应成为独立自主的人，并且以此为基础去开导男人，让他们认清"女人的真实面目"。这虽然是一种进步，但它是欧洲普遍丑化了的最拙劣的进步。因为，那些愚蠢的女人科学和自我揭露的企图，必须在光天化日之下全部暴露出来！出于害羞，女人可以说出诸多的理由。女人身上充满了迂阔、浅薄、俗气、琐屑骄矜、放肆不逊、轻浮的特征，人们研究最多的只是女人和儿童之间的关系。从根本上说，女人是因为对男人的恐惧，才被迫驱赶回家，并且戴上干活的笼头。真是苦命啊！如果女人敢于将"身上的永恒无聊"显露出来；如果女人将自己的聪明和技艺——即妩媚、嬉戏、无忧、愉快、轻浮等荒废；如果女人彻底、没有原则地将自己对惬意欲望的伶俐雅致统统抛到脑后的话。现在，女人的嗓门儿变得很大，在神圣的阿里斯托芬那里吓唬人，常常被医生认为是病态的人。尽管如此，女人的目的就是从男人那里得到些东西。但是女人因此就要研究科学，成为科学界的人，这难道不是以最恶劣的审美角度为出发点的吗？幸运的是，对于男人的物件、能耐已经有了很好的说明。从而，人们便"无须与外人道也"。

最后，人们就可以在所有女人那里叙述着"女人"的任何东西了，同时还保持着一种善良的怀疑——女人本身是否要对自己进行说明呢？回答是需要的。如果一个女人并没有因此而细心妆扮自己，可见，我认为，打扮自己是永远属于女性的特征，不是吗？那么，这样一来，女人的想法就是激起对自己的恐惧——或许女人就是想成为统治者，从而达到自己的统治目的。可是，女人并不想要真理，她们与真理没有丝毫联系！一开始，世界上就没有任何一样东西可以使女人感到比真理更加陌生、更抵牾、更具有敌意。而欺骗却是女人最伟大的技艺，色相和美貌则是女人最大的本事。

我们不得不承认一点，男人们，由于我们十分敬重和喜爱这种技艺和拥有这种本事的女人。因为，我们正是因为女人而感到困惑的男人，并且我们喜欢与轻松特性相伴。因此，我们的这种困惑和深沉仿佛是一种愚蠢的行为。最后，我想问一个问题：是否有一天，女人会自动认识到自己头脑中的那份深沉和那颗心有正义的吗？大致说来，"到目前为止，女人最多只是自侮，但是她们根本不认为是羞辱，这难道不是事实吗？"——男人的想法是，女人不要因为启蒙而不断地失面子，这与照顾男人和关怀女人是一样的。当教会颁布命令时，女人在教会事务中一定要保持沉默！拿破仑曾经向斯塔尔夫人说道：在政治事务中，女人就应该保持沉默。这大概是为了更好地利用女人。我认为，作为正派女人的朋友，拿破仑今天要向女人高呼：女人应该对和自己无关的事儿保持沉默！

软弱的种属，除了我们这个时代，似乎没有哪个时代能够受到男人的礼遇——这是民主主义嗜好和审美的特征之一，就像对老人的不恭敬。但是这种尊重马上被滥用到各个地方，这又有什么奇怪的呢？人们要更多地丰富自己，多多益善，同时人们还在学习如何提出要求。但是最终，人们发现这种尊重的关键部位好像生病了。从而，人们宁愿选择了为了权力而厮杀。的确，这本来就是斗争。够了！女人已经完全丧失了羞耻感。如果我们迅速向女人靠近，那么女人也会丧失审美。虽然女人已经忘记了对男人的恐惧，但是，这种"忘记恐惧"的女人，同时也牺牲了她最能体现女性特征的本能。如果说，男人不以自己的自许长大成熟，那么女人会大胆地出来闹事儿。

的确是这样，而且这也很容易理解。但是这样一来，让人难以理解的却是女人在蜕化。直到今天，这样的事情真的发生了。但是我们千万不要上当！

凡是在那些被工业精神战胜了的地方——军事和贵族精神已经彻底失败，女人此刻正为了成为伙计所需的经济和法律上的独立奋斗着。因为作为伙计的女人，必须站在逐渐形成的现代社会的入口。所以，如果女人将新的权力强占，力求成为它的"主人"，并且将女人和进步写在她们的旗帜上。这种倒行逆施便以一种吓人的明确性实现了。这是因为，女人杀回来了。自法国大革命以来，女人对欧洲的影响正因为她们在权力和要求上的与日俱增而逐渐渺小了。但是"女性解放"，由于它是女人自身——不单单是因为男性的愚蠢——所要求和支持的，所以它便成为最能体现女性本能的日益增加的弱化和钝化的奇特象征。在这场解放运动中，它也表示了"愚笨"，而且还是一种类似于阳性的愚蠢。

一个受过良好教育的女人——同时，也是一个聪明的女人——或许根本就不会因此而感到害羞。这样的女人丧失了人们最基本的在土地上能够稳操胜券的嗅觉，对其本来的技艺的练习渐渐放松了。而且她们被禁止走在男人的前面，甚至希望她们能够"钻进书本"。在那里，人们可以使自己进入到一种修养、雅致、狡猾、恭顺、屈从的氛围；以无耻的美德去抑制男人对一种在女人那里表现成隐蔽，本质与理想不符的信仰；对某种具有永恒性和必然性的女性的信仰。女人可以一板一眼、喋喋不休地劝说男人；而男人在对待女人时，则应该像对待温驯、异常野性、好玩儿的宠物那样，保护她、照料她、关心她、爱惜她。对所有奴隶制度、农奴制度的搜集，动作迟缓笨拙、怒气冲冲。到目前为止，这是女人在社会制度中自身就拥有和现有的东西，但是奴隶社会中仿佛就有两种反证，并没有成为任何一种高等文化及其提高的条件。

假如说这不是女性本能的碎裂，也并非女性化，那么这一切又意味着什么呢？当然，在男性这种有学识的蠢驴之中，大多拥有十分荒唐、败坏的妇女朋友。他们劝告女人，她们是这般非女性化，应该模仿一切愚蠢的行径；另一方面，欧洲的"男人"，欧洲的"男人味"都身患这种病——这些人希望把女人拖过去接受"普遍的教育"，或是直接拖过去阅读报纸，使之变成政治化的女人。人们希望从妇女中搜罗出自由精神者和文人；似乎没有哪个女人对深沉且无神论的男人持有一颗虔诚的心，也许它就不是某种完善的逆物或者可笑的东西。人们常常用最病态和最具危险性的音乐，败坏自己的神经——是我们德意志最新式的音乐，并使这种音乐每天都歇斯底里地、为其最先开始和最后的职业所诞生出的孩子而不堪重负；人们甚至希望有更多的"修习"，并且就像人们所说的那样，通过文化将"软弱的种属"强化，仿佛历史就是这样被尽可能急切地教导的人的修习和弱化，也就是意志力的弱化、分解和患病。这些往往都是彼此相跟随的。

那些世界上最有影响力的女性——当然，还包括拿破仑的母亲。恰恰要感谢她们的这种意志力——而不是教书匠！——才使她们真正拥有了权力以及凌驾于男人之上的优势。在女人身上注入的那些尊敬以及大量的恐惧感的东西，就是女人的天性，这种天性比男人的更加"自然"。女人具有正宗、凶猛、狡猾、阴险的随机应变的特长，而且她们手套下面隐藏着的竟然是猛兽般的利爪；女人的天真都是自私的，不仅没有教育的必要，而且还是捉摸不定的；内在的野性、欲望、美德、淫荡……在这种无比恐惧的状况下，面对这种阴险而又美丽的"女人"所产生的同情，已经清楚地将女人看作某种弱小的动物。从而不能没有爱、不能受苦、娇滴滴地展现了出来，但是这种同情注定是令人失望的。

恐惧和同情，到现在，男人们仍然以这种情感对待女人。总是毫无理智地用一只脚踏进令人感到撕心裂肺的悲剧中，因为他们认为悲剧可以使人兴奋。这究竟是怎么回事儿？这样一来，女人应该是穷途末路的啊？难道是女人的非魔术化在发挥作用？女人的那种无聊化暴露出来了，是吗？啊，欧洲，欧洲啊！人们对这种长着角的动物并不陌生，因为它对你充满了吸引力。但是你没有看到它长久以来带给你的危险！对于你那古老的寓言来说，或许有一天它真的会成为"历史"。到时候，一种庞杂的愚蠢大概会降临到你的头上，然后把你砸进土地！在愚蠢之下，上帝不会躲在这里！这里没有上帝，只有一种"观念"，而且是一种现代的观念！

未来的"人性"

大自然为什么对人类如此吝啬呢？它为什么不让人类根据其内在的辉煌而发光呢？

为什么伟人的高升或者沉浮不能像日出日落那样，呈现出绚丽的色彩呢？人类的生命竟然可以简单到如此地步！

当我用未来的眼光审视那个遥远的时代时，发现如今人们的身上只有奇怪的道德和疾病才能够引人注目，除此之外别无他法。我暂且将自己的看法称作"历史意识"吧！

"历史意识"导致历史出现了新奇的事物。如果将这种意识用在几个世纪以前，或者更长的时期，最终也会生长出奇妙的植物来。因此，古老的地球比现在更适合人类居住。现代人，已经开始逐渐锻造情感这条绳索了。对于未来，热切的情感绳索，但是他们又不敢确定自己的行为是否正确。

对于我们来说，这似乎并不是新的情感，而是旧的情感的一种升华——历史意识仍然是那么的贫乏和冷漠，很多人都在遭受着它的袭击，就好像遭受寒潮的侵袭一样，让人们变得更加贫乏和冷漠了；而另外一些人认为，历史意识是即将来临之年代的征候，对他们而言地球就好像一个忧郁的病人，这个病人为了忘却现在，提笔书写着自己的历史。实际上，只要将人类的历史当成自己的历史去感受，就会触及各种人物所经历过的忧伤。那些身体欠安的病人，回忆青春的老者，被夺走恋人的有情人，被毁灭理想的殉道者，以及迟暮的英雄。这都是一种新的情感色彩。

然而，为了让承受这形形色色的忧伤的英雄，在战斗打响之后，依旧能够面对朝霞欢呼自己的命运，他必须继承往日所有高尚的思想和责任感。迄今为止，没有谁能与这些高洁之士望其项背。他是新一代的第一人，他将人类的一切，例如损失、希望、征服、胜利等，全部压缩为一种情感。由此产生了人类从未经历过的幸福——充满力量与爱、泪水与笑的神圣的幸福。这种幸福犹如夕阳一般，始终如一地向人类馈赠它那永不衰竭的财富，并将这种财富倾入大海，让可怜的鱼儿借助夕阳余晖去感受自己的力量！未来的人性，便是这种神圣的情感！

做一个富有同情心的人，对我们自身到底有益还是有害呢？如果我们是一个富有同情心的人，对那些受苦受难的人是否有帮助呢？在此，我们暂且不去讨论第一个问题。

别人几乎无法了解我们所遭受的这种痛苦，就算是与我们同吃一锅饭的人，我们也不会对他吐露全部的心声；可是，当有人发现我们的痛苦时，我们又会将痛苦看作平淡的事情。祛除别人的痛苦，这就是同情的天性！

然则，我们的"施主"会比敌人更轻视我们，施主在给予不幸者同情的时候，往往具备智性的表现——饰演命运之神的角色。这的确让人愤愤不平：他根本不懂得你我的不幸，只是出自内心的顺从和依附。我心灵的整个结构，通过"不幸"去寻求心理的平衡，开发新的需求、愈合旧的伤痕、排拒过去等。总的来说，只要是与不幸有关的事物，"施主"总会漠然置之。他一门心思想要帮助他人，但是他根本没有想到，世间必须存在不幸；他也没有想到，你我必须经历恐惧、匮乏、贫困、冒险、失误，就好比我们也需要这些东西的对立物一样；他也根本没有想到——通往天堂之路必须先要穿越地狱之门，原谅我说得如此神秘。他根本不懂得：当一个人最先完成了帮助，这个人就会以为自己的力量是最伟大的！假如你们（这类宗教的追随者）对自己，对他人都抱有这种想法；假如你们不愿意让痛苦留在自己的身上，哪怕一小时也不愿意；假如你们将痛苦视为邪恶、可憎、该死的污点，并且采取了一切防止不幸的措施的话。那么，你们的内心不但存在同情的宗教，还存在另外一种宗教——舒适宗教，说不定后者还是前者之母呢！你们这些享受安逸的人啊！对于幸福的概念一窍不通！你们应该认识到：幸与不幸实际上是一对孪生兄弟，它们必须同生同长；可惜，在你们身上他们无法长大！

现在，让我们再来讨论一下第一个问题吧！如果一个人想要固守在自己的道路上应该采取什么样的办法呢？有一种呼唤总是在提醒我们应该去到它的身边。可是，我们几乎看不见它那里有怎样的珍宝。因此，我们并不需要抛弃身边已有的东西，而盲目地去追随它。我清楚地知道，将我引入歧途的方式成千上万，而且个个都是那么的光彩照人，最为夺目的要数“道德”这个方式了！的确，就连满腹同情的道学家都认为，能够符合道德的也只有这个了：只要是帮助朋友，就算偏离自己的方向也在所不惜！对此，我心里也是非常明了的，只要亲身经历一次痛苦，我自然而然也就体会到了失落的滋味！如果，有一位正在遭受苦难的朋友这样跟我说道：“我很快就要死了，你能答应我，跟我一起死吗？”我会毫不犹豫立刻答应他的。这就好比，当我看见一位为了自由而战的村民，我会立刻向他伸出援助之手，甚至献出自己的生命一样。虽然这个例子是基于好的动机之上的，但是仍然不怎么恰当。当然，这的确存在一种神秘的诱惑因素。当我们帮助那些高呼“救命”的，令人同情的人的时候，我们要走的路也非常的艰辛，对自己的要求也非常苛刻，离他人的爱护和感谢也非常的遥远。因此，我们并不是不想离开它，并不是不想远离自己的良知，躲避到他人的良知之下，逃到“同情宗教”这座可爱的庙宇里。

今天，一旦爆发某一场战争，都会激发某个民族中的道德高尚的人士愉悦的情绪。面对死神，他们会采取一种疯狂的喜悦的态度去直视它。他们相信，只有为国家献出自己的生命，才能够得到那个寻觅已久，而又始终得不到的许可——偏离自己的目标。战争对他们而言，是伴随着良知的一种曲线性的自杀。

为了避免谈论一些无用的论调，在此，我开诚布公地说出我的道德观：让我们隐居起来吧！只有这样才能活下去！不要去在意那些在时代的眼中看作至关重要的事情，将三百年来的历史横亘在当代之间吧！将如今的喧嚣——战争与革命，看作喃喃细语吧！是的，你富有同情心，但是你的同情心将只用在那些需要你帮助的人的身上。因为他们是你的朋友，与你有相同的愿望，而你帮助他们的行为也是在帮助你自己。我要帮助他们变得更加勇敢、更加坚强、更加纯洁、更加快乐！我要教给他们：同乐！这种目前几乎没有人了解的东西，这种所谓要同情他人的人根本不会明白的东西。

道德的培育

在培植道德的各种势力中，也存在具有真实性的因素。因为，终有一天，在它发现道德目的论的时候，真实性必将会背离道德。对于道德的实利观，这是一种认识已久的观念，而且伴随着根深蒂固的欺骗性。这种欺骗性正像兴奋剂一样，使人认为自我解脱是一种绝望。现在，让我们论证自己身上所需求的东西吧！这种需求是在长期道德的解释下形成的，但是今天在我们看来，它们并不是真实的需求。因为，它们似乎已经成为了价值的依托，我们维持生命的基础就是为了它们。也正是因为这种对抗性，我们所认识的东西不受人们重视，而我们想拿来欺骗自己的东西，却又被禁止评论，从而产生一个消解的过程。

折中的立场不会取代极端的立场，而取代与极端的立场截然相反的立场。所以，心理学最必不可少的欲望就是对天性的绝对非道德性和无目的无意义的信仰。如果说对上帝和道德秩序的信仰是脆弱的。现在，出现了虚无主义，但并不是因为生存的痛苦比以前增多了，而是由于人们对灾祸即生命中的"意义"产生了怀疑。有一种解释宣告破产了，因为它被认为：生命根本没有意义，一切都是徒劳无益的。

这种思想的形式是可怕的：比如生命，原来的生命就是荒诞的、没有意义的。但它却无法避免地轮回，无休无止，直至虚无，也就是"永恒的轮回"。

当然这是一种极端的虚无主义形式，即虚无是永恒的！

佛教所体现的欧洲形式是：知识与力量相结合，其能量迫使人们尊崇这种信仰。这一点是所有假说中最具科学性的。我们并不承认终极目的的存在。如果生命中真的存在一个目的，那么想必它已经达到。

由此，人们就会认识到，这里努力追求的其实是泛神论的对立物。因为，人们通常都会认为"一切皆完美、神圣、永恒"。这同样能够迫使人们尊崇那种"永恒轮回"的信仰。现在就出现了这样一个问题：道德也将这种肯定万物的泛神论立场取消了吗？从根本上说，道德所克服的只是其信仰的上帝。对于设想出来的一个"善与恶的彼岸"的上帝，有何意义呢？在这种意义上的泛神论是否可能？在过程中，我们虽然将目的观取消了，但是这就表示我们肯定过程吗？如果说这个过程无时无刻地取得某种东西，那么情况大概会是这样，并且始终保持同一事物。关于这一点，斯宾诺莎就是一个很好的事例，他就获得过这种肯定的立场，因为每一时刻都存在一种逻辑的必然性。所以，他就凭借自己的逻辑本能战胜了这种世界特性。

当然，斯宾诺莎的情况只能说是一个特例。任何一种现象基础的性格特征，都会在其现象中凸现出来。如果某人将它看作自己的基本性格特征，那么想必它会使这个人像胜利者那样，赞扬那些普通生命的每一个时辰。最主要的一点或许就是使人以一种喜悦之情将身边的这个性格特征看成善的、有价值的。

现在，道德已经阻止那些被动强制和压迫的人，以及被等级划分的生命原理的绝望，并且使他们不会跳进虚无的深渊里。因为这体现了一种对人的无能为力，但并非是对自然的无能为力，而是对生命产生绝望的怨恨。掌权人和暴徒都被道德所拥有，这些人可以把"大人、先生"统统看作自己的敌人，一些卑贱的人常常监护着"大人、先生"。也就是说，首先有必要鼓起那种卑贱的人的勇气，并且使之变得更坚强。这样一来，道德则教诲人们对统治者的基本性格特点必须抱以一种刻骨铭心的深仇和轻蔑之情，即针对其权力意志。道德应该将这种权力意志废除、否定，甚至要将它碎尸万段。因为，当我们以一种相反的情感和估价看待时，我们可以发现，这出自于一种令人恨之入骨的本能。一旦那些受苦的人和被压迫者丧失了那种蔑视权力意志的信仰，那么他们必将进入那种不可救药的绝望漩涡。对于生命来说，如果这种特征是必然的，或者出现了这种情况，即在那种道德意志中真的隐藏着"权力意志"。那么，仇恨意志也变成了权力意志，这也就是最终的结果。大多数被压迫者似乎意识到，当他们与压迫者站在同一个地方时，压迫者不应该具有什么特权以及更高的等级。

一切有价值的东西往往与生命没有丝毫关系，并且它们都属于权力限度之外的。如果说生命本身就是一种权力意志，那么道德会防止那些败类陷入虚无主义。因为道德已经将一种无限的价值和形而上学的价值赋予了每一个人，并且把它纳入了一种与世俗权力和等级制互不协调的秩序之中。因为，道德教导人们要学会低眉顺眼、屈从忍让。如果某个人对这种道德的信仰消失了，那么败类自然就丧失了生存的精神寄托，也必将走向灭亡。

灭亡的表现形式就是自取灭亡，它是一种对必然毁灭的东西的本能选择。败类的自我毁灭象征着自我活体的解剖、中毒、酒精中毒、浪漫主义，尤其是本能地强行采取某些行动。通过某些行动，人们将强者看作自己不共戴天的死敌，并且把毁灭意志当成更深刻的本能、自我毁灭意志的本能、要求遁入虚无主义的意志。

远离怨恨

让我们脱离怨恨的束缚，贴近怨恨吧！谁也不知道，对于这一点我应该如何去感谢长期的病痛的折磨。问题的确有些复杂，因为人们必须从力和虚弱出发去亲身体验才行。如果必须采取某一种手段来对付病人和弱势群体，那么他们自身的自愈能力——抵抗力和保护自己的本能也会因此而退化。人们也就不知道哪些是应该避免的，哪些是应该完成的。不知道该避开什么，也不知道该完成什么，记忆就像是化脓之后的烂疮，病患也成了怨恨的本身。只有一剂良药对患者有用，那就是被我称之为——俄国式的宿命论。用尽浑身解数使出上面所述的这些看家本领，然后安静地躺在雪地上，不吃不喝，也不接受任何东西，像是没有任何反应一样。勇敢赴死并不是这种宿命论最为理智的做法。在我们的生命遇到威胁的时候当成保命的方法，也就等于降低了新陈代谢，这种减缓的过程代表着一种要冬眠的意志。依照这种逻辑再次前进，就成为人们经常说的苦行僧了，这种人能在墓穴中睡上好几个星期。如果遇到任何事情，人们都必须做出反应，很快就会被累倒，从而导致任何事情都得不到响应。这就是所谓的逻辑。除了怨恨，没有任何东西能像它那样消耗人们的精力了。恼怒、报复、病态的多愁善感，复仇的渴望，类似这样的混合毒品，对于原本就已经精疲力竭的人来说，是最为糟糕的反应方式。因为它会加速神经组织的消耗，是一种病态的增长，它有各种因素，就像胆汁流入胃中。对于病患来说，怨恨是一大忌，它是病患的冤家。但是，遗憾的是，它又是病患一种自然而然的癖好。那位知识渊博的心理学家——释迦牟尼对此是非常精通的。为了避免将他的"宗教"与基督教般的可怜物混淆，最好的办法就是将它称之为摄生学。克制怨恨的程度决定了这门学问生效的程度。让心灵摆脱怨恨，这是走向康复的第一步，也是最为关键的一步。佛祖对我们的第一个教义是："冤冤相报何时了；以德报怨，怨恨斯已。"这是生理学的主张，而不是道德上的主张。对于弱者而言，虚弱造成的怨恨是对自身最大的伤害；对于精力充沛的人来说，克制怨恨甚至是对精力充沛的一种证明。我的哲学已经开始向仇恨和怨恨宣战了，甚至已经走到"自由意志"学说的领域了。向基督教宣战，这只是因此而产生的一个特殊的现象。只要了解了这种严肃心理的人才会明白，为什么我会在这里剖析个人的态度，也就是在实践中体现的本能的坚定性。在我颓废的时候，我是绝对不会允许自己出现这种有害的情感的；一旦身体得到康复，精力开始变得充沛，我仍然会克制这种情感的发生。上文所提到的"俄国式的宿命论"，是通过我长期的、在偶然出现的痛苦的环境、地点、居所和社交中切身感受到的。这样做胜过了去改变它们、感受它们、奋起反抗它们。那个时候，只要是来打搅我奉行这种宿命论的，或者粗暴地将我唤醒的，都被我视为是大逆不道。事实上，任何一次肇事行为都威胁着我的生命。将自身的意志看作天命所为，因此不愿"改变自身"，这就是那个状态下的伟大理性。

另外一件事情就是战争。我的本性是非常好战的；我的本能之一就是进攻；我天生有着与人为敌的能力，做他人的敌人——必须以坚定的天性为前提。总的来说，只要是具备强大的天性的人都拥有这种能力。这种天性与反抗是息息相关的，所以它离不开反抗，他必须时刻寻找反抗。带有侵略性质的激情也属于强者所有，就好比弱者具备复仇感和怨恨感一样。例如，女人是善于报复的，她的软弱决定了这一点。如同她有一颗善良的心，不忍看见他人遭受苦难一样。进攻者的力量是离不开敌对者的，这是进攻者测定尺度的一个方式。在寻求劲敌的过程中，或者通过选择课题才会显现出力量的增长。即使是一个好战的哲学家，也必须与课题决斗。他的使命是倾尽全力，以韧性和武艺去战胜实力相当的对手，而不仅仅是克服普通的反抗——这正是诚恳地去决斗的一个首要条件。如果不将对手放在眼中，战争是不会爆发的。如果我认为对方不如自己，因此我成了主宰，就不会去请求交手。我自身的战争实践大致可以分为四个原则：第一，我只与战绩卓越的人交战（如果条件允许，我会一直等到他成为胜利者再战）；第二，我只在没有联盟、孤立无助的时候向敌人进攻（我的正当行为准则之一就是，绝不公开采取不连累自身的方式）；第三，坚决抵制人身攻击（在我眼里，个人就好比一个放大镜，可以窥视各种各样鬼魅的、难以掌握的窘态。当我攻击大卫·施特劳斯的时候，就采取了这种方式。事实上，我所攻击的是在德国"教育界"最有名气的一本老朽之作，就在现场我活生生地揭露了这种教化的阴谋诡计；我也以同样的方式攻击了瓦格纳，实际上是攻击了虚伪，攻击了好坏不分、伟大与颓废混杂的龌龊的文化本能）；第四，我只会攻击那些排除了个性差异、在所有情况下都不曾出现过反面经验的事物（在我看来，攻击有的时候是嘉奖的证明，有的时候也是感激的证明）。我表示对他人尊敬或者褒奖的方式是将自己的名字与某个人，或者某件事情联系在一起。在我看来，赞许和反对是一样的。如果我想对基督教宣战，那么，我是有权力这样做的，因为在这方面我还没有遭遇过任何的灾难或者挫折。严肃的基督徒总是对我很友善。但是，我本人将基督教视为敌人，我非常厌恶将数千年来的厄运加注在个人的头上。

论道德即是偏见

我开始对道德展开了进攻。它的本身并不具备火药味，既没有大炮，也没有小炮；只要你的鼻子灵敏一点儿，还会从它的身上闻到一种奇特的、可爱的气息。如果我的言论对人们产生了消极的影响，那么说明它使用了错误的方法。这些方法起到的作用不是像放炮一样，而是像推论一样有理。有的人要注意了：要分外小心那些以道德的名义被尊崇甚至被顶礼膜拜的东西，这与下面所列举的事实并不矛盾。就像海兽在岩间享受阳光一样，事实上，我就是这只海兽。在这里出现的每一句话，几乎都是热那亚附近的群岩给予我的想象。那个时候，我一个人待在那里，与大海商议着。即使到了现在，只要触及这些，我的心里就会出现一个钓钩，用它在深渊里钓出美妙的、无与伦比的东西来。因为回忆，它全身的皮肤都在不停地颤抖着。该书前提的艺术是那么惟妙惟肖，它是轻盈、悄然无声的微妙之物。对我来说，是刹那便消失的蝎虎星座般的时辰。但是，绝对不能有希腊青年之神的残酷，因为他会毫不犹豫地用长矛刺穿可怜的蝎虎星座。可是，又必须有尖刺的东西。好吧，就用鹅毛笔吧！啊，那一连串全新的白昼的世界！只有去重估所有价值中寻找，去摆脱所有道德价值中寻找，去所有迄今为止被轻视、被诅咒的东西中寻找。我的言论，对纯粹的不好的行为发散光芒，发散爱心与温存；它赋予不良行为以"灵魂"，让良知、高尚的权利重归于生命。不用再攻击道德了，因为不会再有人去理会道德。"是不是呢？"

　　天职赋予我为人类寻找一个最高自决的时刻，一个伟大的正午；那个时候，将第一次面对"原因"、"目的"这样的问题。这种天职来源于对以下事物认识的必然结果——人类不会毫无缘由地走上正路；人类绝不受神性的控制；人类更不会受自身的否定本能、颓废本能等一系列神圣的价值概念的诱惑和主宰。所以，对我而言，道德价值的起源是最根本的问题，它决定着人类的未来。以前，人们总是让我们相信，万物原本就处在最理想的环境当中；还让我们相信《圣经》是人们最后的慰藉，它会使人类得到神性的智慧。但是，当《圣经》回到现实的时候，它就成为一本扼杀与《圣经》背道而驰的、可怜的真理之书了。这一真理说道：目前为止，人类始终处于劣势，他们遭受着那些败类、狡黠的报复者的迫害——所谓的"圣徒"。教士们、所谓的哲学家们，不仅主宰着教区内部的事务，而且将没落意志的行为视为真理。上面所提到的这些现象使利他主义得逞；它既是敌意，也是对利己主义的迫害。只要在这一点上与我的意见不一致的人，我都视他得上了可怕的传染病。可是，这个世上竟然没有一个人与我的意见相同。对于生理学家而言，这种价值观的对立是肯定的。如果在有机体内部，即使是最小的器官没能得到自我保护，或者精力没有得到补充、"利己主义"不能得到实施，那么整个有机体就会质变。生理学家要求割弃质变的部分，他不愿意与质变体携手，他丝毫不会同情质变体。但是，教士的心思就是让整体与人类产生质变。所以，他必须保留日渐质变的东西，以此达到统治世界的目的。如果那些骗人的概念，例如"灵魂"、"自由意志"、"上帝"不去腐蚀人类的心灵，它将毫无意义！如果人们不以严肃的态度对待自我保护、强调肉体也是生命力；如果人们以贫血症来理解理想，以蔑视肉体来"医治灵魂"。那么，这除了是一服毫无用处的药方之外，什么也不是。总之，迄今为止的道德就是：丧失重力，反对本能，"忘我性"……因此，我将展开对非我化道德的战斗。

　　我知道我有怎样的命运。总有一天，我的名字会跟那些可怕的事物联系在一起；那是史无前例的让人深感危机的回忆；那是最深刻的让人唤醒良知的回忆；那是迄今为止所有被信仰、被要求、被披上神圣的外衣与之对抗的回忆。我不是人，我是炸药，但是尽管如此，我的骨子仍然没有任何庸俗的宗教意味。与信教的人相处之后，我做的第一件事情就是洗手。我不需要"信徒"。在我看来，我并不阴险，至少不会去信仰自己。我从来不与庸俗的人交流，我很担心，担心有一天他们将我称之为圣人。我想，你们一定能猜到，我为什么要说这些话。因为我不想让它来妨碍我、糟践我。我宁愿当一个傻瓜，也不宁愿当一个圣人……也许我就是傻瓜……但是，尽管如此，或者我宁可如此。因为，我是真理的支持者，在这之前，没有什么能比圣哲更具欺骗性了。但是，我的真理非常可怕，过去人们将谎言称之为真理。重新估算这些价值：这是我给予人类的，最高自我觉悟的公式，这已经成为我的肉体与灵魂了。是命运安排我，让我做一个老老实实的人。我应该清楚地意识到，千百年来存在的虚伪将由我来打败。是我知道了真理，因为在我的意识中，谎言就是谎言，不会成为真理。对于这一点，我用鼻子就可以闻出来，我的才智就在我的鼻端。从来没有人反对过我现在反对的东西。虽然是这样，但是，我却成为了否定精神的敌人。我是从未出现过的快乐的使者，目前为止，我所认识到的高尚的使命仍然没有名目；是我，为此带来了希望。尽管如此，我仍然不可避免地成为了带来厄运的人。因为，如果真理与千百年来的谎言一争高下的话，我们将感受到前所未有的、翻天覆地的震撼。那个时候，政治将在精神之战中消失得无影无踪。旧社会所有权力的产物将被摧毁的烟消云散，因为谎言是不会永远立足的。一定会发生一场战争，一场在地球上从未发生过的战争。从我开始，世界将会出现伟大的政治运动。

论"弱者"的卫生

不管在弱者身上花费多少力气,都是无济于事的。而道德更是无所作为的。更糟糕的是软弱所带来的致命的病症。比如说,无动于衷和无反应力。原因很简单,在人们本不具有的反应的基础上,人们决不会做出更为迅速、更为盲目的反应……

在对反应的期待和推迟上,天性的力量就会表现出来。对于某件事情,某种程度的无兴趣,就是这种力所表现出来特质。

就像具有反运动的不自由、突然性的软弱、不可阻止性的"行为"一样……意志是软弱的。因为,医治做蠢事的良方大概就是拥有强大的意志却无所事事,这是矛盾的。

自我毁灭,弱者自己害了自己,损害了保存本能,这就是颓废的类型。实际上,我们对很多关于制造麻木感的方法都加以考虑。从这个意义上讲,本能轻易地发现了正确的线索,而无所事事要比做点儿什么更有好处。

教团、孤独的哲学家以及托钵僧们,他们的所有诡计都是从正确的价值尺度中得到的灵感。阻碍行动的人,获得最大的益处——宽慰剂:无条件地服从,按部就班地行动,人与物的分离;或许这些事物自己会提出当机立断的要求。

从根本上说,可能存在很多新的理想!我就拥有一个小小的理想。当我花了五个星期,在野外孤零零地徘徊时,这个理想便在那渎神的蔚蓝色的幸福时刻涌现在我的头脑中。理想在精美而荒唐的事物中度过了它的一生，但是现实却与它格格不入。它一半是艺术家，一半是鸟儿以及形而上学家，所以失去了对现实性是否的分辨能力。除非人们偶尔通过优美的舞步，用脚尖承认这种现实的存在。人们常常因为一束幸福的阳光而喜出望外，甚至能够从悲伤中找到一丝宽慰和鼓舞。因为这样的人是悲伤的幸存者，可以将滑稽剧的结尾当作最神圣的屁股上的尾巴。其意自明，这是一个沉重的、似乎有千斤重的精神理想，而且还是一个臃肿的精神理想。

"善良的人"有时也可以称为：道德的残疾。对于一切强大的、保留天性的人来说，爱与恨、感恩与报复、和蔼与愤怒、肯定与否定的行为都是对立存在的。行善的同时也懂得什么是作恶；人也许是恶的，因为只有这样人才懂得为善。那种否认这种双重性的病态和意识形态的非自然因素——它教诲道，单面性属于更高等的东西——的来源究竟是什么呢？道德的残疾，善良的人的构想又出自哪儿呢？这里提出的要求是：同那些能够与人为敌、伤害人的、易怒的、要求复仇的本能一刀两断。这些非天性正符合了人的那种既纯善又纯恶的二元论观点。纯善者，对世间一切都是肯定的；而纯恶者却对所有事情持否定的力量、意图和状态。这样的人将这种估价方式看作"理想主义的"；当然，它并不怀疑在"善"的观点中真的已经设定好了一种最高的合意性。如果它攀登到了自己的顶峰，那么，它必然会绞尽脑汁地设想出一种状态来。到那时，所有的恶都会烟消云散，而留在真理中的只剩下善良的人了。从而，它一定认为，善与恶的对立、互相制约的说法并非完美，相反，后者应该被取消而保留前者。如果一方有权存在，而另一方必然消失……那又是什么道理呢？

在所有时代里，特别是基督教盛行的时代，人们在贬低人性中，这种半面性、"善良的人"的方面花费了很大的力气。现在，有很多与教会有关系而且意志消沉的人。他们的思想与完全"人性化"，或"上帝的意志"，或"拯救灵魂"的意图可以说是一拍即合。其中能够有一项最基本的要求，即人绝对不能作恶，而且不能害人，甚至连害人之心都不能有。而途径是根绝所有有敌意的可能性，将一切报复的本能消除掉，达到一种像慢性病般的"灵魂的安静"。

以一个荒谬的前提为出发点，要驯化出一种为特定类型所使用的思维方式。它认为善与恶本身就体现着自相矛盾的现实性，它劝慰人行善，并且要求善绝对地拒绝恶，与恶为敌。事实上，它否定了生命。因为在本能中，生命既有肯定的部分也有否定的部分。这只是因为它没有完全理解这个概念，反而梦想重新回到生命的整体性、统一性和力量上去。最终，当自己内在的无政府倾向和对立的价值冲动之间产生的骚动告一段落时，它便为自己设想了一种救世的状态。到目前为止，这种善的意志已经成为更加危险的意识形态，最大的灾难就是心理科学。因为这种矛盾所展示出的类型，这种拘束的人，正是得到了那种教诲，即只有做一个口是心非的伪善者才能够通向神性的正确途径，也只有这样才能做到向神性的转化。

但是即便是在这里，生命也仍然占据着重要的地位。生命，因为生命真正了解自己存在的肯定与否定，并且它们是无法分开的。所以它竭尽全力要证明战争是恶的，不想害人，又不想被否定，这有什么用呢！即使要打仗，人们丝毫不会干别的。对恶之善的人给予否定，好像他们自己希望这样似的。他虽然被道德这种残疾牵绊，但是他时刻没有停止战争，没有放弃与人为敌、否定，以及做否定的事儿。比如，基督徒就是憎恨"罪恶"的——但是在他们眼里没有"罪恶"的东西又是什么呢？其实，正是因为对善与恶这种对立的道德的信仰，在他们看来，世界变成了一个充满怨恨价值和无休止的战斗的乱世。"善人"自然认为自己被恶人紧紧包围着，而且不断受到恶人的冲击，善良的人要使自己的视觉更加敏锐，这样他便可以在自己的胡思乱想中找出恶的东西。因此，由于把天性看作恶的东西，而将人腐化；把善的存在当成一种恩惠。当然以此，他也结束了自身。总而言之，他没有肯定生命，他认识到拥有最高价值的善必将会谴责生命。从而，对他来说，他的善恶观也就成为了被否定的东西。可是，人们却没有驳倒病患。因为人又开始构想另一种生命……

心灵上的天才

卑鄙的意思是什么？它不仅是一个语汇，一个概念的音符，还在某种程度上体现了一种对经常回归并聚焦的感觉，成为对感觉群特定图像的一个标志。为了使人与人之间相互了解，人们使用了这些词汇；可是这还是不够的，人们必须为了有相同的内在经历，而使用这些词汇；最后，人们必须使他们共有一种或几种经历。由此，一个民族人与人彼此的了解，远远超过了对其他民族成员的了解，即便是当他们使用同一种语言的时候；或者更准确地说，假如人们长时间地共同生活在相同的条件下，比如相同的气候、土地、危险、需求、工作条件等。那么，人们就会由此产生某种"互相了解"的东西，这就是一个民族。在一切灵魂之中，经常回归的经历的数量相同，便会获取相对罕有的来者的优势地位，因为人们在这些数目的基础上达到了相互了解。

快，速度越来越快了，语言的历史好比是一个缩写过程的历史。凭借这种快速的了解，人们渐渐地联结在一起，紧密，更加紧密。同时，危险性越大，需求也就越大。迅速地、容易地让需要做的事情达到一致，即使面临危险境地也互不误解，这一点是人们在交往中不可缺少的东西。人们还要在友谊与爱情中做这样的尝试，因为一旦人们了解了这两者中的一个，然后用相同的语汇和另一个感觉、嗅觉、会意、愿望、提心吊胆存在差异，一切与之相类似的东西将不能持久存在。对"永远误解"的恐惧，其原因是因为善意的守护神，他经常阻止不同属性的角色轻率地去进行感官和心脏建议要做的联系——而这并不是某个叔本华式的"种属保护神"！任何灵魂内部的感觉组合，都在以最快的速度觉醒、发言、颁令，决定着它的整个等级制。最终，这是其货物标牌内容的决定因素。评价一个人，会使这个人的灵魂构造上的一些东西透露出来，而灵魂却在这个时候窥见到了它的生存条件，以及它原本的难处。

假设，这种难处只可以使那些以相近的符号罗列出相近的需求，使拥有相同经历的人彼此靠近。那么，从总体上说就会产生一种结果，即对难处抱以轻率的同情。归根到底，这就叫极其平庸且卑鄙的经历过程，而且这一定是最残暴的经历。与此相近的、按照惯例行事的人，过去是，现在仍然处在这样有利的位置上。与众不同的、高贵的、罕见的、让人无法理解的人，依然是卑微而孤独的人。因为这种人的分散有遭遇不测之虞，也是无法繁衍下去的。人们必须唤醒强大的抗衡力量，为了将这些自然的、过于自然的趋向相同的过程，将近似化、习惯化、平庸、群畜性，向卑鄙的深渊迈进的人钉到十字架上。

心灵上的天才，如同伟大的隐士所拥有的那样，是尝试之神和良心的捕鼠者，他的声音能够深入到每个灵魂的冥府。他可以一言不发、一眼不瞟，其中好像并不存在什么诱扑的考虑或隐秘。他是一个发光体，这仿佛是他的特技。但是这并不是他的本来面目，只是他的一个附属品，一种强制。人们为了更近距离地接近他，为了能够更内在地彻底跟随他——心灵上的天才。它将所有嘈杂的声音和沾沾自喜的人变成了哑巴，并且教诲他们使他们服从。它能够将粗俗的灵魂变得十分平滑，并且赐予他们一种新的消费要求——安静。平静得如镜面一般，在这些灵魂之中反映出深沉的天宇。

心灵上的天才，它教导笨拙且急促的手学会迟疑，并且让它们懂得如何更加精心地来抓握。它猜透了隐蔽的、被人遗忘的财宝的隐藏地点，它就位于这混浊而厚厚的冰面之下。对于每颗金粒来说，财宝的水滴和甜美的精神性仿佛就是一根探测魔杖。这些金粒长久地掩埋在了那些烂泥和沙土之中，它们好似监狱中的囚犯。心灵上的天才，因为它的触动，每个丰裕者的继续前进，无不饱受恩赐和恐吓，无不在拥有意外之财后感到幸福和压抑，反而比以前更富有，比以前有更新的绽放，并且被含露之风吹拂、窃听。也许人们因为更加没有把握，而变得娇嫩、易碎、散乱，可是仍然充满希望。现在虽然没有想起一个充满崭新意志和涌流，或者充满新的非意志和逆流的名字。可是，谁知道我在做什么，我的朋友们？你们知道我在想你们谈论谁？我已经忘却了很多东西，以至于想不起他的姓名了，是吗？管他呢，你们没有从自己出发，那么这个值得发问的具有上帝般精神的人是谁呢？这个人从小就奔波于途，身处异乡。

幸好一些罕有的、危险的精神也奔波在我的这条路上，但它主要要求我向它谈论一下刚才告诉你们的那个人，这个人几乎就是酒神狄俄倪索斯，他是一位伟大的模棱两可者和尝试之神。就像你们所知道的，我向他奉献了我的处女作，当时我的心中有一种极其秘密，且充满敬畏的情感。而我的这个处女作，在我看来，它就是牺牲。因为到目前为止，我还没有发现谁真的读懂了我当时写的那本书。期间，我学习了很多，甚至太多的有关这位神的哲学著述。当然，正如上面所说的，我，我是这位酒神，狄俄倪索斯的最后一位弟子和其追随者。最终，我似乎大喊道，让你们——我的朋友尽可能品尝到这种来自哲学的东西吧！然后我又小声地说，这是多么的合适啊！因为，这关系到各种秘密之物、陌生之物、奇怪之物、不祥之物。伟大的狄俄倪索斯就是一位哲学家。由此，众神也都开始对哲学进行阐述。在我看来，他们所阐述的是一条新闻，它是棘手的，甚至在哲学家中会因此而引起误解。但是在你们，我的朋友之间，它基本上已经不针对自身了，除非它不守时。因为，今天的你们不愿意信仰上帝和其他神灵，这一点就像人们向我透露的一样。

或许，我仍然要以我的直言不讳继续走下去，而对于你们的耳朵的习惯来说，应该还是喜欢听的，是吗？一定是的。上面提到的那位酒神，已经在讲那些悄悄话时，走在了前面，而且走得太远了，总是超出我几步。是的，如果情况允许，我或许真的会按照人的标准再赋予它美丽、庄重、豪华等名称，以对应研究它的人和那种发现它的勇气，并且大加赞扬对它大胆的正直、真实和智慧的爱。但是，一位这样的神，根本无法适应所有这些令人敬仰的废话和奢华的排场。面对这些他或许会说"住嘴"，"对你，和与你相类似的人来说，没有人还需要这些奉承！我——没有理由将我的清白之体挂上一丝附属物！"——人们猜得没错，在这类神性和哲学家的身上，大概根本没有羞耻这种说法，是吗？——所以，有一次他这样说道："有时我爱进入"——这里，我所指的是当时在场的阿里阿德涅——"对我来说，这个人就是一头惬意的、勇猛的、具有独创性的、独一无二的动物，它能够待在任何一所迷宫之中。

我对它好，因为我时常琢磨，我应该如何将它拉得更近一些，将它拉得更猛、更恶、更深一些。我惊讶地问道："更硬、更恶、更深吗？""是的。"他这样回答道，"不仅要更猛、更恶、更深，而且要更美。"为此，这位酒神以其翠鸟式的微笑回应了我的微笑，好像他刚才说的只是一种蛊惑的教养之言一样。我有充足的理由对此做出推测，在某些方面，众神倒是可以同我们人一起，走进学校求学。而我做人是更有人情味的……

心灵的隐居

　　每一个杰出的人都会本能地寻求自己的避难所与隐居处。只有在那里，他才能够从芸芸众生中，从绝大多数中解脱出来；只有在那里，他才能够忘却"人"的准则，脱离它的束缚。但除了一种场合——他将在一股更为强势的本能驱使下，猛烈撞击这些准则，最终成为伟大的与偶然意义上的认知者。凡是那些因与人交往而遭受各色困苦的人——因为厌恶、烦闷、怜悯、阴暗化或孤独化而脸一阵儿发白一阵儿发青——一定不会是具有更高审美品位的人。然而，假使他将这一切的后果与痛苦很不情愿地承担下来，或是永远避开这一切而停滞不前——就像前面所说的，悄悄地、高傲地躲进他的避难所，那么有一点将是确定无疑的：他天生就不为认识而做。终有一天他会自言自语道："魔鬼剥夺了我的高尚审美！然而准则显然比例外更有趣，可我却是个例外！"于是他会一脸丧气的缩回去，特别是"钻进去"。按照常人的标准行事，一本正经，并为达到此目的而故意伪装成自我克制、愁容满面，甚至杜绝一切社交活动——除了与气味相投的人交往之外，其他都是不良交往！如此就成全了哲学家们的生命史中不可缺少的一隅——即便是让人厌恶的、散发着恶臭的、最富欺骗性的一隅。然而，倘若他恰好是位幸运儿，那么他就会遇到偶然使其使命简化或减轻的事件——在我看来，那些所谓的冷嘲者，即是头脑简单地只承认兽性，只承认平庸的事物，只承认自己内心"准则"的那种人。同时还理所当然地占有理智性与刺激性。为了在世人面前谈论自己和气味相投的人——有时他们甚至像滚在自己的粪便中一样沉迷于书本。玩世不恭，即是用来接近正派事物的唯一形式；而更为高级的人物在遇到表现得更粗俗、更雅致的玩世不恭的时候，便会洗耳恭听，并为当着他的面变得不知羞耻的恶作剧者与具有科学头脑的萨提尔的大喊大叫而暗自庆幸。甚至在陶醉感混入憎恶感的情况下，精神自然而然地与一头冒失的公山羊或者一只猴子绑在一起，就像阿贝·伽利亚尼那样——在其所处的那个世纪中最深沉、敏锐，也是最肮脏的人一样——伏尔泰的深沉比之不如，因而也是沉默寡言的善的组成部分。有如下的事情发生也属正常现象——就像已得了暗示一般：科学的头脑被安在了猴子身上，一个非同寻常的例外理智配给了肮脏的灵魂。在那些医生与道德生理学家们中间，这绝非罕见。当有人无所抱怨，更确切地说是非常无知地谈论人类，把人说成有两种需要的肚子和有一种需要的头脑时；当有人认为或试图认为饥饿、性欲和虚荣就像弹簧一样，是人类行为的唯一真实动机时……总之一句话，每当有人"诋毁"人类或说人类二话时，这种人都应侧耳倾听——只要是心平气和的谈论，他都应竖起自己的耳朵。因为，被激怒的人总会咬碎自己的牙齿（或者是为了取代世界或上帝或社会）。这并非危言耸听，从道德的角度来衡量，他将比那个开口大笑、扬扬得意的萨提尔站得更高；然而从另一项特殊的意义上来看，他也就是更为普通、更加冷漠、更无启发性的人。而且，除了被激怒者之外，任何人都不需要如此之多的谎言。

在人类历史最漫长的一段时期——被人们称为史前时期——一种行为是否有价值，是根据其后果而推知的。因为行为本身并不需要考虑，也不需要考虑其因。就像现在在中国，对孩子的奖惩将由其父母决定一样，所以就成为了决定成败的反作用力，引导人们去思考一项行为的好坏。这样的时期被我们称为人类的前道德时期，当时还无人知晓"认识你自己吧"这一命令；而另一种情况是，在其后的一万年间，在地球上一些广大的地区，人们一步一步远离了原来的尺度，决定价值的不再是行为所产生的后果，而是行为的起因了。作为一个整体，这一伟大事件即赢来了众多的关注与尺度的改变，成为优越的贵族价值与"起因"信仰，成为一个时代的标志。人们从狭义上可将其称为道德时代，认识自我的首次尝试就此拉开序幕。起因取代了后果，这是历史上怎样的一大颠倒啊！这一定经过了长期的震荡与奋斗才产生的，这一点毋庸置疑！同时它也是一种不祥的新形式的迷信，一种带有特种偏见的阐释借此登上统治地位。人们在一种最为特定的意义上解释了行为的起因，说它来自某种意图；人们达成了一项共识——一种行为的价值存在于其意图的价值之中。意图，即是一种行为的全部起因与前提。在此种偏见的作用下，即便是到了现代的地球，道德仍旧受到表彰、指斥与审判，哲学意义上的叙述也是如此。然而，我们今天并不打算讨论必然性，而是想再次就我对价值的颠倒与基础的倾斜做出合情合理的解释，这同样基于人的再次自我认识与深化。我们不应在一个时代的门槛前停滞，这一时代是被否定的，是道德之外的时代。如今，至少在我们这些非道德论者之中弥漫着一股怀疑的气息。正是在这种自发的行为之中，决定性发挥了其价值。因为一切蓄意性质的、由它所见闻的东西方可被认知，虽然这只是其表面或皮肤——正如同其他的皮肤一样，虽然暴露了某些东西，却隐藏了更多的信息，是不是？总而言之，意图本身只是一种符号与象征而已，这一点我们确信尤疑。因而它对众人以及对它自身而言，几乎没有意义。道德迄今为止也被理解成意图道德，即一种偏见，或许还具有轻率的、暂时性的色彩，同时也类似于占星术与炼丹术的级别，但不管怎样也是一种需要克服的东西。克服道德，甚至就是道德的自我克服——从某种理智的角度来理解的话，这也是对长期的隐蔽工作的称呼。作为灵魂的活的试金石，此项工作始终保留着最细腻、最正直，同时也是最恶毒的良心。

虚荣与高贵

到目前为止，任何"人"品的提高都只是贵族政体社会所关心的事业。因为，这种事业正是这个社会所信仰的，是人与人之间的等级制和价值差异的长梯，并且这个社会还需要一定意义上的奴隶制。如果距离感的激情不存在——这种激情生于根深蒂固的等级差异之中，生于统治等级对臣仆和工具的接连不断的展望和俯视之下，生于同样的一种服从和命令的训练之中，这属于另外一种激情——那体现了一种对灵魂内部出现的增大距离感的要求，那种日益高涨的、罕见的、遥不可及的、宽广的心态。换句话说，也就是提高"人"的品类，延续"人的自我克服"的目的是为了采取超道德意义上的道德公式。当然，人们完全可以对贵族政体社会的形成史——也就是，"人"品提高前提的形成史——不抱丝毫的人道的欺骗。因为，真理是坚不可摧的。正如地球上任何一种高级文化的初始那样，我们可以毫不吝惜地对自己说，人，是具有自然天赋的，而且是掌握了所有可怕言词却极富理智的野蛮人、猛兽人，并且拥有百折不挠的意志力和权力欲望的猛兽人；这种人会凶狠地扑向那些软弱的、风俗化了的、和气的，或许是从事交易的，或者圈养的牲畜种族，或是向老朽的文化扑去。最后的力量会消失在夺目的精神和堕落的火炬之中。那些高贵的等级，一开始都是野蛮的等级。因为，它们的优势并不在于体力，而在于它们的灵魂的力量——对于任何级别来说，这都是更完全的人，同样意味着"完全的猛兽"。

虚荣，这是高贵的人最难于理解的东西。因为，高贵的人常常受到诱惑。

而在另一类人那里，他们会否认自己已经握在手中的虚荣。课题，对于这种人来说，就是将自己好感的性格的自我介绍唤醒，而他们自身并不具备这种好感。因此，他们便"无法"受用了，这种好感本身就在虚荣的背后被人们信仰着。对他个人而言，这是如此无味和不恭的，而且一半还体现了巴洛克式的非理性，致使他主动将虚荣理解为一种例外。而且在大多数场合下，人们提到的虚荣则表示一种怀疑。例如，他提到："我大概是把我的价值搞错了，而同时我却要求它符合我的想法，并且得到别人的承认，可是，这算不上是虚荣，只能说是狂妄；或者，在其他较常见的场合下，被看作'低眉顺眼'，或'谦虚'"；或者他也可以这样说："出于种种原因，我十分盼望得到别人的好感。也许是由于我太尊重这种意见了；也许是因为在任何一种快乐中，我真的感觉到了乐趣；也许是因为，我特别强调了自己对这种好感的信仰，并且过于肯定；也许还因为别人的好感，即便是在我没有将他们分开的情况下，仍然为我所用。可是，所有这一切并不属于虚荣。"

高贵的人，首先必须在强制的基础上，也就是以历史为前提发出申请。从我们无法忆及的太古时代开始，在所有依附于他人的民众阶层中，卑贱的人仅仅是高贵的人所支配的东西——他们并不懂得自身的价值。当然，卑贱的人除了主人为自己附带的测量价值以外，他也不会去测量其他什么有价值的东西，而创立价值却是主人本身具有的权利。对于下述情况，人们完全可以理解为是一种庞大的返祖现象的结果。即那些民众现在仍然等待着某种与自身有关的意见，而且本能地为此而臣服。可是，他们等到的不单单是臣服于别人的某种"好感"的意见，还包括臣服于某种恶劣的、不合适的意见。例如，人们大部分学到的是自我估价和自我谦卑，这一点是女信徒们从她们的忏悔之父身上学到的，这也是基督徒从教会里学到的本领。

其实，随着事物的民主秩序的缓慢上升，原本高贵、罕见的冲动，从自己出发又归到自己账下的某种价值的冲动，对自身获得的"好感"的冲动，都会一点点地受到鼓励并且传播开来。可是，在基督徒身上，无论什么时候他们都拥有一种更加古老、广泛和彻底同化了的非自身的嗜好，这种嗜好在"虚荣"中还会变成君临信徒头上的主。虚荣的人时刻想听到别人对自己的赏识，这一点就好像他对任何恶意报以同情心一样。因为，虚荣的人臣服于这两者之中，而且对此深有感受，认为这完全出于自身爆发出来的那种更古老的本能——这是生存在虚荣者血液中的"奴隶"，而且是一种狡黠的奴隶残余。比如说，现在还有多少"奴隶"残留在女人的手里啊！这种奴隶正绞尽脑汁地引诱人们对他产生好感。当然，当好感出现后，这种奴隶会立即拜倒它面前，好像他根本没有想到这一点——重复一遍：虚荣，就是返祖现象的结果。

何谓高贵

在长期地只是徒劳地将"哲学家"一词与某一个特殊概念联系起来之后——由此也发现了种种矛盾的特性——我终于认识到，此后的立法者原来是两种不同的哲学家：

一、一种是要树立一项不同以往的估价（逻辑上与道德上的）体系；

二、一种是此类估价的立法者。

第一种哲学家尝试着利用当今或过去的世界，用文字符号将各类事物加以概括与压缩。其目的在于让我们学会观察、回顾、洞悉与利用发生的所有事件——其为人类服务的宗旨是：让过去为人的未来服务。

而第二种哲学家则充当着发号施令者的角色。他们说道："事情本应该这样。"唯有他们才能确定"目标"与"方向"，规定什么是对人有好处的，什么是对人没好处的；他们享有科学者的试验成就，在他们看来，所有知识不过只是用于创造的手段而已。而这种哲学家成功的概率非常小。实际上，他们所处的环境极其恶劣，到处都有危险。他们往往自欺欺人的闭上双眼，不愿去看将他们同深渊（彻底毁灭）隔开的那一丝缝隙。就像柏拉图，他就坚信自己想象的"善"并不是柏拉图之善，而是"自在之善"，如同一个名叫柏拉图的人偶然拾到的永恒之宝！就是这样一种盲目意志以更为笨拙的方式控制着宗教创办者的思维。在他们的耳朵里，他们口中的"你应"千万不能听作"我要"——仅仅因为那是上帝的命令，他们才能勇于完成自己的使命；只有当作"灵感"时，他们对上帝的观念才不至于是一项压垮自己良心的重荷。

倘若柏拉图与穆罕默德这两丸宽心药失效，那么就再没有哪个思想家会拿着"上帝"或者"永恒价值"这一类的玩意儿来使他们的良心得到宽慰了；而价值立法者则会重新提出一个前所未有的可怕要求。现如今，那些上帝的选民们——这种朦胧的责任已出现在他们面前——试图看看自己能否如逃过劫数一般，采用"及时"躲避的方式逃脱责任。比如他们会自欺地声称自己已经完成了使命；会直接告知无法完成；会说任务实在太艰巨了；会说自己接受了其他更为合适的任务；会说这一新形式的望不到头的责任同诱拐没什么两样。这种逃避所有责任的行为是神经错乱与病态的。实际上，很多人已经达到了逃脱责任的目的。历史的各个角落都留存了这些逃兵的姓名与他们丑恶良心的斑斑劣迹。然而他们中的大多数都获得了解脱，即熟稔之秋。到了那一刻，他们只好做原本"不想做"的事情了；此前他们还望而生畏的事物即刻变得如同苹果落地般地唾手可得，仿佛是上天的馈赠一般。

何谓高贵？

——是最肤浅的小心谨慎。因为这种谨慎已有严格的界定，无法混淆。

——是言词、着装、行动方面的轻率体现。斯多葛主义的严肃与自我强制可以杜绝一切夸张的好奇心。

——是缓慢的步伐、呆滞的眼神。由于它们的出现，世界上再也没有更具价值的东西了。因为它们希望自身变得有价值。所以我们很难有惊异之感。

——是对贫寒乃至疾病的忍受。

——不沽名钓誉，不轻信那些满口夸赞别人的人！因为他们自以为懂得他们夸赞的目标：但要明白——巴尔扎克，这一急功近利者的典范吐出了心声——知道即无所谓。

——是我们对人性可知论的重度怀疑。对我们而言，孤独感不是自选的，而是与生俱来的。

——是坚信人们只对同等地位的人负有义务，而毫无顾忌其他人。因为他们坚信只有在同等地位的人群中才会享有正义感（非常遗憾！这不可能一蹴而就）。

——是对"天才"人物的嘲弄与讥讽，即坚信唯有天生的贵族才具有道德。

——是自认为应该受人尊重。因为尊重他的人世上难见。

——是爱伪饰自己。因为人的本性愈高尚，就愈需要隐藏。如果上帝真的存在，那么出于礼貌，形象上他应当与世俗人无异。

——是真实可信地具有过闲适生活的能力。凡是有一技压身的人，都会有损于高贵，不管我们对"勤奋"抱有尊重或肯定态度。我们并未从市民的角度去评议它，也和那些贪婪成性、八卦成风的艺术家们的行为不一样。他们就像一群老母鸡，"咯咯咯"地叫，下个蛋；再"咯咯咯"地叫。

——我们保护那些具有一技之长的艺术家、诗人与大师。但同这些只会做事的"生产者"比起来，我们更为高级，因而不能同他们混为一谈。

——对各类形式抱有兴趣；自愿为所有形式的事物辩护，相信最大的美德就是客套；对所特立独行的种类持怀疑态度，所有新闻自由与思想自由都属此类；因为它们只会使人光长肌肉，不长脑子。

——对女人的兴趣，或许是一种更为渺小细腻的爱好。同这种整日沉迷于歌舞、醉酒与装扮的人邂逅是多么惬意的事情啊！她们让所有胸怀强烈渴望、热烈深沉的男性灵魂发狂；而后者则是身肩大任之人。

——是对王公与僧侣的热衷。从通常意义上来看，他们坚守人的价值差异的信仰，在评价历史方面也是如此——至少从表面上来看。

——是沉默的本领。然而在听众面前却只字不提。

——是对长久敌意的忍耐。由于缺乏轻松化解的能力。

——是对煽动、"启蒙运动"、"和谐"与粗俗亲昵的厌恶。

——是对珍贵事物的积累，对高级的与挑剔的灵魂的需求；否定惯常的事物，肯定自己的书籍与处境。

——不管是好的还是坏的经验，我们都应奋起反抗，一定要减缓它们普及的速度。倘若有人将自己差劲的审美当作规范，而我们还要反对他，那么这就是件非常可笑的事情了！

——是我们对幼稚的热爱及将这些幼稚之人当作高等人与旁观者。我认为，浮士德与他的甘泪卿同样幼稚。

——是我们中间对善良熟视无睹的人，因为他们是群畜。我们知道，在最险恶、最冷酷的人中，往往隐藏着一滴能量无限的善的金汁，它胜过所有娇嫩灵魂的单纯伪善。

——是我们认为我们的恶劣习气与愚蠢行径不应当受到谴责。我们很清楚这很难得到认同，然而我们有充足的理由使自己拥有光荣的地位。

从来不曾存在过均衡状态，因为它根本不能实现。然而在不确定的空间或许例外。在球状空间也一样。空间的结构源于运动，实际上，这也是造成一切"不完美性"的原因。"力"、"安定性"与"均衡"之间相互斗争；而力的量（大小）是固定的，可是力的能力却具有流动性。

批判"超时间性"。在力保持确定的瞬间，就具有了重新分配所有力的绝佳条件；力，不可静止。"变化"属于本质，时间性也如此。只不过是在概念上重新设定了变化的必然性。

人的至高境界

"同情"——这种情感令我感到非常扫兴。比如在研究路德时，我就耗费了许多可贵的能力——多么可贵的能力啊！这一问题又是多么乏味而愚蠢啊（当时，法国的蒙台涅早已大胆地提出了他那乐观的怀疑论）！或许因为偶然的错误，我发现有人起不到他应该发挥的作用时；或许在思考人类命运的时候——就像我们心怀恐惧与蔑视地观察，日夜为人类的未来构想而操劳的今日欧洲政治时。是的，人——将会发生什么事儿？假使这就是我的"同情"，那么是否存在一种受难的、可与我患难与共的人呢？

德国，这一充斥着消息灵通与身手敏捷的学者人士的国家，似乎早已不记得何谓伟大的灵魂，何谓强大的精神。从这一意义上来看，一直以来，他就缺乏这两项要素。如今，庸才与败类扬扬自得，脸上丝毫没有尴尬之色地招摇过市，并且心安理得地自诩伟人改革家。像欧根·杜林这种人即属此类。但他一旦开口就显出其灵魂的渺小，狭隘嫉妒之心会把他碾成粉的。他泄露了驱使他的元凶：不是强大热情、慈善为本的精神，而是野心！然而在一名哲学家看来，与以往任何时代相比，这一时代所有的追逐名利更为人所不齿。因为现如今是庸才当道的时代，庸众得意的时代！

"人"，乃处于原始森林的植物界。在长期争权的战场上始终能看到他的身影——伟大的人！

利己主义及与之相关的问题！拉罗斯福哥的身上同样笼罩着基督教的阴

影。随处可见他在谈论利己主义，并毫不避讳利己主义降低事物与美德价值的说法！而我却与他相反，首先要证明，除了利己主义，不会再有别的东西；证明，自身孱弱的人，其爱的伟大力量也将是不堪一击的；证明，首先因为自身的强劲，才会成为最爱人的人；证明，利己主义的表现也包括爱，诸如此类。实际上，不正确的估价是：

一、为受利得益的人，即畜群效力的；

二、包括对生命起源的悲观色彩的怀疑的；

三、试图否定有着美好光明前程之人的；具有畏惧心理的；

四、试图帮助平民获得权利以抗争强者的；

五、试图玷污最为可贵之人的。

在我看来，认识到在肮脏、下贱的人类阶层之上，有着少数高级的光明的人类存在，这是一种宽慰（因为从根本上来说，一切卓越的人物都是稀有的）。某些属于这一群类的人并不比下层的人更具天分、品德更高尚、更具英雄气概、更加可爱，而是因为他更为冷酷、更为豁达、更为高瞻远瞩、更为特立独行；因为他不怕孤寂而渴求孤寂，对孤寂情有独钟，认为这即是幸福、是特权、是生存的必需；因为雷霆万钧、疾风骤雨的生活对他而言，就如同有着融融暖意、雨露滋润的生活一般，仿佛生活在一片来自上层的祥和氛围内；如果要运动，则是永恒地自上而下的运动。对上层抱有野心并非我的作为——尽管我们没有英雄、殉道者、狂热者与天才的冷静、耐心、细腻与从容不迫。

德国从来没有产生过文明。有人说，德国存在过伟大的隐士（比如歌德），这不啻是反对上述观点的理由。这些隐士的确有着属于自身的文明。但正是在这些人的周围——仿佛是在孤傲的危岩周围一般——总是散布着与他们势不两立的德意志的本质，如同一片泥泞不堪、毫无根基的土地。在这片土地上，异国的种种举动都会留有鲜明的"印迹"，并长于"形式"的创造之下。德国的教育毫无性格可言，对外来货总是摆出无限谦恭的姿态。

原始（生成有机物之前的）状态下的"思维"即是塑造——贯彻，如同结晶体一般。在我们的思想中，形同换汤不换药的做法（普洛克儒斯忒斯斯的床），是对新事物削足适履式的摧残。仅知道人与动物生活在何种无知的状态是远远不够的，因为你自身必须具备或者要求补习这些无知的意志才行。要知道，如果不具备这些无知，生命本身或许根本不存在；而生物保全自身得以兴旺发达的条件即是无知。因而无知的洪钟应当时刻在你耳边响起。

唯有世间罕见者与脱颖超群者能到达到人的至高极乐境界。唯有在此，生命将会庆祝自身的圣化，这是多么合乎时宜啊！而且即使是这些人，也只有在他们祖先或自身亲历过漫长的、为达此目的而配备的生活（一定是在有关这一目的熏陶下生活）之后，才可能如此。到那时，充盈着各种力，并且同一人身上共存"自由意志"与服从主人两种现象；到那时，精神在感官中也如同感官在精神中一般，都享有宾至如归的感受；但凡精神上发生的变化，也必然引起感官上细腻、幸福与轻松的感触。反之亦然。倘若人们闲暇时翻阅一下豪非斯的作品，即可体验这种相反的状态；就连歌德——虽然印象并不深刻——也是通过这一方式使人受到感染。最终，完全的感性事物在这些卓越的完人手中，为至高的精神性象征的起源所神化；他们通过自身也感受到这种肉体的神化。然而，这与信奉"上帝即精神"的禁欲主义哲学却是毫不相干的。事实已经证明，禁欲主义者即属"败类"，他们只是自在之物，而行使裁判之物却尊之为善，尊之为"上帝"。根据以上的观点即是：人自觉为人，并认识到自身是天性的神性化的形式与自我剖辩。此种向上的高度——下至强壮的农夫与健硕的半人半兽的向上高度；在提到这一系列繁杂的、光亮与色彩的梯度时，希腊人对知晓秘密的人无比感激的颤动，无比审慎与虔诚的静默，这神就是狄俄倪索斯。近代人都是孱弱的、病态的、狭隘的、罕见的时代孺子，对于希腊人的幸福，他们又了解多少呢？持有"现代观念"的奴隶们竟然参加了酒神的庆典！是谁给了他们这等权利？

当希腊人的肉体与灵魂大行其道时，生命与上达苍穹、下临大地的世界一同圣化，这绝不是在神经质的激昂与思维紊乱的情况下产生的。或许人们会说，以此作为衡量自那时起就已存在的所有事物的尺度未免太短小、太狭义了。此种观点认为，面对那些近代名人与重大的历史事件，面对像歌德或者贝多芬、莎士比亚或者拉斐尔这类的人物，人们只要说一句"狄俄倪索斯"就够了。因为人们突然意识到，那些最为辉煌的成就与历史被摆在了被告席上。而法官竟然是狄俄倪索斯！能明白吗？毫无疑问，希腊人对"灵魂命运"的最后奥秘知道得一清二楚，并对相关的教育与修炼十分熟悉。特别是有关人与人之间亘古不变的等级制度与价值的不等性，并用狄俄倪索斯的经验来阐释自我。一直以来，人们认为"高深莫测"即是希腊思想的代名词，因而总是三缄其口——只要不打开隐于其中的秘密通道，希腊人就不会为人们所了解。学者们迫切的目光一定会对这些东西感到难以置信。虽然拥有渊博的才学，在这一方面，像歌德与文克尔曼这样热衷于古典文化的人，尽管有着可贵的热情，却也说过不得体的，甚至是傲慢的话语。准备与期待着新源泉的喷涌。在孤寂中，做着迎接陌生面孔的准备；当下年度集市的风情与喧嚣，总是将希腊人的灵魂过滤得更为纯净；所有基督教的事物都为超越基督教的事物所征服；并非一弃了之，因为在过去，基督教学说总是与狄俄倪索斯学说成敌对势态。通过自身重新认识了南国，南国的朗朗乾坤在我胸；南国灵魂那健硕与蕴藏的强大性再度占据了思维；范围一步步地延展，超越国界，日渐欧化；日趋超越欧洲，日渐东方化；最终归于希腊化。这是因为希腊曾是一些东方思想首要的纽带与大综合，同时也是欧洲精神的发源地，并从中发掘我们的"新世界"。谁将生活在这一命令下？谁知道哪一天会实现呢？或许——就是新的一天！

THE

RECORDS

OF

人性的价值

人的价值惟有与他人相对照，才能
衡量出来。
　　　　——弗里德里希·威廉·尼采

NIETZSCHE'S

PHILOSOPHY

重新估算所有的价值

　　也许是命中注定，我的生活才如此的幸福，它才具有这种绝无仅有的特性。因为，假如用一句非常奇特的话来形容：如果把我比喻成我的父亲，那么我早已经死掉了；如果把我比喻成我的母亲，那么我仍然还活着，并且一年比一年更加衰老。这种双重根源，好比生命阶梯的最高一层和最低一层，既存在初生又存在衰落。如果这具备了某种意义，也就证明了正是与生命息息相关的、超乎寻常的中立性和自由性才让我脱颖而出。对于兴衰的征兆，我的敏感度比任何一个人都强烈，在这方面，我可以称作专家。对于这两方面，我无所不知，因为我代表了这两方面。我父亲36岁的时候就去世了——他温和可亲，但是体弱多病，仿佛注定他是一个短命的人一样。他不仅仅是生命本身，更是对生命的一种亲切回忆。当我的父亲开始衰老的时候，我也开始逐渐衰老了。36岁的时候，我的抵抗力降到了最低点。但是，我仍然凭借毅力活着，只是三步以外的事物我都看不清楚。1879年夏天，我辞职了，我不想再担任巴塞尔的教授职务了。那个夏天我在圣摩里茨像一个幽灵一样生活着，然后在瑙姆堡度过了我生命中最凄惨的一个冬天。那个时候，我的命运正处于低潮期，于是便创作出《漫游者及其影子》这样颓败的作品。是的，那个时候的我就像幽灵一样。第二年的冬天，《朝霞》问世了，那是我住在热那亚的第一个冬天，伴随着我的只有极度的虚弱带来的愉悦和灵感。从这本书中反映出来的精神上的愉悦和轻松，与我身体上的疼痛和心理上的衰弱成为一体。三天三夜的头痛和痰阻让我清醒得犹如辩证学者，而且头脑也变得非常清晰，思考了很多很多问题。但是，当我的身体健康的时候，我的思绪反而很混乱、很模糊、很焦躁。到目前为止，对于疼痛困扰着一切理智，尤其是发热引起的半昏迷的状态我并不了解。只有依靠书本知识，我才能够弄清楚它们的性质和频率。我的血液流动得非常缓慢，任何一个人都无法从我的身体上发现发热的迹象。曾经有一位医生，他将我诊断为精神失常，为此给我治疗了很长一段时间，但是最后他坚定地说道："不！您的精神非常正常，倒是我患上了神经质。"尽管消化系统严重衰弱导致身体全面瘫痪。但是，胃器质性病变根本无法查证。只依靠某种局部的蜕变是无法证明病因的。就像我的眼疾一样，虽然面临着随时失明的困扰，但这也只是最终的结果而已，并非原因。以至于生命稍有延长，视力也会重新增长。看着逐渐消失的漫长的岁月，我知道我的身体正在康复，但遗憾的是，同时它也意味着往日的病痛会再次发生或者恶化，这就叫作颓废的周期。不管怎样，对于颓废这一学说我是非常内行的，不用再多说什么了，我对这些了如指掌。在那个时候，我学会了很多，领悟和理解的精巧技艺，敏锐的触觉，"明察秋毫"的心理，以及所有的技能。这是那个时代给予我的馈赠——那个在我心中万物都变得精巧细微的时代。我接受过时间最长的训练莫过于，从病人的角度看待较为健全的概念。也就是说，从丰富、自信的生命俯视颓废下的事物。如果说我在某个方面有一点专长的话，那就是我不同于别人的独特经验。直到今天，对此我仍然游刃有余了，我的手可以颠倒乾坤。大概这就是为什么只有我能"重新估算所有价值"的重要原因了。

　　总的来说，我不但是颓废的崇拜者，还是其对立物。其中一个证据是，对于逆境我总会出于本能地择优而适，但是那些颓废者却只会采用并不利于自己的方式来行事。我属于健全那一行列的，但是就局部而言，我却是一个颓废者。自我克制，戕贼自身，拒不看病，以及一味地孤独感和不同以往的互动能力，都表现出当时的我只要认定一件事情就会坚持到底的决心和本能。我紧紧地掌握着自身，走的是一种自我康复的道路。人的先决条件是：

本质必须是健康的。对于这一点，任何一个心理学家都必须承认。没有任何办法能够治愈一个典型的病态人，因此也就更谈不上有自我康复的方法了。因此，对一个健康的人来说，病患几乎被当作生命的特效药，是促进生命力旺盛的兴奋剂。事实上，这正是如今出现在我面前的漫长的病态岁月。感觉自己像是发现了新的生命，新的自我一样。我感受到了那些轻易不能感受到的，虽然是微不足道，但却是珍贵、美好的东西——从自我健康、渴求生命的美好愿望出发。我创造了属于自己的哲学……在这里，我要真心地提醒大家：当我的生命力处于弱势的时候，也就是我脱离悲观的时候。自我再造的本能，剥夺了我创造贫乏和泄气的哲学的能力，因此我们也没有任何资格去识别卓越、超群的人。卓绝的人会提升我们的感官，让我们懂得赏心悦目的含义。因为这样的人就像由一块坚硬光润，又香气袭人的奇木雕琢而成一般。他只懂得享受那些有益于身心健康的东西；如果偏离这个尺度，他的快乐、他的欲望都会立刻停止。他找到了抵抗伤害的良药；他习惯了将偶然之害变为有益。只要是将他置于死地的东西，都会让他变得更加坚强、更加勇敢。他的总和在于，他能够自然而然地汇集他的所闻所见，以及所经历过的一切。他本身就代表着选择，从他那里被过滤掉很多东西。不管是学习、处事，或者欣赏，他总是胸有成竹。只要是被他看重或者认可的事物，他都会给予尊敬。长期的谨慎和刻意的高傲，造就了他即使面对各种刺激，他的反应仍然是迟钝的。在他的心中，噩运与过失是不存在的；他能够应付自己，也能够应付别人；最为重要的是他懂得忘却。他的坚强，让一切事物都在为他运作。好吧！我承认，我与颓废者是对立的，因为刚刚我所说的这些是夫子之道。

理性的思维认知

假定，除了现实别无其他，那么在我们的性欲和激情的范畴内，根本找不出什么"现实性"——除了冲动的现实性。而思维只不过试图成为这些冲动的一种表现，并提出这样的疑问：对这个世界来说，"有"的理解是否同与之不相上下的所谓机械论的（或"物质的"）理解已经足够多了？这难道也是遭禁止的吗？作伪、"外表"以及"表象"（从贝克莱与叔本华的意义上讲）都不是我想提及的，我真正想提出的是一种更为原始的激情世界的形式，即激情本身同一现实性这一特性的等级。所有事物都以其强大的统一性而形成内在的统治，在有机的过程中自我分解与布局（客观地说，即娇惯与消磨），处于一种冲动生命中，并成为它的一种类型，具有各种功能：自我调解、同化、营养、排泄、物质交换等。这一切综合在一起，就是生命的前形式吗？而最终的问题不仅仅只是允许进行这种程度的尝试了。从法则良知的角度来讲，控制起着决定的作用。无论假设多少不同类型的因果关系都只是徒劳，只需要专注唯一的种类作为满足的尝试，而不是逼迫其进入极限（直逼荒诞——倘若能够这样形容的话）。这即是方法道德，是今人无法回避的一种道德，也是由其"定义"所决定的，就像某位数学家说过的那样。而最终的问题是：意志所起到的作用是否真正被我们所承认？意志的因果性是否真的为我们所信仰？倘若我们真的这么做，从本质上来说，我们对意志的因果性的信仰即是对因果关系本身的信仰。因而我们必须做出某些尝试，即以假说的形式将意志的因果关系设定为唯一的因果关系。毫无疑问，"意志"只对"意志"起作用，而不是对"质料"（比如说不是对"神经"）。够了！人们应该敢于假设。在"结果"得到承认之时，是否是意志之间相互发生效用的结果，是否即是机械论的事件（只受一处力的作用），这即是意志力，意志的作用。倘若，假设将我所有的冲动生命解释为一种意志的基本形式——即权力意志的安排与分支，那么这种形式即是我的法则；假设权力意志能够成为所有有机功能的源起，并能为相关的生殖与营养课题提供解决的方法——这当然是一个问题，那么人们或许借此为自己创造一种对一切起决定作用的权力意志的权利。从内部世界来看，世界是"凭借理性思维去认知的特征"来进行描述与决断的——或许这就是"权力意志"，其他的一切皆无。

生命的价值解释

试着对道德进行研究，防止落入道德魔法的圈套，并对那些高雅的举止与目光不感冒。能够为我们所尊奉的世界，受我们敬仰的欲望的世界——总是借助个别人与普通人的引导，证明自身。这即是基督教的观点，我们都源于此。

由于具备灵敏的反应、质疑以及科学性（也因为本能的朝向更高目标的真实性，即再一次响应基督教的号召），我们所做出的此种反应愈来愈不被允许了。

康德的批判哲学即是最佳的出路。在此种意义上，理智既否认具有解释权，又否认具有否决权。对于信任与信仰的过剩，人们似乎很满足，并对放弃自己信仰的所有可证性，以及一种填补空白的、让人感到迷惑不解的与非凡的"理想"（即上帝）也同样心满意足。

在柏拉图之后，黑格尔的出路即是浪漫主义的一部分，并带有反动倾向。作为一种新生力的象征，具有时代意义，因为"自我剖析、自我实现的理想"即是精神本身。我们所信仰的理想在"过程"与"生成"之中不断充实，即是说，理想实现自我，信仰需适应未来。到那时，信仰将具备满足自身所需的能力。即：

一、在我们看来，上帝是不可知的，因而也就无从证明（认识论运动的隐含意义）；

二、上帝是能够证明的，但其是生成之物，而我们即属于此种事物，并怀有对理想事物的渴望（历史化运动的隐含意义）。

人们发现，理想本身从未被列入批判的名下，而仅仅涉及这样的问题：与理想对立的矛盾是如何产生的；理想为何还不能实现，或者说它为什么不能被人们所证明。

最关键的不同在于，出于激情或某种需求，人们是否真的进入了这种非常状态，抑或借助前卫的思想与少许历史虚构的力而达到这种状态。

撇开哲学与宗教的考察不论，我们就会看到：道德估价的起源遭到功利主义的抨击，然而如同虔诚的基督徒一般；后者却信奉这种起源（真是幼稚！难道脱离了掌握制裁权的上帝，道德就会流传下来吗！如果还具有保持道德信仰的责任，那么"彼岸"就是必要的）。

最根本的问题是，不管是信仰还是道德信仰，它们都是从何处获得这种无限强权的（信仰在此也告知人们，为了袒护道德，甚至连生命的基本条件都被误解了，因为根本无人关注动、植物界的知识。从"自我保存"的意义来看，对利他主义与利己主义这两项原则，达尔文主义是持折中态度的）？

最极端的空谈即是关于认识的空谈。人们对自在之物的源起非常感兴趣。但睁大眼睛好好看看吧，自在之物根本是没有的！然而，如果真的存在一个自在、绝对之物，那么人们也是无法认识到的！如果绝对之物能够被认识，那么也就称不上是什么"绝对"了！可认识终究是"有目的并被条件限制的"；具有如此认识的人希望，自己所认识的某物与自身无关，并且与其他人也保持这种关系。其中值得一提的原因有两点：据说第一点是希望认识和要求某物与本人无关（可如此一来，何为认识的目的呢？）；第二点，由于根本不存在与人无关的事物，因而认识也就无从谈起。认识即是具有目的的，"被条件限制的"，又是感到被限制以至决定与我们发生关系的事物。无论怎样解释，它都是对条件的判断、描述与意识（而并非是对人、事、"自在"的研究）。

同"自在含义"与"自在意义"的情况一样，"自在之物"的运动也是如此。并没有"自在事实"的存在，它缺乏人为植入的某种意义，因而不能构成事实。

"这是什么"的提问，即是从非我角度设置的意义。"精髓"与"本质性"都是远景式的，多即是它们的前提，而"对我而言这是什么"（即是对我们及所有生命事物而言）始终是根本的问题。

当所有人都对他们的"这是什么"提问与做出答案之后，事物才算明朗。如果唯一的一个人缺乏同所有事物的关联与远景，那么这一事物仍旧是不"明朗的"。

总之，一种事物的本质仅仅是有关"此物"的看法而已。这个所谓的"它关系到"甚至就是"它是"，并且是唯一的"这是"。

"到底应由谁来解释？"——人们不应该如此问，而应该询问解释本身。权力意志也通过此种形式得到体现。它是有生命的（并非是所谓的"存在"，而是一种过程与生成），生命也是一种冲动。

构想者、思考者、希冀者、感受者的事业都含有"事物"的生成。和所有特性一样，"物"的概念"主体"也是一种创造，像所有他物一样的"物"。"物"被简化了，因为对这个会设定、构想、思考的力本身的描述，与其他个别的设定、构想、思考本身不一样。这也就意味着，一切个别的能力都与（主体）所描述的不同。从本质上来说，（主体）是那些与所有还应期待的行为相关的行为的综合（行为与相似行为的可能性）。

浪漫主义及与它对立的事物。基于所有美学的价值，现在，我决定采用这种基本鉴别法。无论何种个别场合，我都要发问："在此，不管是饥饿还是过剩，都具有创造性吗？"但我似乎应该在一开始就介绍另外一种鉴别法，而且这一方法更为简单明了。这也就意味着：是呆滞、永恒与"存在"为创造之因，还是破坏、变通与发展是创造之因。但更深入一些来看，这两种要求都表明双重含义。依照那种具有优先权的、我自认有必要受到偏爱的模式，是能够表述明白的。

孕育着的精力充沛的未来之力能够通过对破坏、变通与发展的要求来体现（众所周知，我以"狄俄倪索斯的"作为这种表现的术语）；不过对败类、贫乏者、误入歧途者的仇恨也同样是一种表现，仇恨即是要破坏，而且也应该去破坏。因为现存事物——是的，所有现存事物，所有存在都在激起仇恨。

终有一天，感激与爱同样能够产生"永恒化"——这一起源艺术终将被奉为神明的艺术；或许带有那种鲁本斯对酒神的礼赞，豪菲斯的些许醉态，歌德的与人为善，并将荷马式的灵光散播于众生；但承受磨难之人残暴的意志同样也是它，并试图在独具个性之人、独断专行之人、心胸狭隘之人身上所表现出的受难过敏性烙上具约束力的法律与强制性的印记。从某种意义上来说，这即是一种向万物复仇的意志。其方法就是，将自己的形象——受难的形象——强加于烙印在万物的心上。无论是叔本华的意志哲学，还是瓦格纳的音乐，浪漫悲观主义都是最具表现力的形象。

作为生命价值解释的结果，虚无主义"前无古人，后无来者"。

文明的价值关联

健康抑或病态，人们可要当心啊！肉体的欣欣向荣，升腾之力、勇气同精神的愉悦仍旧是其永恒不变的标准。当然同时也要看他从病态中摄取的量

与克服的量，即能够康复的量。会置弱者于死地的事物，却是伟大的健康的
兴奋剂。

为了要区别事物的真假，人们或许要首先懂得何为确实性，何为认识，
诸如此类的概念。既然我们不知道这个，那么具备批判认识能力这种说法也
就是荒谬的了——难道让工具自我批判吗——倘若工具能够始终服务于批判
的话？工具根本无法为自己定义！

假使所有统一性都是组织统一性，那会如何呢？然而我们信仰的"事物"
仅仅因此被架设为不同的谓语的证明。假使这一事物真的"起了作用"，这也
就意味着：在我们看来，其他所有的特性（平时存在于这里的一时潜在的特性）
是现在出现的某些特性的原因。即它是X（被认为是事物特性的总和）特性的
原因。这是多么荒谬与愚蠢啊！

所有统一性，只是作为组织与配合的统一性，这就如同人的群体也是某
种统一性的情况一般。换句话说，它走向原子论、无政府状态的反面；也即是说，
一种表示统一的统治产物并非是统一的。

说存在一个我们不能设想的力。这是废话，在科学中，公民权是不属于
这种力的。就如同所谓的纯机械论的吸引力同排斥力一样，由此使我们相信
世界是可以被设想的，仅此而已！

所有故意发生的现象，都能够被还原为扩大权力的企图。

论对逻辑学的解释：寻求一致意志即是权力意志——确信某物是怎样怎
样（判断的本质即使如此），这一信仰便是意愿的结果，事情原本应该趋向一致。

假如，对我们而言，我们的"自我"即是唯一的存在，应当依据它的模
式来理解一切存在——这很好！那么如此一来，人们对这里是否存有远景式
的幻想心存疑虑，也是理所应当的了——表象上的统一，如同在地平线上出
现的情况一般，一切都融为一体了。从肉体教科书上能够欣赏到无与伦比的
多样性。要想初步知晓较为贫乏的事物的目的，就应当利用这种可深入探寻的、
丰富适宜的现象，这一方式是完全可行的。最末，假设一切皆为生成，那么

认知只能基于对存在的信仰。

人们想从能够对现象套用数学公式的地方着手去认知事物，这是痴人说梦。因为这除了对现象本身的描述与构图外，再没有别的什么了！

无论哪一种判断，都深刻地隐含着完整的主宾信仰或因果信仰——认为结果即行动，行动者又为行动的前提；然而后者只是前者的偶然现象，致使这一信仰作为一项基本信仰得以保存。由于存在着主语，因而正在发生的所有现象都以宾语的形式跟随每一个主体。

某种现象为我所发现，而我正在找寻其产生的缘由。这原本是由于我在这个现象中找寻意图，因为一切现象皆行为，所以着重找寻怀有意图之人、主体行为者。一切现象都是意图，这是我们最久远的观念。动物也同样具有意图吗？作为有生命的个体，动物不也需要通过自身做出解释吗？"原因"的问题即是探寻终极原因、探求"目的"的问题。至于这个原因有着怎样的意义，我们对此并不感兴趣。而休谟在这一问题上有着正确的见解，习惯——不仅仅是个人的习惯——让我们等待，常见的过程之后，某一过程紧随其后，除此再无他物！因果性信仰表现得十分稳固，然而我们并未因此养成先后有序的伟大习惯，却在解释与蓄意现象不同的现象时表现得十分低能。这即是对具备生命与思维之物的信仰，对唯一作用之物的信仰——对意志与意图的信仰——即是信仰一切现象皆行为，信仰行为者为行为的前提，换句话说就是对"主体"的信仰。对主宾概念的信仰，难道不是最为愚蠢的吗？

意图是否也是产生现象的原因呢？换言之，这是否也是幻想呢？难道意图不是现象本身吗？

卢梭认为，情感是规范的基础，正义源于自然。人在亲近自然的同时，完善自身；在伏尔泰看来，这是在远离自然的过程中完成的。一样的时代，对于前者而言，就是人道与进步的；对于后者而言，就是非正义与不平等的。

在对人类的看法上，伏尔泰的见解还只停留在文艺复兴时期，而对待美德的态度上亦是如此，他愿为"高等贵人"和"高等市民社会"的事业奋斗终生。

这是审美的任务、科学的任务、艺术的任务，进步以及文明本身的任务。

爆发于 1760 年左右的斗争：这位日内瓦公民同伏尔泰之间的激烈争斗。从那一时刻起，就诞生了那位世纪伟人、哲学家、宽容与无信仰的代表——伏尔泰，而此前他只是一个高贵的灵魂罢了。他被卢梭激发的妒恨驱使向前，不断"攀登"。

伏尔泰——为了"庸众"而施恩与复仇的上帝。

批判两种同文明价值相关联的想法。在伏尔泰看来，没有比社会的构想更美好的构想了。因为除了维护与完善它之外，再无更高的目标了——这就是恪守社会习俗的奴隶，为了维护"社会"、传教士、贵族、功勋卓越的统治阶层以及估价的需要，美德不得不屈从于强加的偏见。然而卢梭始终是个缺乏教养之人，对他的文学家身份，这是闻所未闻的；他厚颜无耻，一切未经他手的东西都为他所蔑视。

大部分人都为卢梭身上的病态神魂颠倒，甚而争相效仿。拜伦的作风简直和他一脉相承，费尽心思地追求非凡的谈吐举止，追求仇恨与复仇，乐于贴上"卑鄙行径"的标签。此后威尼斯使他恢复了的平衡，他知道什么更为轻松愉悦——无忧无虑。

卢梭，毫不在意出身的问题，并骄傲于我行我素的作风。然而，倘若有人当面指出这点，他却会变得异常激动……

毫无疑问，卢梭和精神障碍症扯上了关系，而伏尔泰则拥有强健的体魄。那是病人式的怨毒——卢梭神经错乱的时期，也是其蔑视人类、变得多疑的时期。

卢梭反对伏尔泰的悲观主义，为慎言慎行辩护。因为如果诅咒社会与文明，上帝必不可少；万物都应安于天命，因为上帝主宰一切；只有人与人彼此败坏。作为自然人而存在的"善良之人"纯属子虚乌有；然而，就上帝这一具备作家资格的教条主义而言，这种人的存在则是有根有据的了。

卢梭的浪漫主义：激情即是受难的自主权利、"自然性"、疯狂的诱惑力即是平步青云的妄想、弱者所具有的可笑的虚荣、庸众的仇恨成为了法官。"几个世纪以来，病人一直被当作政坛的元首。"

对于人性的阐释

德国哲学的意义（黑格尔）绞尽脑汁构想出泛神论。它认为恶、误、苦并非是对抗神性的依据。这一独创见解却被现存的各种权力滥用了，好像如此一来，台上的统治者就被承认是合理的了。

与此相反，叔本华则以顽固的道德家的面孔出现。他一直坚持自己的道德估价，结果最终成为世界的否定者——"神秘主义者"。

曾几何时，我试图为美学辩护。世界会是丑陋的吗？我觉得，爱美的意志、要求统一风格的意志并非长远的保存手段与万全之策。我的观点是，本质问题是同痛苦不可分割的，是永恒破坏必然物的创造物。

使某一种意义与新意成为无意义的意志所支配的事物，丑陋便是对它的一种观察形式。这是由于累积下来的力迫使创造者认为过去是不可信的、不成功的、丑陋的，理应被否定的！

在像柏拉图那样能够接受过度刺激的感官与狂热的人看来，概念是极具魔力的东西，以至于他能够毫无顾忌地将概念认定为理想的一种形式。辩证法原本是用来对自身行使支配权的意识，即实施权力意志的手段。

挤压和碰撞，是晚近的、派生的、非原始的事物。某种拼凑而成且能够被挤压与撞击的事物就是它们的前提！然而，是由哪些拼凑而来的呢？

信仰道德会置宗教于死地。在基督教的道德中，上帝并非是靠得住的，因而"无神论"应运而生——不可能有其他类的诸神了。

同理，信仰道德也会置文化于死地。文化产生的必备条件一旦被发现，人类也就不再需要什么佛教文化了。

"现象是荒谬的。"这一信仰是到目前为止所有错误解释所导致的结果，并且是对胆怯与懦弱的总结——这种信仰根本没有必要。

人的不逊，发生在他看不到否定自身意义的时候！

在我看来，我们的解释决定了世界的价值。或许在什么地方还存在不同于单纯人性的解释；我认为，以前的解释都是远景式的预测；凭借它，我们能够保存生命，这也就意味着，权力意志要求增长权力的意志先保存自身。在我看来，一切人的上升都将会克服原本狭隘的解释，一切已获得的提高与权力的扩张都将打开新的图景，这将成为新的可信的地平线——我的著作中所阐释的道理。同我们有密切联系的世界是不真实的，并非事实；只是基于少量观察的膨胀与收缩；"流动"的、生成的、不断推演的世界，只是从未达到真理的假象，因为根本就没有什么"真理"。

阿波罗被欺骗了：永久的完美形式，贵族政治式的立法——"事情本应如此！"

狄俄倪索斯，感性而残忍。尽管易逝性能够称得上是享受生杀之力，永恒的创造。

同信仰精神相比，信仰肉体更具有根本的意义。信仰精神是在肉体垂死的状态下非科学观察所得到的结果，是脱离肉体的事物，这无异于相信梦幻。

锤子，为翻案估价的人，应该具备哪些特质呢？呈现现代精神所有特质的人。然而，他是否具有足以使现代精神变得强健的力量呢？——这可是他完成自身使命的必要手段啊！

贫穷、贞洁与受辱——这是诽谤者的理想，非常危险。然而毒药也可能是治愈某些病症的良药。比如，在罗马皇帝时代。

所有理想都贬低和反对真实的事物，因而都具有危险性；所有理想都是毒品，然而作为急救特效药，却是不可或缺的。

对于其他的天性，整个有机过程持何种态度呢？在其中，有机过程的基本意志会原形毕露。

无论是辩证法还是理性信仰，都是基于道德偏见而来的。在柏拉图那里，作为可悟的、善的世界的往日居民，我们才能占有那一时代的遗愿。善的辩证法延伸出神性的辩证法，后者通向一切的善，因而这也就意味着某种"倒退"。即便笛卡儿也得出过这样的结论：唯有当上帝是基督教道德的造物主这一基本思维方式为人们所相信时，上帝的真实性才能为我们感官的判断提供保证。然而，我们感知与理解除了从宗教那里获得判断与担保外，我们到哪里去获得信仰生命的权力呢？认为思维就是现实事物的标准——凡是无法加以思维的事物即判定为不存在——才是真正的道德轻率的蠢物，即轻信一种实质性的、处于深层次的真理标准。不管怎么说，这都是与我们的经验背道而驰的狂言，简直让人无法想象它为何会存在……

对外发散感官知觉。由"内"而"外"，难道是肉体在此下发命令吗？

在细胞原生质中起着平衡调整作用的力，不仅起着主导作用，同时也掌控着对外部世界的同化影响。这是因为我们的感官知觉即是我们同化脑中一切记忆的结果。知觉并非会立即尾随"印象"而至。

那些坚信被现代自然科学所超越了的基督教的人受到了愚弄，因为基督教的价值判断并没有完全被现在自然科学所打倒。"受难的基督"始终是至高无上的象征。

我们对自身知觉的认知——所有知觉的总和。对于我们以及摆在我们面前的整个有机过程而言，这一总和的意识化是基本的，并且也是有好处的。这也就意味着，并非指一切知觉（比如，带电的）；我们的感官的存在只是为了选择这样的知觉：凭借它们，我们能够保存自己。意识存在的距离，决定于意识是否有益。毫无疑问，所有感性知觉都是依照价值判断（无论是有益的还是有害的，即无论是令人愉快的还是令人不快的）来运行的。对于我们而言，有些色彩同时也代表了价值。尽管我们不肯承认，抑或在同一颜色长期作用之后才肯承认。比如，俘虏、关在监狱里的囚犯、抑或疯子。所以面对不同的色彩，昆虫也会有不同的反映：同一种色彩表现出不同的好恶，比如蚂蚁。

呼唤强者的时代

三个世纪它们具有各不相同的敏感区：

贵族政体：笛卡儿，理智的天下，意志主权的明证。

女权主义：卢梭，感性的天下，感官主权的明证，虚幻。

兽道主义：叔本华，渴求的天下，兽性主权的明证，更为阴沉而诚挚。

17 世纪是贵族政体。井然有序、兽性十足、冷酷严峻、"冷若冰霜"、"非德意志"、对滑稽剧与自然之物抱有恶感、普遍化、不同于以往。由于它相信自己，总之，要固守主人地位就需更多兽性，更多禁欲主义的习惯和规矩。这个世纪意志坚强而激情四射。

18 世纪是女人称霸的世纪。沉迷于幻想、聪敏诙谐、平淡无奇，但具有为心灵服务的精神，享有精神上的自由，在暗中抗拒所有权威；醉意浓浓、乐天开朗、人情味十足、甘于自欺。总之一句话，社会性的……

19 世纪是兽性横行的世纪。更为诡异、丑陋、真实，庸众性的，所以"更为善良"、"更为正直"；屈从于"现实"，所以更真实，然而意志不坚定，同时也布满悲哀与渴望黑暗，但却是宿命论；不畏惧"理性"，也不笃信心灵，坚信渴求的统治；尽管叔本华论述过"意志"，然而缺少意愿却是其哲学中最典型的特征。连累道德也一同降格为一种同情本能。

奥古斯特·孔德则延续了 18 世纪的风格，心灵统治大脑，认识论、感觉论、博爱狂横行。科学在此时已然独立，这说明 19 世纪已然找到摆脱理想统治的方法。只有抛弃愿望，才能实现科学的好奇与严谨——我们这种样式的美德……

浪漫主义成为 18 世纪的装饰音符，是对这一世纪追逐伟大风格的奢望。事实上更是一种装腔作势与自欺欺人——人们的初衷是要描述天性的强大、激情的澎湃。

19 世纪下意识地探寻这样的理论——宿命论式地屈服于实际的事物并感到心安理得。在辩驳"伤感"与浪漫主义、理想主义方面，黑格尔成就突出，在其思维方式之下的宿命论观点表现在他确信胜方所具有的理性更伟大，忠贞不渝地为现实的"国家"而辩护。

叔本华：我们是愚蠢的，往好的方面说，即是自我否定。决定论在血缘学派产生之前，被认为是绝对的约束力，即环境论与适应论，意志被贬低为反射运动，连意志是"产生结果的原因"也被否定掉。最终完成了事实上的更名。这是因为人们很少看到意志，为了描述其他的事物，"意志"一词变得毫无约束力。

其余的理论：客观性学说和"无意志"观成为唯一通往真理的学说；也通往美——出于获得臣服权利的目的，信仰"天才"。机械论，这一过程中的枯燥乏味的计算。而所谓的"自然主义"则驱赶了可供选择的、可裁判的、可释义的、可作为原则的主体——

贯穿了整个 18 世纪的是康德的"实践理性"与道德狂热。他完全不受历史性的约束，并对所处时代的现实不屑一顾，革命即是一例；也不为希腊哲学所动，义务地充当着幻想家的角色，带着教条主义恶习的感觉论者——

当下的世纪出现了向康德主义的复古，即追求 18 世纪的潮流。人们出于为自己重新谋求信奉旧理想和旧嗜好的权利，甘于如此。换言之，就是以"设定界限"的认识论为准绳，准许任意形式的理性彼岸……

黑格尔同歌德的思维方式大同小异。因为有人听到过歌德谈论斯宾诺莎。

他支持宇宙与生命神性化的意志，得以凭借自身的观察与论证求得幸福与安静；而黑格尔满世界追逐理性。人们不应该满足于和屈从于理性。从歌德那里，人们似乎能够得到一种欢快的、让人信服的宿命论。它既不谋反也不枯竭，它企图通过自身获得总体体验，并坚信唯有总体性才能使一切获得拯救，使一切呈现合理与善良。

对种族与等级的道德进行重估。有鉴于在每个种族与等级中，激情与欲望都或多或少地提及了它们的生存条件——至少从某种程度上提出它们维持鼎盛的条件：使其成为"有道德的"人。

要改头换面，忘掉过去——不再表现出差别，即在需求方面，应该尽量形成一致性；或者干脆说，它们应该被毁灭……

诚然，道德意志的表现应当与那种凌驾于别种人之上的专横相适应，这有利于统治者的杀伐决断，或肃清——立足于使统治者不再有所畏惧，或是为了协助统治者的宰割。"消灭奴隶制"：所谓的向"人的尊严"的祭献，事实上是要消灭一个特殊的种类——埋葬这一种人的价值与幸福。

认为一个敌对种族或等级强势的构成是大逆不道的。这是因为这一强势会伤害我们——它的"美德"会由此受到诽谤或偷换概念。

倘若这一种族伤害我们的话，将被认为是反对人和民众；然而倘若从它的立场出发，我们则是它所希望的人——我们能够让他人从中获得利益。

"人性化"的要求单纯地认为，自身掌握了"什么是合乎人性的"的公式的虚伪性。在这一要求掩护下，确信无疑的一类人准备谋权。准确地说，这是必然的本能——群畜的本能。"人人平等"，这其中倾向于将人和人相提并论。

从卑鄙的道德利益出发的"利己性"。其捷径是：将伟大的热切期望、争权夺利与贪婪看作美德的监护人。

所有经纪人与贪婪之人能够借贷与索求的东西，都务必坚持同样的性格与价值观。这是因为，美德成为各种世界贸易与交换的抢手货。

同样的理由，各种以官员与士兵为标志的统治都是如此；以信任与爱惜的态度工作的科学也是如此；传教事业也不例外。

这也就意味着，卑鄙的道德将在这一方面强制执行，因为由此它可以获得利益；而道德如果想要获得胜利，就必须对非道德采取沉重的打击。然而，应该以怎样的"权利"兴师问罪呢？事实上依据的根本不是权利，而是一种自我保护的本能。在非道德有利可图的方面，同样的阶级采用的也是非道德的手段。

未来的强者——苦难和偶然在处处创造强者的条件。对此，我们现在能够理解了，并且有意识地想要来理解。因为，这种跃升的条件我们已经是能够创造了。

社会的未来利益

直到现在，"教育"才对社会利益有所关注。为现存社会的利益，而非未来的利益。人们不想替教育准备"工具"。如果力的积聚比较多，那么就要想到力的释放，其目的或许不适合于社会的利益，而适合于未来的利益。

原本应该提出这样的任务，这就是人们对现今社会发生剧烈变动的原因要更多地了解，以便有朝一日能够不再为形式本身而生存，即将形式权当作强大种族掌握的手段。

人日渐渺小，这恰好成为促使人们意欲驯育强大种族的推动力。因为，强大种族的充盈也许是由于变得渺小的种类渐趋衰败所致（意志、责任感、自信、自我设定目的的能力）。

手段乃是历史教导的手段。由于是坚持和一般利益相反的保存利益而陷入了孤立，在相反的估价中反复练习，激情就是不即不离。今天，没有比自由良心更被人瞧不起、更加禁忌的东西。

欧洲人的协调乃是无法阻挡的伟大过程。因为，人们原本应该加速这一进程。这样就会产生裂痕、距离、等级制。对于这一过程人们完全不必减缓。

一旦形成了这个协调的种类，就要对其辩护。因为，它是来为高等的自主的种类效力的。这种种类高高在上，而且只有这样才能接受其任务。这里指的种族的任务不仅只在于发号施令，而是有着自己的生存范围，其间充盈着对美、英勇、文化、风格乃至最精神性事物的力。一种有权利享用奢侈的肯定种族——它无比强大，美德命令式的残暴已是再不需要的了；它无比富有，节俭和咬文嚼字亦是不需要了；它身处善与恶的彼岸，在一间为特殊和精挑细选出来的植物而准备的暖房里。

论"逻辑的表面性"。"个体"和"类"的概念全部是错误的，一眼就能够看出来。"类"只表示在同一时期出现的一群相似的人，其发展和演变已经很长时间了，但是发展速度非常缓慢，甚至于连细微的进展和生长都很难发现（这是一个发展阶段，这时自我发展还没有进入人们的视野，以致似乎出现了平衡，并且可能导致下述错误观念的形成：认为在这里已经达到了目的——而且发展也有了目的）。

形式被看作连续的，因而也是更为珍贵的；不过，形式也只是我们想象出来的；倘若经常遇到"同一个"形式，那么这并非表明是形式相同，而是表明这是新东西——并且只有我们，那个用以比较的我们，才把和旧物相像的新东西一起算作"形式"的统一性。好像原本就应该达到某个种类，就像它出现在成形过程之前，又如同是包含在成形过程之内。

形式、类型、法则、观念——处处都在重复同一个错误，都将错误的现实转到虚构的头上。似乎一切现象都是有着驯服精神一样。这里，在行为的施行人和行为目的之间，出现了脱节。但是，行为的施行人和行为目的却仅仅是因为服从我们的形而上学逻辑学的教义才被承认的：自身并非"事实"。

人们不应当将形成概念、类型、形式、目的、法则（一个状况相同的世界）

等的必需，理解成似乎这样我们就真的能把真实的世界固定住；而应当将其看作这样一种必需，即为我们准备一个让我们的生存成为可能的世界。我们要就此创造一个与我们是可以度量的、简化的、可理解的世界。

同一个必需，也是与理智支配的感官能动性息息相关的——通过简单化、粗糙化、浓缩和强化等过程来达到，这其实是一切"再认识"、一切自我审视能力的基础。我们的需要异常精辟地对我们的感官做了概括，以致"相同的现象世界"始终再三重现，并且因此而得到了现实的外观。

我们主观信仰逻辑学的必需不过是说明了我们在逻辑学本身到达意识之前所做的事情，仅仅只是将逻辑学的要求植入现象。因为，现在我们在现象中发现了逻辑学。除此之外，我们不能错误地认为，这种必需会保证某物是"真理"。在我们长期推行了同一化、粗糙简单化之后，我们就变成了创造了"物"、同一物、主体、谓语、行为、客体、实体、形式的人了。在我们看来，世界表现出了逻辑性，是因为在此之前我们将世界逻辑化了。

追求真理的原动力

对同一事物是肯定或否定，这都不会让我们获得成功。因为，这只是主观的经验定理，这其中没有"必然性"，有的只是无能。

在亚里士多德看来，倘若一切定理中，矛盾这条定理是最可靠的；倘若它是最后的、最基本的，是一切引证的根源的定理；倘若一切其他公理的原则包括在其中。那么，人们反而应该更认真地考虑到，它在论证方面究竟是以什么为前提的。下面两种情况，二者必居其一：或者它坚持某种与现实物和存在物有关的事物，好像人们很久以前就已从别的地方得知的东西一样，即不能置相反的头衔于它的头上；或者，这个定理意欲表达的是：不应置相反的头衔于它的头上。那时，或许逻辑学变成了命令，不是为了认识真实的东西，而是为了设定和整理那个我们应将其称之为真实的世界。

简而言之，一直以来未能解决的问题是：逻辑学的公理适用于现实吗？或者，它们是为了首先替我们创造现实、"现实性"这些概念的手段和标准吗？……不过，为了能对前一个问题加以肯定，如前所述，或许人们已经认识了存在物；但是情况却完全不是这样。因此，对于真理的标准，并不包含这一定理，而是包含一个对于应该是真实的东西的命令。

假设根本就不存在这样一种自我同一的A，就像每个逻辑学的（也就是数学的）定理将这个A看作前提一样，而这个A可能就是一种表面性，那么逻辑学就是以一个表面的单纯的世界为前提了。其实，我们是在无限的经验科学印象的影响之下才去信仰那个定理的，而经验学似乎一直对于这个定理加以肯定。"物"——这就如同是A的本来基础；我们信仰逻辑学的前提乃是我们对物的信仰。逻辑学的A就如同原子一般，乃是对"物"的一种模仿……由于对这一点我们并不理解，而且在逻辑学中我们得出了衡量真实存在的标准，我们也已走在这样的路上了：即将实体、谓语、客体、主体、行动等一切基础都设定为现实性了。这就叫设计了一个形而上学的世界；这就叫一个"真实的世界"（但是，这个世界就又变成了表面的世界）。

原来的思维活动，也就是肯定和否定，也就是认为是真实的和认为是不真实的。由于这些活动不但将习惯，而且也将权利看作前提，所以必须将它们都看作是真实的；或者，都是不真实的。它们受制于一种信仰的统治，即认为对我们来说认识是存在的，认为判断会真的达到真理。简而言之，逻辑学对以本来的真实说明某种东西并没有表示怀疑；换言之，相反的谓语不可能适合这种东西。

在这里有这样一种感觉论、粗俗的偏见盛行着：认为感觉会教导我们有关物的真理；认为我不能在同一时间说同一事物，这是坚硬的与柔软的，不可能同时说出。（"我不可能同时有两种对立的感觉存在"这个本能——是粗俗的、错误的。）

概念上的矛盾定理来源于以下的信仰，即认为我们可以构成概念；认为某个概念不仅会对某事物的本质加以描述，并且对这个本质也能够理解。其实，逻辑学（就像几何和算术一样）只对我们创造的、虚构的本质性是适用的。逻辑学试着依照一个由我们设定的存在模式去认识现实的世界。更准确地说来，它让我们学会了图画和算术……

论克服决定论和神学。认为某事乃是井然有序依次出现和可预计地出现的，但从这种认识中是无法得出事物必然出现的结论。认为一定数量的力在每个固定的场合都用一种唯一的方式和方法来决定自身和表现自身，这种情况并不会将事物变成"非自由意志"。"机械论的必然性"并非事实，因为只有我们才会将事物解释为现象。我们将现象的可表述性解释成支配现象的必然性后果。但是，我从事一定的事，在这其中绝不可能产生我不得不做此事的认识。受迫，这根本无法在事物中证明的。因为，常规只能够证明，同一现象不是另外一个现象。只是由于我们将主体、行为者硬塞进事物，才会有这样的表象产生，即认为所有现象都是一个作用于主体的受迫的结果——是谁在起作用呢？还是某个"行为者"？因和果——这是个危险的概念，只要人们还能想到起作用的某物，想到受影响的某物。

以道德表示的世界是虚妄的。只要道德自身就是这个世界的一部分，那么道德就是虚妄的。

真理的意志就是固定化、真实化、持久化，是消除虚假性，是将这种特性变为存在物。因此，"真理"或许不是现成的、可以找到的和可以发现的东西，而是应予创造之物，是用来替某个过程命名的，尤其是为一种自身无止境的征服意志命名的东西；因为对真理的确定乃是一种无限过程，一种主动的规定——并非固定的和肯定的东西的意识化。这是一句对"权力意志"持赞成态度的用语。

生命以深信特质之物和规则的轮回之物这一前提为基础；生命越强大，那么这个可猜测的、似乎成为存在的世界就必然更为广袤。逻辑化、理性化、系统化等皆是生命的辅助手段。

人们将其追寻真理的欲望，即某种态度反射为存在的世界、形而上学的世界、"自在的物体"、业已存在的世界。人作为创造者的需要已经虚构了自己进行加工了的世界，预言了这个世界；这个预言对真理的"信仰"就是人的支柱。

一切现象，一切运动，一切发展生成都是在对程度和力的比例关系进行确定，是斗争⋯⋯

一旦我们为自己虚构了某个对我们如何如何（上帝、自然）等负责的某人，换句话说就是，将我们的生存、我们的幸福和贫困作为意图托付给他（它），我们也就失去了纯洁的生成。那时，我们就有了想通过我们，并且和我们一起达到某种目的的一个人了。

"个体的幸福"和"大类的幸福"一样，都是虚构的。因为，前者不会为后者做牺牲。从远处看，大类和个体一样也是流动之物。"大类的保存"只是大类增殖的结果，即在通向更强大的类的过程中对类的克服的结果。

表面的"目的性"（"无限超越所有人的艺术的目的性"）仅仅是在一切现象中活跃的权力意志的结果。在往强者变的过程中会带来与目的性方案相像的秩序。不在于表面的目的。但是，若凌驾较小势力之上的超级权力到手，即后者有着较大权力发挥的功能形成等级制，那么组织制度将肯定会形成一种手段和目的秩序的外观。

对表面的"必然性"的驳斥：

——这仅仅表示一个力而并非同时也表现了别的什么。

对表面的"目的性"的驳斥：

——后者仅仅表示势力范围以及和其能达成默契的秩序。

哲学与哲学家

　　人们总是带着疑惑与嘲讽的态度对待所有的哲学家，并不是因为想极力强调自己是多么无辜，时不时地做出自我虐待、自我嘲弄的行径。换言之，不是因为他们自己多么幼稚，表现得多么猥琐。而是因为，当还只是极其肤浅地触及真实性问题的时候，他们就不约而同地发起伟大的、具有美德的轰鸣声。各个若有其事地，好像正通过一种纯粹的、冰冷的、神也毫不关注的辩证法的自我体现来表达他们真实的想法。一般（同各级神秘学家们有所差别的是，神学家们则更认真、更笨拙地大谈"灵感"）一种先入为主的观念，一种"灵感"——更多的表现为一种抽象的、精心制造的心愿，用他们后来刻意挖掘出的理由来袒护着。辩护士才是他们真正的身份，只是他们自己不愿承认罢了。并且他们中的绝大多数都是一己之见的狡辩者，将偏见册封为"真理"——远离了良知，却也承认良心就是良知；远离了勇气，却深知其中的雅量审美。无论它是出于对某个敌人或者某位朋友的警示，还是出于自负或者自嘲。老康德那些生硬而貌似端庄的谎话，将我们引上歧路，引向——更确切的形容应该是诱向了他所发出的"绝对命令"——这出好戏让那些被宠坏了的人开心不已，而我们这些仔细观瞧老道德家同道德传教士们小小阴谋的观众却一点儿也笑不出来。或者干脆玩起那场数字幻术，最后斯宾诺莎就是借助它的力量才阐述了那套哲学——"对他的智慧之爱"。这话说得一点儿没错，且相当物美价廉。如同用大话来伪饰一般，借此先发制人，喝退进攻者。或许进攻者真的对这位正义凛然的少女和雅典娜投去异样的目光——相比之下，自身所表现出的怯懦性与进攻性，流露出多少隐士病患者的虚伪啊！

我终于发觉，现今所存在的一切伟大哲学到底都是些什么货色了：它们都是其首倡者的一己之见与一种迫不得已和隐秘的回忆；每种哲学中存在的道德（或非道德的）意图，催生了奇特的生命幼芽，每次都从中汲取营养，最终成株。实际上，人们带着伪善（或聪明）的面具，想以此来证明某位哲人形而上学的宏论的建立。总是首先发问：它（他）将借助何种道德得以顺利出世？由此我认为，某种"对知性的冲动"并非哲学之父，而应该是另一种知性（和误性）冲动，无论是这里还是那里，都只使用了一种工具。然而，但凡洞悉人的各种冲动，看穿作为"灵动的"天才们（妖魔鬼怪）在何种程度上玩弄了此种游戏的人，就会知道，它们只是从事了一次哲学——任何个别的冲动总喜欢把自己乔装成生存的最终意义与一切冲动的主宰。无论哪一种冲动，皆嗜好统治权力——这种冲动本身就试图从哲学的角度阐释问题。当然，学究们认为自己本来就是科学人，有权标新立异——"说得更通俗点儿"，倘若人们愿意的话——此刻即有一种知性冲动的存在，就像某一种小型的、独立报时器，为它上紧弦后，就会开始勇敢地工作，而学究们身上的其他冲动则基本上没发挥什么作用。因而学究们原本的"兴趣"，统统放到了别处，好像是放到了家庭上，或是放到了赚钱上，抑或放到了政治舞台上。是啊，他们的心思全都系在科学的某个角落；或者是否会从那些"前途无量"的年轻工作者里创造出一位善良的语文学家，或者皮货专家，抑或化学家，都不重要——这些都不足以为他们贴上某项标签。反而在哲学家们看来，并不是完全失去人格的东西；尤其是，他们的道德会为此开出一张决定性的文凭：定义他到底是谁——明白点儿说就是，他天性中的各种内在冲动究竟处于何种等级之上。

功利性的价值判断

出于"幸福"的目的而向个别角色求援的道德论者,他们的这一举动——怎么说呢——又有什么两样——个别角色也和自己一样都处于危险之中;或许这是解救他们那激情的药方;他们那善恶所好,都只是因为他们想获得权力意志与扮演主人的角色;小聪明与大智慧,小玩意儿与大构造,如同家庭常备药箱的异味与老太婆的智慧纠结在一起一样,统统都是巴洛克式的、非理性的,因为他们都是面向"大众"的。在不可集中的地方搞集中,言行举止都是极其绝对的,只用一粒盐来调味。人们宁愿说这从一开始就是能够忍受的,甚至还是诱人的——倘若在他们放了更多的佐料之后,冒险去嗅一嗅的话。首先是要闻出"另一个世界",因为这就是全部。如果用智的尺度去衡量则缺少了价值,尺度变长了,既不是"科学",也不是"智慧",并且是再三地强调:聪明、聪明、聪明同愚蠢、愚蠢、愚蠢混合了——不管面对冲动是烫手的痴呆,还是冰柱式的严寒,这些激情都是斯多葛们推荐过并已经治愈了的;或者像斯宾诺莎那样的不笑不哭,他幼稚地推荐通过活体解剖的手段来破坏激情;再或是通过平庸来使激情降温,他们以此为满足——亚里士多德主义的道德,甚至有意使道德借助艺术象征学以薄化与精神化享有激情——从某种意义上来说,这就是音乐,或者说是对上帝、对人的爱。天啊!在宗教里,激情重新享有公民权的前提竟然是⋯⋯甚至以那种放任的、迎合的态度为激情做出牺牲,如同哈菲斯与歌德学习过的那样,那种肆无忌惮的精神放任与肉体的风俗放浪;但在古老的贤怪与醉汉面前,这种情况"稍有危险"——这同属于"道德可畏"一章的范畴。

只要在道德价值的判断中还存在功利性,就只能算是群畜功利;只要目光还紧盯在社团的保存上，并且只从那些对社团构成威胁的事物中找寻非道德，就不会存在任何的"博爱道德"。倘若其中已经存在一种对关照、同情、合理、柔顺、施救的持续不断的互动性；倘若那些冲动在社会这一状态中也在不断活动，那么此后就会被冠以"美德"的称呼，几乎与"道德性"这一概念狼狈为奸。在那样的时代，它们根本不属于道德估价的范围。比如在鼎盛的古罗马时代，同情行为既非善，也非恶；既不是道德的，也不是非道德的。只是行为比本身会受到赞扬。在将它同任何一种促进整体——即国家——的服务相较时，一种不情愿的蔑视便与这种赞许相对而生。同对邻人之畏比起来，"博爱"最终变得次要了，并部分地演化为传统而专横的表面事物。当社会的结构在总体上得到确认，并对外部的威胁有了一定的抵御能力之后，对邻人之畏与"博爱"的道德估量就有了新的时代背景。

某些强大而具危险性的欲望，如野心、蛮勇、复仇、掠夺、统治等。在某种惯常的意义上来说，它们不仅应该受到敬重，而且应当加以扶持与栽培（当人们在抵御整体敌人的整体威胁时非常需要它们）。而如今因其所具有的危险性更显得强大无比。在对它们尚缺乏疏导利诱的情况下，给予非道德客观的评价，并放弃诽谤。如今，同欲望与道德荣誉相对立的倾向已经出现了；群畜本能逐步有了自己的结论。在某种意见中，某种心态与激情中，某种意志与天赋中，仍然有着很多危害公众、危害平等的事物，这即是当前的道德现状。因为在这里，畏惧同时具有道德之母的身份。社团的自我感受会因为种种最高等、最强烈的欲望而最终消亡——倘若它们激情迸发，将个体的欲望远远甩出群畜良心的平庸与败坏之外的话。推翻它们对自身的信仰，就意味着打断它们的脊梁。

人们一定会因此而极力谴责与诋毁这些欲望。高等与独立的精神性、争取独处的意志与伟大的理性就会被说成危险的；所有超越群畜并让邻人生畏的事物，从此刻便成为恶了。安分守己、谦恭有礼、自我规范的信念与平庸的欲望趋向获得道德的名分已受到敬重。最终在极其恭顺的心态的影响下，始终缺乏培育的情感有了威严与强硬的理由与机会。如今，各种威严企图干扰良知，甚至在正义中也是如此；一种高级的、坚决的高贵性与责任感几乎横遭诋毁，并引起了对其价值的怀疑；"羊羔"，甚至是"绵羊"反倒受宠。在社会历史中出现了一种病态的软化与驯良化的情形，历史本身就极其严肃地站在它的损害者与罪犯的一边。惩罚已看不出什么是不得体的了。"惩罚"与"应予惩罚"的观念显然会触动它的感官，畏由心生。"让它不具危险性，不就行了吗？为何还要惩罚呢？惩罚本身就令人感到害怕！"——群畜道德由此而产生，畏惧性的道德即是它最终的后果。假使人们真的能够顷刻消除危险，消除畏惧的源头。那么，这种道德也将一块被消除。或许自身不再是必要的——它自认为不再是必要的了！借此来检验今日欧洲人良心的人，一定会从成百上千个道德褶皱与缝隙中发出同一个群畜畏惧性道德的命令："我们愿意，不知何时骤然失掉畏惧之心！"——今日，过时的意志与道路，在欧洲各处被称为"进步"。

工作与无聊

在这个文明国度，几乎每个人都是为了挣钱而找工作。在他们看来，工作只是谋生的手段而非目的。因此，在对工作的选择上并不十分谨慎，只要找一份能够给自己带来丰厚的酬金的工作就行了。

那种誓死都不愿工作的人已经越来越罕见了，即使存在，那也是一些总是无法满足的挑剔的人。他们不会因为酬金的多少而感到满足，除非工作本身能够使其满足。有许多各色的艺术家和旁观者就是这样的怪人，还有那些懒鬼，他们终日沉溺于打猎、旅游、冒险和爱情交易中，白白浪费了自己的一生。其实这类人并不是不想工作，只是想做自己感兴趣的工作。一旦工作符合了兴趣，他们便会全力以赴，即使是最繁重、最艰苦的工作也在所不辞；否则，他们就会一直懒散下去，就算穷困潦倒、颜面尽失，甚至发生危及健康和生命的状况也全然不顾。与无聊相比，他们实际上更害怕做自己不感兴趣的工作。

无聊对于思想家和有创意思维的人来说意味着灵魂的"干涸"，灵魂本是幸福与快乐的先导。而现在，他们不得不忍受着无聊的折磨，无奈地忍受着无聊带给自己的影响，下等人恰恰做不到这一点。

人们一般都想方设法将无聊赶走，这就和在没有兴趣的情况下也得继续干活的道理一样。亚洲人的耐受性比欧洲人更强，他们更能忍受长久的寂寞，这也是他们的优势所在。与欧洲的毒剂和烈酒的突发的效力不同，亚洲人的麻醉剂的效用相当缓慢，这就要求人们忍耐，这实在有点儿让人无法接受。

每个人在每个时代对痛苦的认识是不同的，这种痛苦来自心灵和肉体两方面，这种不同也是区分不同的人和不同时代的最具标识性的特征。

首先说一下肉体上的痛苦，虽然这种痛苦会严重损害到我们的健康，使我们变得衰弱不堪，但是由于自我体验的缺乏，使得我们这代人和恐怖时代的人比起来，显得既蠢钝又爱幻想。在那个漫长的恐怖时代，几乎人人自危，甚至为了自我保护而不得不成为施暴者。当时，经过肉体上的痛苦和疾病的折磨，已经使人们得到了历练，遭受残酷、经受痛苦，已经逐渐被人们视为必不可少的自我保存的手段。人们总是处在矛盾当中，一方面教育身边的人要能够忍受痛苦，一方面又有意无意地给别人施加痛苦。当一种残酷的痛苦被转嫁到别人身上，自己便能够体会到一种安全感。

观察一个人心灵是否正忍受到痛苦的折磨，其实可以这样做：看他在认识它的时候是用自身的经验还是通过旁人的描述；看他是否在佯装痛苦之下，还甘愿将痛苦当成一种精心塑造自己的标志；另外，还可以看他是否认愿意直言他心灵底蕴的剧痛，就像直言肉体的剧痛比如牙痛胃痛一样。

可是，现在大多数人给我的印象是这样的：因为受苦者对双重痛苦缺乏历练，就使得他看起来非常古怪、可怕。这样，现在的人和过去的人比起来，对痛苦的憎恶感更强，并且对它的指责也比过去更多。现在的人认为这种存在于理念之中痛苦几乎已经到了让人无法忍受的地步，于是他们大肆谴责这个世界失去了天良。各种悲观主义哲学的出现是对各个时代的一切价值存在提出的质疑，而不是作为一种可怕的巨痛的象征。生活的闲适和轻松在这样的时代里将心灵和肉体的小痛苦变成了充满血腥的凶神恶煞。正是由于人们对痛苦体验的缺乏，才导致这些如蚊子叮咬一般轻微的、在所难免的痛苦在人们看来似乎已经到了无法忍受的地步。

如今，一种可以医治悲观主义哲学和我所认为的"当代的痛苦"的过敏性的药方已经出现了，或许这剂药方是残酷的，也或许可以被列入那一类人们据此可以判断"存在即恶"的病症之中。这样说来，治疗"痛苦"的药方其实就是痛苦本身。

一些现象看似充满着矛盾，例如，一个人本来心绪良好，却会突然变得冷漠暴躁，而刚才还很忧郁的人却也突然变得幽默起来；某个人的报复心理会在某天突然消失，一种用嫉妒的办法使自己得到满足的宽容，竟然会在那些具有强大内驱力的、会突感满足或厌恶的人身上。

正是因为他们的满足来得太过神速和强烈，才使得这种感觉在顷刻之间走向反面，转变成为一种厌恶之情。于是就导致情感的剧烈震颤，这样才会出现突然的冷漠和狂笑，甚至还有涕泪滂沱和自杀。在我看来，宽宏大量的人对报复是极度渴求的。当满足像饮酒般被他们在意念中一饮而尽之时，厌恶便接踵而至了。他们假装已经"超越自我"。就像人们说的，他们对敌人表示出了宽容，甚至还有祝福与尊敬。他们这样蹂躏自己、嘲笑自己刚才还依然炽烈的报复欲望，就是为了向新的欲望——厌恶让步。这个时候，隐藏于他们内心的厌恶已经接近了极限。于是，他们如同刚才在意念中扼杀报复的欲望一样将厌恶也一饮而尽了。

显然，这两种自私——雅量与报复是同一级别的，只是在性质方面有所区别。

腐败的特征

在新的一天开始之际，我们应该将一天的工作都安排好。首先要安排好国王的庆典，现在，他正处于安睡之中。尽管今天的天气不好，可是我们一定不能说不好，最好别提"天气"的事；我们应该比平时更庄重些，要将庆典搞得非常隆重。也许陛下龙体欠安，因此早餐时，我们应该向他禀报昨晚最后一条好消息：蒙田医生来了，他总是能够在看过陛下的病之后说些让人愉快的玩笑话。我们知道，陛下这次患的是结石病。

接下来，我们要接见几个人，这次的接见时间比预计的要长一些，因为要向客人谈起那位在门上写着"由此门进入的人让我倍感荣幸；不由此进入的人也能够让我感到愉快"的诗人。这句诗写得真好，有礼、失礼两者兼备！也许对于失礼之处，这位诗人完全有辩解的理由。人们都称赞他的诗比人好，所以说不定他会继续创作出大量的诗歌，尽可能地避离尘世，这样便有了他所谓的教养的意义了，也就是有教养的无教养的意义所在了！然而，作为一国之君，总比他的"诗"更有价值，即使……

我们究竟在说什么呀？我们低声闲聊着，可整个宫廷却相信我们一直在工作呢，甚至可能遇到什么伤脑筋的事儿了——蜡烛尚未在窗台上点燃之前，我们什么也看不见。听！那不是钟声吗？岂有此理！舞会已经开始了，而我们却还不知道！我们必须随机应变，就像全世界习惯于临时安排每一天那样来进行安排！

于是，我在美好的晨梦中被惊醒了，大概是被塔楼的钟声吵醒的。这台钟沉重地敲击了五下，宣告着五点钟的来临。看来梦中的上帝似乎在同我的习惯开玩笑。我习惯于让一天的开始适合于我，让它变得可以忍受。或许是因为我经常这样做，并且做得一丝不苟，就像个国王似的。

现在让我们来观察一下随时都可能会出现的被称之为"腐败"的现象的特征：

一、由于当地腐败现象大肆出现，各种异端偏见便开始大行其道，这就使得民族的整体信念变得苍白无力了。偏见即是属于下层阶级的"自由思想"，如若一个人被偏见所左右，也就意味着他选择了某种被他认可了的形式与公式。他赋予自己选择的权力。怀有偏见的人比信教的人的"人格"高尚得多，存在偏见的社会拥有众多独特的个体和对独特事物感兴趣的人。这样看来，与信仰相比，偏见算得上是一种进步，同时也是一种迹象，它表明了人们的思维意识的进一步解放，和对思想自由的权利的追求。甚至连那些一贯崇尚古老宗教的人也开始指责腐败，但同时却又大肆批评最自由的思想家的偏见。我们应该铭记，偏见永远是"启蒙"的征兆。

二、人们认为社会的衰退是由腐败造成的。生活在这样的社会里，人们逐渐对战争的赞誉减少了，同时也降低了对战争的热衷。如同当年追求对武士的功名和体育竞赛的荣誉一样，人们开始追求一种舒适的生活。但是，人们忽视了一个事实——如今，古老民族在战争和体育竞技中得以展现的精力与激情几乎荡然无存，似乎已经转化为个人的激情了。当然，一个民族在腐败社会所耗费的精力比任何时代都要多，同时个人精力也被随意抛掷。这种情形在人类最初是不大可能发生的，那时人们都还很贫穷！也许一个时代的"衰败"就是如此：无处不在的悲剧不断上演着，伟大的爱与恨层出不穷，而知识的烈焰只对上帝燃烧。

三、就像在对责备偏见和衰落做补偿一样，人们习惯于对腐败时代一再地说：和以前自信而强盛的时代相比，这个时代要温和、宽松许多，其残酷性已经得到了锐减。我既不同意这种赞扬，也不同意那种责备，虽然现在社

会的残酷性已经被文雅化了，但它依然沿用的古老模式却与当今的时尚格格
不入，通过语言和神态所造成的伤害与折磨已经非常严重了，恶意——以恶
意为乐，是现代社会的发明。腐败的人们既风趣又喜欢制造谣言。他们知道，
在匕首和突袭之外，还有一种杀人方式；他们也知道，人们都喜欢听好话。

四、当"道德衰落"之时，首先涌现出来的就是暴君式的人物。他们作
为时代的先驱，是个体中的佼佼者，他们就像是果实之中的果实，只要稍等
片刻，就会在民族之林中成熟起来，变得黄澄澄的。事实上，这片树林是因
这些果实而存在的！

当腐败达到极点的程度时，各种暴君争斗也随之而发。这时，必然会有
像恺撒一样的暴君出来收拾残局，来结束一场为争夺专制统治权而引发的争
斗。此时，争斗双方已经精疲力尽了，他恰好充分利用了这一点。在恺撒时代，
每一个个体似乎都比较成熟，这就使得"文化"开始鼎盛。当然，这并不是
恺撒所造成的，不过仍然有许多文化人中的败类向恺撒谄媚说，他们的一切
都是拜恺撒所赐。实际上，这些人想要得到外部的安宁，这恰恰是因为内心
的混乱不堪。这样的时代，使得贿赂与背叛频频发生，因为人们对于"自我"
的爱远比对"祖国"的爱更加强烈。在这样动荡不安的命运面前，一定要先
使自己稳定下来，高贵者便可以大大方方地伸出双手来，等着那些有些钱和
势力的人往他们手里倾倒黄金。而目前，很少能够有一个确定的未来，人们
只是为今天而活，骗子正好抓住了人们的这种心态，玩弄着一些容易达到目
的的伎俩。人们总是会"为了今天"甘心受骗或者受贿，而将自己的未来留
给道德！这些人为了一己私利甚至比统治者更关注眼前的境况，而无法预计
自己和未来。他们也喜欢和拥有强权的大人物相互勾结，相信自己有在普通
人那里既得不到理解，又得不到好处的办事和打听情况的能力；即使是专制
统治者或恺撒都能认识到个人的权利的重要性，不论这个人有没有不法的行
为。他们也会将援助之手伸向那种勇敢的私人道德。专制统治者用一句拿破
仑的经典讲话"我有权用一句'这就是我'来回应人们对我的一切指控。我

是自由的,绝不受制于任何人。我要求人们对我绝对服从,即使只是我的幻想,也同样要服从。人们应该很容易能够找到我专注于这种或那种娱乐之时的幻想"。来衡量自己。有一次,拿破仑对妻子说,她可以怀疑丈夫对婚姻的忠诚度。

在我看来,腐败的时代就像是苹果从树上掉下来的时代一样。苹果就是指个人、未来的播种者和精神的拓荒者,还有建立新的国家与社会形态的首创者。这样看来,腐败只是在秋收时节被一个民族谩骂的东西。

哲学家自身的贫困

道德论述在此的表现没什么特别之处——按照巴尔扎克的说法,就是不气馁的奇迹展示。这是一种冒险。我想冒险进行一次不合时宜的与有害的等级推移。如今,这种冒险也威胁到了科学与哲学,并且悄无声息而又问心无愧。我认为,人们应该从自身的经验出发——如我所想,经验总是坏的,是吗?经验有权加入一种更为高等的问题讨论,这是为了不出现像盲人谈论颜色、女人与艺术家出言反对科学一类的低级错误("噢!这该死的科学",他们的本能与羞耻叹道),"科学终归要进行研究的!"科学之人的独立解释与从哲学中解放出来,即是民主本质与非本质更真切的效果。那些学究们的自我吹嘘与标榜,在今天处处开花,异常繁荣——有何不可说的?在这种环境下,自夸还要风骚地上前嗅嗅哩!"离先生们远点儿吧!"——如此一来,平庸的男性本能也想如法炮制;最幸运的神学成就成为科学最大的安慰,对这位科学"姑娘"来说,神学太漫长了。由于过分的放纵与愚昧而未能给哲学立法,却首先为"先生们"立了法——这不是拿哲学家开玩笑吗?

我的记忆即是一位科学之人的记忆——倘若被允许这样讲的话——充满

狂妄的幼稚。在青年的自然研究者与老年的医生那里，我听到他们对哲学与哲学家如此形容（这不包括所有最有教养与最清高的学究、语文学家与教育工作者们，这两种人因为职业才如此），一会儿是专家与二流子——出于本能，他们反对所有综合的使命与自卫能力；一会儿是勤勉的劳动者——他们曾经就嗅到过闲适的气味与哲学家的灵魂中高贵的繁盛气味，而且在他们面前自惭形秽；一会儿是那种贪图功利的色盲——在哲学中，除了一连串矛盾的体系与大肆挥霍铺张之外，其他什么也没看到；一会儿对伪饰的认识神秘学与认识的边界校正学产生了畏惧；一会儿对某些哲学家视以蔑视——谁让这些放肆的家伙从自身引出了蔑视哲学的理由！最终，在青年研究者们对哲学傲慢与蔑视的态度背后，我认识到哲学家自身的低能会带来糟糕的效应。

总体上来看，尽管人们减少了对他的服从，却并没有摆脱他对其他哲学家贬义评价的魔力影响，最终引起了对所有哲学的愤怒（在我看来，叔本华对现代德国的影响即属此类——他对黑格尔发泄的愤怒是不理智的，使得整整一代的德意志人与德意志文化脱离了关系。这是怎样的文化呢？一切都被考虑得很周详，同时具有高度的历史意义与非凡的预见性。然而，对天才来说，恰恰在这一点上，叔本华本人却是贫乏的、不能接受的和非德意志的）。总体上看，这或许很有人情味，简直太有人情味了。

总之，近代哲学家自身的贫困完全毁掉了人们对哲学的敬重之情，并且热情迎接平庸的男性本能的进入。人们或许会承认，如赫拉克里特、柏拉图、恩培多克勒这类哲学家对我们的现实世界产生了怎样的影响；这些高贵而博学的精神隐士，都说过怎样的话。这样做，对这些哲学代表人物而言是非常有利的，他们借助于现代流行，在今天同样吃香——在德国就有这样两头柏林雄狮：无政府主义者欧根·杜林与熔汞者爱德华·冯·哈尔特曼——一位自诩是最佳品种、出身最高级、表现最好的人。这即是此类大杂烩式的哲学家们摘掉面具之后的本来面目，并声称自己是"现实性哲学家"或是"实证主义者"。他们能将危险的怀疑种子植入年轻气盛的学究们的灵魂。这确实是在大好形势下的学究与专家，都是抢手货！确实都是被克服了的事物，而且被抬举到科学谦恭性的名义之下，它不知何时会猛然想到从自身获得盈余，却又对此"盈余"及其责任不享有某项权利。然而现在，它们按部就班地、满腔义愤地、复仇狂般地用一言一行象征着对主人使命与哲学统治的信仰。到最后，这难道会有什么不同吗！如今，科学在繁荣，"善"字写在脸上；近代哲学日见颓势，潜藏于自身的不满与怀疑——倘若不是嘲讽与怜悯的话——顿时一同爆发。"认识论"即是哲学被贬的另一表现——事实上，等同于某种节欲学说。一种无法迈过这道槛的哲学就是一个行将就木的哲学；就是一个垂死挣扎、制造同情的东西。如此哲学，如何能——统治？！

意志的自由

仍然有一些无害的自我观察家，他们确信"直接的确实性"的存在。

例如，"我思"，或如同叔本华迷信的那样，"我要"；在这里，似乎认识能力纯粹而赤裸裸地抓住了客体，将其作为"自在之物"——无论从主体方面还是客体方面都不造假。然而，我仍要重复一遍：正像"绝对认识"与"自在之物"一样，"直接的确实性"同样具有一种形容词义与修饰概念上的矛盾；我们最终还是要摆脱对该词的误解！倘若人们相信，认识即是终极的认识，那么哲学家必须对自身的认识做出一番解释："假如我要分析'我思'这一语句所表达的含义，那么我将会发现一系列大胆的言论，并且很难或者根本不可能对这些言论做出论证。例如，是我在思。思维是存在之物，是一种来自本质方面的活动与作用，这一本质被视为原因，即有一个'自我'；随后，需要思维描述的事物才得以确立——我知道什么是思。倘若我自己还未能确定它为何物，那我又依据怎样的标准来断定刚刚发生的事关'意志'或者'感情'呢？够了！'我思'的前提条件即是：我要将我此时的状态同我所认识到的其他状态作比较，才能做出判断；由于此种与另外某种'知性'间存在的反向联系，不管怎样，都不能说是具有直接的确定性。"这同时也区别于大众所相信的那种"直接确定性"，这位哲学家需要回答一系列形而上学的问题，以及有关真正的智慧所具有的良心问题。这些问题即是："我从何处获得思维这一概念？我为何要信仰的原因与结果？是什么赋予我谈论一个'自我'的权利——或者更为直接的将'自我'表述为思想原因？"如果有谁敢援引某类直观的认识即刻给这些形而上学的问题做出解答，那么就像笛卡儿说"我思我知，这起码就是真实的、实际的、确切的"的人一样，只会在当今的哲学家面前得到不置可否的微笑与两个问号。"尊敬的先生"，这位哲学家或许会这样开口道，"说您不糊涂那是欺骗——您为何要奢谈真理呢？"

哲学家们热衷于谈论意志，好像这是世界上最重要的一件事情。这倒是没有错，叔本华就说，对我们而言，意志本来就是被知晓的，完完全全被知晓的。然而我不止一次地认为，即便是在这样的表述下，叔本华也与方才提到的哲学家们没什么两样。这是因为他接受并且夸大了一种普遍的偏见。在我看来，运用意志力尤其复杂，当它作词汇时，才是一种统一的东西，普遍的偏见正是在这种情况下被塞了进去，由此控制了所有不够谨慎的哲学家们。如此看来，让我们更加谨慎些吧，让我们"非哲学"一些吧！我们会说：不管是何种意志，首先会有多种的感觉，即状态感、脱离感、状态感、趋向感。在这种"二进二出"的感觉之后，伴随着一种肌肉感——此种感觉即便未使"胳膊和双腿"运动起来，也会凭借一种惯性，一旦我们"想要"，就会开始游戏。这样的感觉，而且是综合多种意志的多种感觉，必须获得承认；其次就是思维。无论哪种意志行为，都存在着具有发号命令的思想。要想相信这种思想能从"意愿"中分离出来，简直是不可能的，似乎那时的意志是多余的！再次，意志不仅是一种思维与感觉的结合，更是一种激情的体现——那种具有发号命令的激情。那已被称为"意志自由"的事物，从根本上来说即是优越于必须服从的思想；"我是自由的，'他'必须服从"——所有意志当中都潜藏着这种思想。同样的情况是，对紧张局势的关注，聚焦于一点的直视，趋向于内在确定性的服从——这一切都处于发号施令者的状态。一名有此意愿的人对某种具有内在服从性质的事物发号施令，抑或是基于这种思想，他以它为服从的对象。可最为值得关注的是意志本身最奇异之处——它的多样性不会令人们失望。民众最想说的是：在既定的场合，我们同时具有发号施令者与服从者的身份。而作为服从者，我们一旦发挥意志力，常常会有受约束、受压迫、受排挤、反抗与运动等感觉；另一方面，由于我们习惯性地借助"自我"这一综合概念使自身具有越过、瞒过这双重性，并伴随有一系列的错误结论——对意志的错误估价，意愿即是其基础！如此一来，怀有善意者便认为意愿产生行动。由于命令与服从作用于大部分场合，表现为对行动的一种期待，因而表象通过自身转译为感觉，这似乎是作用的必然性。毋庸多言！意愿者会这样认为，并用十分肯定的口气说，从某种程度上来讲，意志与行动原本就是一个概念。他将成功以及意愿的执行都归于意志本身，并从中享受到一股权力膨胀之感。这种权力感使他将一切成功归为己有。"意志自由"即是对意愿者多种愉悦状态的综合体现。他既是发号施令者，也是命令的实行者——与之同享镇压起义的愉悦感。但同时他也需要做出判断，无论镇压起义的意志是否是他的本意。如此一来，意愿者就享有了实行者的愉悦感。愿意为之效劳的是"下等意志"或者"下等灵魂"——事实上，我们的肉体就是装载各种灵魂的构架，作为发号施令者的愉悦感同样来源于此。朕即国家，此话正在付诸实践，在每一个组织良好和幸运的公共团体那里，将统治阶级的利益混同于公共团体的成就。所有意愿者口中的词汇只有命令和服从。就像众人所说的那样，在一个由许多"灵魂"组成的社会结构中，作为一个哲学家，为何就有权将自在的意愿纳入道德视野之内？这是因为道德被认知为统治关系学说，种种关系之中，"生命"现象生于其间。

人类的谬误

基督教将无私和爱的学说提升到首位，这就等于丝毫没有将利益归结到个体的利益上。相反，它原本的历史性结果，即结果的灾祸，始终是一种利己主义、个人利己主义的恶性膨胀。基督教把个体看得特别重要而且绝对，以致人们无法再将人作为牺牲品。但是类的存在恰恰在于人的牺牲……上帝面前，任何"灵魂"都是平等的。但是，在一切可能的估价中，这种估价却是最具危险性的！如果人们认为个体之间都是平等的，那么类就出现了问题，因为人们会优先选择个体而最终导致类的灭亡，听以基督教具有一种针对性的选择原则。如果蜕化者，病夫（"基督徒"）能够像健康人（"异教徒"）那样宝贵，甚至比他们更宝贵——根据巴斯噶对疾病和健康的诠释，自然发展的进程必将被否定，而非自然的倒成了一种法则。这种普遍、大众化的人类的爱，事实上就是对所有受苦难的人、败类、退化者的照顾。因为这种爱能够降低和削弱人的力量、责任感、人祭的高尚义务。如果以基督教的价值为衡量标准的话，那么剩下的只有自我牺牲。但是基督教设想并竭力劝导的仍然是人祭的残余，从驯育观点来看，这是毫无意义的。对于类的繁衍，其形式不论是表现为僧侣的苦行，还是十字架、绞刑台，抑或荒谬的"殉道者"，个体的牺牲与否都是无所谓的。败类、蜕化者和弱者的灭亡与类有着密不可分的关系。可是，拥有保守力量的基督教却是倾向于这些人的，这种力量能够使弱者懂得如何爱惜、保留自身，知道彼此的支援是多么的重要。如果没有这种相互的支持性、团结性，没有这种对选择的阻碍，那么我们真的想不出基督教的"美德"，以及"人类的爱"又会是什么？如果弱者的群众利己主义不是基督教的利他主义，那么它又是什么呢？……假设人们不认为这种信念是极端的非道德性，并且不是一种对生命的犯罪，那么，人们则成了病态的帮派，甚至他们自身就具有那种本能……人类真正的爱会为了类而牺牲——这种爱拥有钢铁般的力量，并且具有自我克服的能力，因为它需要人祭。虚伪的人道说法成了基督教的标志，以及主张不牺牲一切……

编年学的重大转折就是"内在世界"的现象主义。由此使原因比结果略晚地进入了意识——我们代替了肉体，忍受了无数的反射痛感，而肉体那里却没有感受痛苦的位置。因为我们懂得了一个道理，感官感觉并非是受外部世界决定的，而是受内在世界决定。因为，外部世界的行动常常在一种无意识的情况下进行，而我们所意识到的外部世界，哪怕一个小角落也都是在外部世界对我们产生影响后才令我们意识到的。因此，这种意识就在事后表现为结果的"原因"。

因为"内部世界"的现象主义，我们颠倒了原因和结果的编年学。内在经验的事实就是，原因只会在结果发生以后才被虚构出来……思想序列的情形与之相同。当我们的思想还没有真正进入意识的时候，我们就开始寻找它的原因了。所以，最先进入意识的就是原因，然后才是结果……我们的一切梦境仍然是对全部感觉的原因的解释，甚至是达到这种程度，形成一种状态。仅仅当它因此构想出的因果关系进入意识时，它才会被意识到。

整个"内在经验"的基础，就是为了对神经中枢形成一种刺激，从而寻找和设想出原因——被发现的原因就是最先进入意识的原因。因为，它不同于实际原因——这也是根据以前的"内在经验"，即记忆作为研究的基础试探的。但是，记忆并不会遗忘那些陈旧的解释，也就是错误的原因性这种老习惯——从而，"内在经验"自然要承担前次犯下的所有错误的因果虚构的结果。我们时刻表现出的"外部世界"同老的原因错误之间是一种不可分割的。因为我们在分析外部世界时，用的是"物"这个模式主义。

当"内在经验"发现了个体所通用的语言后，便进入了我们的意识，也就是将一种状态转变成个体所熟悉的状态。"明白"代表着天真无邪，通过旧的、熟悉的语言就可以表达某些新鲜的东西。例如，"我的处境很糟"——这种判断则是以观察者中立性的伟大和迟来为前提的。天真单纯的人常常会说："某人令我深陷糟糕的处境"——只有他真正看到了自己不佳的处境后，他才明白自己的处境真的不太好……对于这种情况，我将它定义为语言学缺乏症；在没有搜集与之相关的一些注释的情况下就把一篇课文读完了，这属于"内在经验"的最新形式——甚至应该说是一种根本行不通的形式……

人类的谬误和无知就是一种不祥之兆。有人认为自己已经发现了真理，并且使谬错和无知彻底消失了，其实这是世界上最大的诱惑之一。假如某人将真理看作一种信仰，那么他的考察、研究、谨慎、考验等意志就会渐渐瘫痪。因为，意志本身就具有反叛意识，也就是对真理的怀疑……

事实上，与谬误和无知相比，"真理"是最不幸的，因为它使推动、启蒙和认识的力量没有施展的空间。

此时，懒惰的激情已经和"真理"组成了帮派，换句话说"思维就是艰难困苦"；同样，还包括秩序、规则、拥有的幸福感以及富于智慧的自豪感。总之，空想着"我占有了真理"要比单单说看到了漆黑的一团好听得多。因为，这样做首先安抚了生命，并且赋予生命以信任；这样做还改善了性格，减少了怀疑情绪，甚至包括"灵魂的安宁"、"良心的平静"。所有这些杜撰都是在这种前提下才有可能存在，即有真理的存在——"在识别真理时，你们的依据就是结果。"……真理就是真理，它具有一定劝善的力量……只要过程没有停止：一切善，所有成就便会统统存入"真理"的户头。

这充分证明了：现在，幸福、满意、群居和个人福利已经被人认为是信仰道德的结果……相反，人们将失误应该派生出的那种信仰看作一种缺乏……

对于神圣谎言的批判

有人认为，只要是以虔诚为目的的欺骗都是允许的，并且这还是一切教士阶层的理论。至于它为什么属于教士们的实践范畴，则是本文所要调查的对象。

但是，当哲学家们一旦有意识地用教士们那种说不出口的意图掌握对人的引导权时，他们就会立即攫取撒谎的权利。柏拉图就是一个很好的例子。典型的雅利安吠檀多派哲学家阐发了最精巧的双料谎言。因为，在一切主要论点上都存在两种体系的矛盾，但是，它们都是出于教育而互相取代、调解和补充的。某种体系的谎言理应创造出一种状态，然后使另外一体系的真理渐渐地为众人所了解……

真不知道教士们和哲学家们的虔诚谎言还要走多远？随便问一句，他们的教育前提是什么？为了满足这些前提，他们又会发明什么样的教条呢？

首先，从他们的角度上来说，他们必须具备权力、权威和绝对的可信度。

其次，他们必须完全掌握所有自然进程，以及关于个人的一切都要以受法律制约的形式出现。

其三，他们也应具备广泛的、其臣属无法监视的权利。因为这是为彼岸，也就是"死后"准备的惩罚的标准——尽管预卜极乐之路的办法十分廉价。

他们不应该牢牢地记住自然进程这个概念。因为他们都是聪明、谨慎的人，所以他们允诺出现众多的结果，当然这些结果都要受到人们的祈祷，或自身法律的严格约束；同样，他们有安排事物的权力，但是有一点是值得注意的，他们并没有将经验称作智慧的来源，而是将启示，或"最卖力的忏悔仪式"看作智慧的来源。

这样一来，就神圣的诺言原则而言，它与行为的目的存在着某种特殊的关系。理性是看不到自然的目的的，因为目的的表现形式就是道德目的、履行法律、礼拜等。并且，它还与行为的结果有关系。人们常常将自然的结果说成超自然的结果。而且，为了使结果更有安全性，而许诺给人以另外一种无法监督的超自然结果。

善恶概念就是在这种情况下被创造出来的，它以一种完全摆脱了例如"利"、"善"、"对生命成长有利"、"对生命成长有害"等自然概念——当另一种生命被勾勒出来后，它甚至会与善恶直接为敌。

最终，著名的"良心"二字就在这种方法下被创造出了。"良心"即一种发自内心的声音，它的任何行为都不会依照行为的结果衡量其价值，而是以一些意图和与意图等值的东西为参考，也就是以"法律"来衡量行为的价值。

因此，神圣的谎言就是：一、凭空捏造出了一个赏与罚的上帝，他完全相信《圣经》，并且将教士们看作是他的喉舌和全权代表派；二、存在一个生命的彼岸，在那里，为了使伟大的惩罚机器具有有效性，则要有一个灵魂的不死性；三、要拥有一颗人类的"良心"，把它当作确立善恶的意识，即意识到在这里说话的是真上帝，如果良心劝说人们接受与教士法典等值的东西；四、必须拥有一种能够彻底否定所有自然过程的道德，因为这种道德可以将一切现象贬低为受道德决定的东西；同时还要具有道德的结果，即赏罚观念。因为它是贯穿世界的东西，是唯一的力，而且是一切变幻的造物精神；五、要遵循这样的真理：它是现成的，通过启示而得出来的，并且同教士学说一致。因为真理仍然是在一个生命或另一个生命中一切健康和幸福的前提条件。

总而言之，道德为善付出了什么样的代价呢？其代价就是取消了理性，将所有动机都简化成恐惧和希望，换句话说就是赏和罚；教士的监护，即一场谨慎庄严的仪式下，它要求表达出神性的意志；将虚假的知识植入良心，以取代研究和试验，就好像确定了的行为准则——事实上，它是对探索和奋斗精神的践踏。所以说，人们所能设想出的仍然是对他们自身最恶毒的残害，也就是所谓的要当"善良的人"。

其实，理性、智慧、敏锐、谨慎的所有遗产依旧属于教士们祈祷规范的基础，后来都被肆意贬低成了单纯的机械论。因为，它与法律共同具有的效力的东西变成了目的，甚至是最高目的。这样一来，生命将不会出现问题。全世界都被惩罚的观念污染着，如果说教士的生命代表着至高无上的完美性，那么生命自身就被人们看作对生命的一种背叛，而且还会污蔑这种生命；教士的谎言此时都是真理，对真理的追求就是读经，这种方式则是成为神学家的途径……

"解脱一切罪孽"

人们常常谈起有关社会契约的"深刻的不正义性"。似乎这个人生来就处于有利情况，而那个人生来就处于不利情况的事实从来就是非正义的。换句话说，这个人天生就有这种特性，那个人天生就有那种特性的事实从来就是非正义的。从这些社会敌人中，最正直者的一方发出了一道谕令：我们自身所具有的我们所承认的、恶劣的、病态的、犯罪的特性，仅仅只是强者压迫弱者的必然结果，他们将自己的性格搬进了统治阶层的良心。人们威胁、暴怒、诅咒着，由于愤怒而开始变得有美德，不甘心成为败类和庸众。

　　这种姿态可以说是我前几十年的一项发明。它实际上就是悲观主义，或者可以说是愤怒的悲观主义。这里提出了对历史的审视要求，也就是将历史的宿命论外衣脱去的要求；承担责任的人即罪人的要求可以在这身外衣的后面、在宿命论里面找到。原因就是这将涉及以下事实：人类需要罪人。所谓的败类就是各种颓废者背叛了自己，而且需要牺牲，目的是要保留自身所渴望的毁灭的欲念。他们为此就需要权利的外观即理论，按照这个理论，他们能够将自己的生存以及生活状况等统统转嫁到某个替罪羊身上。而这头替罪羊也许就是上帝——由于怨恨的存在，在俄国，这类无神论者比比皆是——要么说社会制度，要么说教育与课程，或者犹太人，或者高贵者，或者各种类型的善良败类。"生于欢乐是一种犯罪。这是因为这样一来，人们就将另外一切人的继承权从他们手中剥夺下来，还将他们推在了一边，打成恶习者，甚至罚他们做苦役……我怎么能够对成过悲惨生活表示出赞同呢！然而，一定会有人赞成这样做的，否则或许将无法存活……总之，愤怒的悲观主义为了给自己创造安全舒适的感觉，他们发现了承担责任者——复仇……连老荷马都说，报复比蜂蜜还香甜。

　　有人认为，一种理论如果不得到理解，那么就会受到轻视，从而产生基督教的成分。它就潜藏于我们的血液之中，这就使得我们能够对有些事物宽宏大量，也仅仅是因为它们从很远的地方就散发出一种基督教的气息。社会主义者全体站了起来，本能地向基督教发出了呼啸，这算得上是他们最为精到的聪明才智了。我们要感谢基督教，因为现在我们已经习惯于"灵魂"、"不死的灵魂"以及灵魂单子这些迷信概念了，而这些本来是待在别的什么地方的，仅仅是偶然才来到这种或那种环境的东西，如今投胎下凡到"尘世"，后来才变得"有血有肉"了。可是自身的本质并未因此被触动，更谈不上受到限制了。在灵魂看来，社会的、亲缘的、历史的关系只不过是机会，或许是尴尬局面；不论怎样，灵魂也不能称之为是这些关系的作品。人类就是被这种观念变成了超验的东西；根据这种观念，个人就应该将一种荒谬的重要性附加在自己身上。

事实上，从一开始，基督教就向个人宣战了，它以仲裁一切的法官自居，早已将自大狂妄变成了义务。它因此要使一切暂时的、有条件的事物具有永恒的权利！什么是国家、社会、历史法则、生理学！变易的彼岸性，所有历史学中的不变物统统在这里发表演说，永恒和神性的东西在这里演讲——它就是灵魂！

现代性血肉继承了另一种同样疯狂的基督教概念——"上帝面前，人人平等"。这个概念中包含了一切有关平等权的理论原型。因为，人类用宗教语言结结巴巴地讲述平等的主张，后来又有人依据这个平等主张炮制出了所谓的道德。怪不得人最后要郑重其事并且实际地对待这一主张了——也就是通过政治、民主、愤怒的悲观主义的方式。

在所有能够找到承担责任者的地方，也能够搜寻要复仇的本能。几千年来，这种本能一直主宰着人类，以致所有的形而上学、心理学和历史观念，只要属于道德范畴的事物，都具有这种本能特征。当人考虑得愈加广泛的时候，带进事物的复仇病菌也会更多。通过这种方法，人类甚至使上帝得了病，还使自己的整个生命都失去了原有的纯洁性：也就是通过人，将一切生活状态都归结为意志、意图、责任者的行为等。意志学告诉我们，这种杜撰不仅是对生理学最致命的篡改，而且其目的更是为了惩罚。惩罚所具有的社会功利性就是保持这一概念的尊严、权力、真理。要寻找那种意志生理学心理的创始人，应该到握有惩罚权的等级中，最先要到的应该是居于最老的社会团体首位的教士阶层。因为，这些人原本就想要为自己创造复仇的权利——他们原本是想为上帝创造复仇的权利。为这个目的，人被看作"自由"的，同时一切行为都应被设想为情愿的，并且是起源都寓于意识之中的。然而，旧的心理学却被这种主张轻易地驳倒了。

当欧洲步入相反的运动，我们这些追求太平的人竭尽全力再次试图从世界上消除罪恶和惩罚的概念，致力于为心理学、道德、历史、自然、社会制度和特权乃至上帝本人清除污垢的时候——我们最天然的对抗者就是那些复仇和怨恨的使徒们，尤其是那些真正愤怒的悲观主义者们。在"愤怒"的名义下，他们的污点变得神圣，由此组成了传道团体。为了使生存重新取得纯洁性，我们这些外人便想当思想更加纯洁的传教士：这种思想就是，每一个人都不会赋予人的特性，既不是上帝、社会、父母、祖先，也不是他自己；每一个人对他人都没有任何过错与责任……没有能为此——即某人生存在这个世界上。他就是如此，他就诞生在这种情况下、这种环境中——承担责任的人——幸亏这样的人还不存在。我们并不是永恒的意图、意志和愿望的结果。因为我们就没有想要达到"完美的理想"，或"幸福理想"，或"道德理想"的愿望；我们同样也不是上帝失误的结果，想必上帝对此会感到不安。然而转嫁我们的存在、存在的地点、目的、意志，是没有的。首先，没有哪一个人真的可以做到这一点。因为对于总体，我们无法去评判、衡量、比较甚至否定！为什么不能呢？这里有五个原因，可是都和谦逊而智慧的人相通。譬如，除了总体以外什么也没有……再说一遍，这是一个天大的祝福，它告诉我们一切生命都是无辜的。

人性的虚无

当败类找不到任何慰藉的时候，虚无主义则变成了他们的标志。因为，他们去破坏的目的就是担心自己的毁灭。他们由于被道德取代，因此就没有理由"顺应"——他们站在一种相反原则的土地上，希望为自己争取某些权利，因为他们迫使强者成为自己的刽子手。既然一切生命都丧失了自己的"意义"，那么欧洲式的佛教也随之产生了。

"困苦"绝不会渐渐扩大，正相反！"上帝、道德、顺从"却成了包治百病的灵丹妙药，并且深深地扎根在贫困阶梯之上。当相对有利的关系出现时，积极的虚无主义也会凸现出来。以相当高的精神文化为前提，认为道德会被克服；同时，这种文化又会带来一种相对舒适的生活。因为哲学见解一直处于争吵的状态下，甚至有时还达到了哲学无可救药的怀疑程度，所以精神上出现了某种懈怠。但同样，这并不表示就是虚无主义者低微的等级。让我们想一想佛祖出世的情景，永恒轮回的学说中注定存在一些博大精深的前提，就像佛祖学说里的因果概念等。

那么"败类"到底是什么呢？这里主要指的是生理上的，而不是政治上的。在欧洲，最不健康的一类人依旧是这种虚无主义的土壤。他们将永恒轮回的信仰看作人类的灾祸，因为在这种思想的感染下，人们会变得为所欲为；人们没有消极的清除，而是按此清除了所有无意义、无目的性的东西，尽管它只是认为一切都是在永恒存在后才出现了痉挛和盲目的愤懑——这一点也是虚无主义和破坏欲的危机所在。说到这种危机，它的价值就在于，它要清除，要把相似的因素全部聚集在一起，然后使之互相厮杀；它会把共同的任务分配给那些思维方式相反的人——在这种人里找出几个软弱的、信心不足的人，然后以健康为出发点开创力的等级制。这是因为，发号施令者就是发号施令者，服从者就是服从者。当然，所有现存的社会制度都不属于这个行列。

那么在这种新的秩序中，谁是强者呢？回答是最平庸的人。因为，这种人不需要什么极端的信条。他们不单承认，并且喜欢那种偶然性和无意义性。这种平庸的人大多是在将人的价值大打折扣的情况下去想象人的，因此他们变得渺小、软弱。当然这种人是最健康的，所以经得起那些灾祸的折腾，甚至是不畏惧灾祸。这种人的特征是：对自己的力充满了信心，而且能够自觉、自豪地代替别人所取得的力。

　　但是这种人为什么会想到永恒轮回说呢？

　　对于永恒轮回说的那种合意性立场，那种"理应如此，可没有如此"，以及"事情若如此该有多好"，几乎没有几个人清楚这些都意味着什么。事实上，它们意味着对所有事情进程的谴责。因为在任何事物中，都不存在孤立的东西。聚沙成塔，你可以在自己的小小不幸上建造出未来的大厦，从整体上说，就是要经历沧海一粟的过程。如果连康德都不清楚道德的标准是不会完全实现的，那么道德本身就已经包容了对整体的判断。但是反过来说，整体会提出疑问：道德又是从哪里获取这种权利的？在这里，为什么有一部分竟当起审判整体的法官来了？从实际情况上分析，如果说这是无法灭绝的本能，而且有人对那种道德判断和现实不满，那么这种本能就同属于无法灭绝的愚蠢，并且也是我们的不谦逊。但是，因为我们将这番话说了出来，所以也就等于是做了我们所指责的事儿；事物活动的性格特征就是合意性、僭越的审判游戏的立场。当然，所有不公正和不完美的情形也是这样——这也正体现了"完美性"的概念。因为我们知道这个概念是没有任何结果的。一切欲望，想得到满足的欲望，都是通过事物的现状来表达不满之情的。那么它具体的表示是什么呢？难道也是由真正的不满足、满脑子的合意性的各部分拼凑而成的吗？"事物的活动"难道也是从这里出发的？以现实性为出发点的路！必将是永不满足的本身吗？莫非合意性就是驱动力？就是上帝？

　　就我个人而言，摆脱宇宙、统一性、一切力和某种绝对的物，都是十分重要的。但是人们逼不得已地将绝对之物当成最高的仲裁机关，然后称之为"上帝"。人们必须砸烂宇宙，并且忘掉对它的尊敬；向它索要我们曾经给予未知和总体的东西，然后送给它近在眼前的、属于我们的东西。

　　就像康德曾在《实践的理性》的结论中，说过："有两个事物始终都值得永远崇敬"——今天我们宁愿说"消化更值得崇敬"。宇宙是制造老问题的机器。例如，"怎么可能有邪恶呢"等。换句话说，宇宙是不存在的，而且也没有什么伟大的感觉器官，甚至是存货、力的储藏室。

对于世界的解释

伦理学：或"合意性的哲学"——"事情原本应该是另一种情形"，"事情应该是另外一种情形"。因为，不合心意乃是伦理学的滥觞。

人们或许真的可以自我救赎。首先，因为人们会选择零情感的状态；其次，因为人们了解倨傲和幼稚。因为，要求某个东西和原样有所区别，即要求一切都是另一种情形——这就有对整体的毁灭性批判的意味了。但是生命本身要求的就是这样！

确认拥有什么，是什么样子的，好像比任何"事情原本应该如此"要崇高和严肃得多，因为后者乃是人的批判和倨傲态度，似乎自打开始的时候就注定是叫笑的。在这中间表现出来一种需求，而这种需求又要求世界的结构来适应我们人的安适感；意志也是这样的，它要尽可能多地适应这个任务。

另一方面，只有"事情原本应该如此"的这种要求，才会呼唤出另一种"有什么"的要求。因此，知道了有什么，这已经就是——"怎么样？这可能吗？为什么一定要这样呢？"——这些问题的答案了。要是惊讶、慨叹我们的愿望不符合世界轨道，就会引发我们对世界轨道的认识。或许事情是另一种情形：也许那种"事情原本应该如此"就表明我们有征服世界的愿望……

倘若我将有规则的现象放进一个公式，那么我就对整个现象的描述进行了简化和缩短，等等。但是我没有明确"规律"，而是提出了如下问题，即在这里重复出现的东西是来自哪里。因为，对于这个公式，人们主要是要求作为未知力和产生力的综合体来适应，但这仅仅只是一种猜测而已。有人认为这里的力要遵从与规律，以至于我们由于力的遵从每次都会得到相同的现象，这纯属凭空臆造的神话。

对世界的解释乃是统治欲的标志，艺术的世界观：直面生命。但是，它没有分析美学观，而是把美学观贬斥成局外感、裁决感、安全感和残暴性等。人们必须领会到艺术家本人及其心理学（批判赌博欲望就是释放力，就是改变的欲望，就是对自己灵魂同他人相接触的欲望，就是艺术家的绝对利己主义等）。人们净化了些什么本能啊！科学世界观：批判心理学对科学的需求。冀盼能够理解一切事物；冀盼让一切事物都变得实际、有用、可供剥削——它是反美学的。价值本身，是可以数清和可以计算的东西。普通人想凭借这个来取得优势。倘若人们用这种方法占有历史，那将是令人感到恐惧的——优越者、仲裁者的王国。人们净化了些什么欲望啊！

宗教世界观：批判宗教的人。他不一定要是道德的人，而是要有着强大崛起感和深沉的沮丧感的人。他用感激和怀疑之心来对前人进行解释，因而不由自主地追溯前人（后人）的根源。他是大体上自己感到"没有自由"的人，他使自己的状态净化了，使屈从的本能净化了。

道德世界观。将社会等级制的情感放进了宇宙：安定性、准则、整理和排列，对于这些东西的评价最高，所以它们也在寻求着最高的职位——在宇宙之上，或宇宙之下。

什么是共同性：人们认为统治欲是最高价值的审理机关。是的，被看作统治力和创造力。显然，这些欲望之间是相互敌对和各有优劣的（总的来说，或许是联合，或在某种统摄下更迭）。但它们深刻的对立非常的大，以至于在它们要使一切得到满足的时候，就要想象出一个深刻且庸碌的人来。

群畜道德的真实性。"你应该是可以认识的，你的内在物是通过清晰和不变的符号表现出来的——要不你就是危险的。假如你是恶的，那么你伪装自身的能力就成为对群畜最严重的威胁。我们藐视神秘的人和不可知的人。因此，你的状态必须保持可以被认识，你不应闪烁不定，你不要相信你的改变。"这说的是，对真实性的要求是以被认识和不变的人格为前提的。其实，这是属于教育方面的，尽管群畜的成员的信仰达到了一定水平是通过人的本质。因为，这种信仰首先是群畜制造的，接着才被要求"真实性"。

科学——到现在为止，它是通过对一切的假说的"解释"来达到完全消除事物复杂性效果的方法——也就是由于理智对混乱的反感。同一种反感在观察自身时又对我的心弦进行了拨动。因为，我也想通过某种模式形象地来对内心世界实施设想，并且以此来对理智的混乱进行了超越。而道德就是这样一种已经被简化了的模式。因为，它教育人要心胸坦荡。现在我们否定了道德——对我们来说我们自身又重新落入了黑暗！我知道，我对自己一无所知。物理学的产生是对情感的仁慈，因为在道德被消灭之后，科学（作为通向认识之路）又获取了新的魅力——因为结果正是我们在这里找到的，所以我们要调动我们的生命来服务于掌握科学的目标。由此产生了我们关于自己生存条件问题的实际科学思考。

虚伪性——任何独立的本能对自己的工具、随从、溜须拍马者都拥有另一种本能：它绝对不允许他人称呼自己的丑名。因为，它一概不受礼其他非间接地共享的颂词。在一切独立的本能的四周，一切或褒扬，或贬低的言辞都结晶为固定的制度和礼仪——这就是虚伪性的原因之一。

任何向往统治权而又被某种桎梏束缚了的本能，为了自己、为了对自我感觉的支持、为了增强自我感觉，需要一切好的名声和公认的价值，以致它有胆量在绝大多数情况下打着被它打倒的、它想摆脱的"先生大人"的旗号（譬如肉欲，或者权力欲在基督教价值的统治下，就是如此）。这是虚伪性的另外一个原因。

在上面所说的两种情况下，完美的纯真朴实占了上风。这是因为虚伪性没有进入意识。倘若人们看到主动者和他的"表面现象"（"虚假的面孔"）是分离的，这是本能破碎的标志——一种自相抵牾的标志，绝非不可战胜的标志。礼仪、激情中绝对的纯洁，虚伪中的"善良的心"，人们用来获得最大和美妙的言辞和姿态的信心——为了胜利，这一切都是不可或缺的。

在另外的情况下：当要表现无可比拟的聪颖的时候，则需要演员的天赋和为取胜必备的非常自律的素养。因此，教士乃是技艺娴熟的、自觉的伪君子；其次是王公贵胄，他们的等级和门第使他们养成了装模作样的气质；第三，社交人员、外交家；第四，女人。

洞悉世界的本质

随着精神视野与洞察力的扩张，对人而言，远方无非是四周的空间。因为他的视野变得更为深邃，总有新升的星辰、新的未解之谜与图景映入眼帘。或许，过去用以演练敏锐与深沉的精神视野正是演练的起因，是游戏——某种为幼稚孩童的头脑准备的事物；或许，我们为了争夺那些突然出现于面前的庄重无比的概念而异常苦战。在老朽之人眼中，"上帝"与"罪恶"的概念和儿童玩具与体罚同属一个概念，抑或"老朽之人"需要的是另一种玩具与体罚。总而言之，是十足的孩童，一个永恒的孩童！

凡是洞悉世界本质的人，就会想象到其中蕴藏的智慧；然而人却是肤浅的。这是因为他们的保守本能要求他们来去匆匆，轻率而虚假。无论是在哲学领域还是艺术领域，人们会发现同样激奋而躁动的"纯形式"崇拜。因为谁也不会怀疑最终将摆脱肤浅的文化领域；不知道哪一天，令人颓丧的一击会击中自己。鉴于这些被烧焦了的孩童，他们伪装成天生的艺术家，摆出一副享受生命（仿佛是一场旷日持久的对生命的复仇）的样子，或许还存在一种等级秩序。生命或许能够使他们从扫兴中恢复过来，直至将生命形象淡化、伪化、神性化以及彼岸化。人们能够将宗教之人列入最高级别，一同算在艺术家名下。这是一种无药可救的、深沉而多疑的、悲观主义的畏惧心理。因为上千年以来，在这一悲观主义的逼迫之下，人们忍受着对生存的一种宗教解释，对那种本能的畏惧——本能地认为，或许能够提早获得真理——在人们尚未变得足够强大、足够果敢、足以成为艺术家之前！"生命在于上帝"——用这种虔诚的眼光来观察，似乎是畏惧真理的最真切与最后的表现。作为艺术家崇拜与惯常所伪装的艺术家的醉态，作为颠覆真理的意志，义无反顾地奔向非真理。或许，作为虔诚性，它从未有过更具实力的手段去怜惜自身；也正因为这样，人才变得如此艺术、肤浅、动摇、善良，以至不再受其光景之苦。

对欲望的信仰

对"欲望"的信仰——欲望是理智的一个组成结构，是对子虚乌有的原因的虚构。我们所不明白的体力上的一般感觉，都会在理智方面得到解释，即找寻为什么会感觉这样或者是那样的原因。在人本身的，在经历中的，也就是预设不利的、危险的、异己的东西，好像我们恼怒的原因就在这里；实际上，恼怒是我们硬加上去的，为了我们状态的可思性——经常性的令人室

息的大脑充血，被认为是"恼怒"。刺激我们怒火中烧的人和事，就是缓和生
理状态的手段。事后，由于长期的习惯使然，将某些共同感觉和过程有规律
地联系起来，以致某些过程的表层会出现那种共同感状态，特别是引起某种
充血、产生精子等，也就是通过男女亲近的结果。我们经常会说："欲望因为
刺激而产生的。"

"快乐"和"痛苦"就已经隐隐约约能判断了。因为，看它们是否促进权
力感是区分刺激的办法。

对意愿的信仰。奇迹信仰是将一种思想当成机械运动的原因。科学的结
果要求我们，在使自身能够用图示的方式让世界变得可以想象之后，也会让
意志、渴望、欲望等变得能够想象。换言之，否定它们，并将其作为理智的
错误来处理。

"意愿"：同时也是目的的意愿。"目的"包含着衡量。衡量是从什么地方
的得来的呢？"苦、乐"的确定标准是基础吗？

但是，在非常多的情形之下，我们使某事物痛苦乃是由于我们对其强加
了衡量的缘故。

道德衡量的范围，这种衡量几乎在一切感性印象中都起着作用。在我们
看来，世界由此而发生了变化。

我们为一切事物都预设了目的和价值，我们因此积蓄了一团巨大的
潜在力在自身。但是，价值比较让我们知道，被认为是有价值的事物，
是相反的东西，货物价目表比比皆是（这就是说"存在"二字是没有任
何价值的）。

通过分析各种货物价目表，我们可以看出，这些价目表的确定就表明确
立了有限的（通常也是错误的）集团的生存条件：为达到保存的目的。

通过对现代人的观察，结果表明，我们所用的价值判断的差别是很大的，
而且在这中间再也找不到创造性的力——基础。因为现代道德判断没有"存

在的前提"。它变得更加多余，它很长时间都没有这样痛苦过了——它要任意妄为。

创造了高于人类和个体目的的是谁呢？在这之前，人们想用道德来保存；但是现在，没有人再想到保存了。因为已经是没有任何可供保存的东西了。

也就意味着道德是试验性的。因为，它要赋予自身一种目的。

THE
RECORDS
OF

艺术的灵魂

> 只有经历过地狱磨难的人，才有建造天堂的力量。
> ——弗里德里希·威廉·尼采

NIETZSCHE'S
PHILOSOPHY

什么是哲学家

哲学家是什么，这是个不好回答的问题。因为哲学家不一定就是教授。教授一定是懂得这一点的，而且是经验丰富的。也许人们应当矜持，不要探讨这一点。可是，今天，世界上的一切事物都在说话，而与事物紧密相连的问题，却不具备任何经验。这个问题必然会得到哲学家的重视。但是大多数人对他（它）还是没有什么认识的。事实上，他（它）们是可以被认识的，只是关于他（它）们的普通看法基本上都是错误的。因此，例如那个真正大胆而放纵的精神性的哲学序列——这种精神性的发展速度非常快——是辩证法的严格约束和必然性，并且它从不失足。

对于大多数的思想家和学究来说，从自己的经验出发并不是正确的做法。所以，一旦有人想在他们面前谈论这件事儿，无论对方说什么都没有可信性。他们将所有的必然性都看作一种困境，并且还是痛苦的后果和被逼所至。但是对于他们来说，思维本身则是慢腾腾的东西，迟疑不前，从而认为这是一种艰辛，人们常常将它称作"令贵人紧张的事儿"。他们从不会把它看作轻松、神性、舞蹈，或者转换！他们将"思维"和一件"认真对待的事儿"，以及被"看重的事儿"认为是彼此相联系的。因为，他们都曾单独经历过这种事。因此，他们对这种情况再清楚不过了。就是当他们丝毫没有"专横霸道"的思想并且使一切成为必须的时候，他们的自由、雅致、创造性的设定、支配欲、塑造的情感才会达到自己想要的高峰。简而言之，必然性和"意志自由"在他们那里将被等同为一回事儿。最终，灵魂心态的等级制出现了，问题等级制以此为依据进行着；即使是最高级的课题也毫无宽宏之心，从而人们必须迎击任何大胆来冒犯的人，而且不能因为精神的崇高和拥有的权力而成为命中注定的。

如果摇晃的万灵头脑，或者木然而好样的机械论者，以及今天层出不穷的经验论者，用他们古罗马平民的野心，闯入他们的周围，闯进这"府中之府"，不知道有什么用？但是，这块地毯是禁止泥脚在上面践踏的。因为，在原始的律法中，人们已经为此做了深思熟虑；对于这些不速之客，那扇大门总是关闭的，难道这些人还要用头把门撞开，弄得头破血流吗？人们必须为高等人而生，更明确地说，人们必须为这些人而接受驯育。因为，用伟大意义的话来说，一种对哲学的权利，在这里也是依照各自的出身而确定其祖先和"血缘"的；他的一切美德，都必须单独加以获取、培育、遗传、蜕变，而不单单是靠大胆的思想、轻率、柔弱就能够办到的。此外，首先要强调的就是伟大的责任心，位居统治地位的目光总是傲视崇高的，因此要与庸人及其义务、美德主动划清界限，并且包括保护、捍卫被误解、遭诽谤的东西。不论上帝还是魔鬼，都要在伟大的正义中快活地练习发号施令的艺术，锻炼自己意志所谓恢宏、舒缓、不惊、不仰视、不施爱的眼神……

古代宗教的余绪

凡是没有思想的人总是觉得愿望是简单的、现成的、不以意志为转移却又不言而喻的，而意志则是唯一起作用的东西。例如，他亲自实施一次打击，那么在他看来，自己就是打击者；他打的原因是出于自己的意志而决意要打的。就一个问题本身而言，他根本发现不了什么，但意志却足以让他接受因与果，使他相信他已经懂得了因果关系；而他对所发生之事和一件必须完成的繁杂的工作的机制，以及意志本身对实施这项工作的无能为力一概不知。在他看来，意志是一种带有魔幻色彩的力量，相信意志就是相信后果的原因和魔幻的力量。

于是，无论在何处，人们在观察事物的时候，总是认为意志起决定作用的因素，因此远离必然与自动的运行机制。这是因为很久以来，人只相信自己，而不相信物质、力量、事物等。久而久之，在人的基本信条里便对了一项，那就是相信因果。无论在何处发生何事，人们都统统用这一信条来进行观察。这在当今社会依然是非常本能的行为，亦是一种返祖的现象。"没有不存在原因的后果"，"所有后果又必然会成为原因"，从表象上看，这些话似乎将以下较为狭义的话一般化了。"所有后果均由意志造成"，"后果只对有意志的人才会产生"，"纯粹的、无后果地遭遇某种后果是绝对不存在的"，一切遭遇都是意志造成的。例如，行为、防卫、复仇、报复等。在远古时代，人类的所有说法都表示同一个意思，前者并不是后者一般化，后者只能说是前者的解释罢了。

叔本华曾经作了这样一个假设：凡是存在的都只是意志而已。于是，将一个古代神话捧上了王位。他和每个人一样，只相信意志的单纯性与直接性，似乎从未对意志作过分析；而意愿常常很容易逃避眼睛的观察，因为它仅仅是一种习以为常的机制。对于叔本华的假设，我要提出自己的看法：一、形成意志的条件就是必须要有兴趣和不感兴趣的观念。二、对事物进行阐释的思考力就是感受到某种强烈的刺激，也就是感受到兴趣或不感兴趣，这种思考力通常是在我们无意识的情况下工作的；这种刺激可以理解成对某个事物感兴趣与否。三、只有具有思考力的生物才会有兴趣、非兴趣和意志；而这些对于绝大多数有机体来说是不存在的。

生活中往往存在着某个高潮，如果我们达到了这个高潮，那么就和自己的一切自由一起，再次陷入思想不自由的危机之中，并且不得不开始一次艰难的尝试。

也只有在这个时候，个人的上帝才以深入人心的力量突现于我们的面前。支持这一理念的人乃是亲眼看见后留下的个人印象。于是，所有我们遇到的事物全都是为了寻求完美而存在了，生活的每个时刻似乎只想不断证明这句话了。所有这一切，包括天气的好与坏、失去朋友、疾病、诽谤、信札未至、脚扭伤、逛商店、相反的论据、读书、做梦、欺诈等。在当前或以后很短时间内即被证明全是生活中"不可或缺"的事物，它们对于我们来说具有极其深刻的意义与功利！

我们不再信仰伊壁鸠鲁那些无忧无虑的不知名的诸神，反而开始信仰某个心事满腹的，甚至对我们的每根细发也知之甚详、对仁慈济世从不感到厌烦的小神明，我们的这种做法会有更危险的迷惑吗？

我觉得我们不用去理会那些神明和殷勤的天才，我们应该以自己的看法为满足，而这种看法就是：在解释和处理事件时，我们自己的理论与实践已达到的迄今最高的高度。然而，即使当我们为自己在演奏乐器时所产生的神化和谐而惊喜不已，以至于都不敢相信它是属于自己的，我们也千万不要高估自己的智慧与灵巧。实际上，在我们演奏的时候，有一位先生时常陪伴我们左右，它就是可爱的机遇，它即兴地引导着我们的双手。连最智慧的上帝也难以想象，什么样的音乐会比我们用自己笨拙的双手演奏出来的音乐更美妙。

在这个时代里，我们必须要为一个更高级的时代开辟新的道路和聚集必要的能量。因此需要大批已经做好准备、勇于承担责任的人才，要将英雄气概带入更高级时代的知识领域中去，为获得和实现观念而努力奋斗。但是，这样的人才是不能够从虚无、现代文明的泥沙、抑或大都市的教育中产生的。他们都将是沉默、孤独、果敢、坚持到底的人；他们对各种事物充满了热爱，不断找寻着可以征服的一切；个性爽朗、忍耐、简朴、而又蔑视虚荣；流露出勇往直前、敢于胜利的大勇，然而对能够宽容失败者的虚荣，独立而精辟地分析一切胜利者以及对每次胜利和荣耀的偶然因素；当然，他们也有属于自己的节假日、工作日和哀悼时间；他们常常胸有成竹地发号施令，如有需要，也随时准备待命；对个人和对集体同样感到骄傲和自豪；将别人的事情当作自己的事情来对待。总之，他们是一群更富创造性、对现实更具危险性、欢乐幸福的人。那就相信：冒险犯难地生活是获取生活中最丰硕果实和最大享受的秘密所在！

在维苏威火山旁来建立你们的都市吧！将你们的船开往未经探险过的海域吧！同你们自己以及敌人开战吧，让自己生活在战斗中！如果你们这些求知者还不能成为统治者和占有者，那么就成为强盗和征服者吧！

你们像一头小鹿一样胆怯地在森林中东躲西藏，生活的这个时代即将过去！知识现在终于伸出手来，索要和掠取所有属于它的东西了，它要统治、占领一切，请永随知识吧！

给予人的个性一种"风格"——是一种崇高而又罕见的艺术！

一个人从自己的本性中观察所有的长处以及弱点，并加以艺术性的规划，以至于一切都显得很艺术、很理性，甚至连弱点也让人着迷——艺术就是这样被人们运用的；另外，还有许多第二天性在不断的增加当中，因此第一天性不知不觉的减少了。但是，不管哪种天性，都必须在长期的辛苦演练中得到巩固。不愿意减少的丑陋一直隐藏在这里，而这些丑陋又重新被诠释为高尚。而很多不愿意被转变为有形的暧昧也被保留着做远眺之用，也就是说要给那些冷僻而不可测的东西一个暗示。当这项工作完成的时候，不论是上层阶级的人还是低层阶级的人，从他们的表情上看都是对我的尝试的不屑。其实，这一尝试并没有人们想象的那么重要，不管是好是坏，只要它是一种尝试就足够了！

所谓统治欲极强的人，就是那些有自己的准则，即使在强迫和压制下也能从中享受快乐的人。他们清楚地知道，自己具备某种与生俱来的天性——服务于他人的天性。强有力的意志让他们感到非常欣慰。就算是修建宫殿和花园，这类人也不会去做解放天性的尝试。

反之，憎恨束缚的人，天性软弱的人就不会具备超越自己的能力。在他们看来，如果自己被套上让人厌恶的强制的枷锁，就会变得庸俗不堪；只要他们受控于它，自己就会变成奴隶，因此他们憎恨这种役使。这一类奇才（可能是第一流的奇才）总是想要将自己以及周边的人塑造为自由天性的人——也就是粗野、专横、善于想象、毫无规则的人。对此，他们乐此不疲地追求着，只有这样他们才会感到生活的乐趣。

只有一件事情是不可缺少的：必须对自己的行为感到满意，否则就会变成自讨苦吃；即使是与他毫不相干的人也会成为他的牺牲品。因为，我们要时时刻刻忍受他那可憎的面目，而这种可憎的面目会让气氛变得更加恶劣。

德意志精神的探险

从目前来看，我们显然已经向一个崭新的、好战的时代迈进了，也许这种情况对另一个强大的怀疑论种类有些帮助。但是对此，我暂时只想用比喻来表达它，而且我相信，熟知德意志历史的朋友们必然懂得我的这种比喻。对于那些长大成人的掷弹兵、不假思索的狂热分子来说，作为普鲁士的国王，他是一个军事和怀疑论的天才——因而，从根本上讲，也就是那种不久前战无不胜的、步入舞台的德意志的楷模；在一个点上，甚至拥有了天才般的机关和幸运的利爪；其原因就是因为他知道当时的德国真的缺少什么，而且这种匮乏比教育和社会形式上的缺乏要可怕得多，并且急迫上百倍。他对年轻的弗里德里希的憎恨，来自于对深沉本能的恐惧；由于自身的强大的厌烦而怀疑自己的儿子没有达到男子汉的水平，缺少阳刚之气；他简直就是自欺欺人。

但是，谁处在他的位置上会不自欺呢？所以，他认为儿子注定会成为无神论者，成为机智幽默、才华横溢的法国人——当然还少不了贪图享受、自在逍遥。在后台，他看到了一位伟大的吸血鬼，即怀疑论的蜘蛛。他怀疑因为贫困而使不可救药的心灵不值得称之为罪恶，就像不足以扬善一样；只是一个残损的意志，不仅不能发号施令，而且也无力发号施令。可是，就在这种情况下，他儿子的身上却已经形成了更加危险、更加强硬、更加崭新的怀疑论类型——谁知道，正是由于对父亲的仇恨，对孤独酿就的意志和冰冷的忧郁而获益匪浅呢？

怀疑论，一种背离教条的阳性怀疑论。对于天才来说，下一步它将变成战争和占领，并且以伟大的弗里德里希的形象向德国进军。尽管如此，这种怀疑论仍旧会把自己蔑视、撕裂到极点；因为它不仅要破坏，而且还要占有；它没有什么信仰，可是却也不会在此迷途；它将危险的自己给予精神，可是，它又要绷紧心弦。这种形式就是怀疑论的德意志形式。

作为延续和升华，它成为了最具精神性的弗里德里希主义。欧洲因为处于这种德意志精神，及其批判和历史的怀疑的支配下，从而迎来了一个大好时光。也正由于伟大的德意志哲学家和历史批评家具有无可否认的顽强力量和坚韧的男子汉性格——这些具有破坏性和瓦解性的贵族用正确的眼光看待这一切，丝毫不顾音乐、哲学、浪漫主义而确立的德意志精神的新概念。根据这种概念，阳性怀疑论的行动迈出了决定性的步伐。例如，无论是无畏的目光，还是具有拆卸力量的手的勇敢和坚强，还是从事冒险之旅的顽强意志——在荒凉和危险的天宇之下，进行精神化了的北极探险。

也许这样做有着充分的理由，如果那些拥有温情、肤浅的人情味的人，要在这种精神面前被钉上十字架。信仰命运、讽刺性、靡菲斯特精神不再战栗地将他称作米什莱。可是，人们希望在事后感觉一下，对德意志精神中提到的这位"男子汉"的恐惧是多么的突出啊！正是通过他，欧洲才从他的"教条主义沉睡"中被唤醒。于是，人们开始回忆在此之前出现过的概念，它必定被他克服了——一个阳性化的女人能够毫无在乎、专横跋扈地认为，德意志人都是温柔和顺、善良仁慈、意志薄弱、充满诗意的欧洲式令人同情的笨蛋，好在为时不是很长。但是，人们直到最后才终于明白拿破仑当时的那个深深的惊讶！当他接见歌德的时候，因为这件事透露了人们这几百年来在"德意志精神"的影响下都想了什么。"看啊，一条汉子！"这句话的原意就是："他的确是一条汉子！但是我所期待的仅仅是一个德意志人而已！"

信仰的需要和使命

需要多少信仰，人才能够使自己兴旺发达呢？需要多少支撑物，才不会使自己动摇呢？这就是显示一个人力量的测仪器（说得更明了一些，也就是弱点的测仪器）。

我认为，在古老的欧洲，大多数人仍然需要基督教，因此基督教依然受到人们的敬仰。人就是这样：即使对一种信仰否定过千百次，一旦需要它的时候，就会改口说它是真理，而依据就是《圣经》上说所的"力量的证明"。

有的人需要形而上学，但是也会为了获得某种确定性而狂热地去追求；到目前为止，这种追求已经掀起了科学的实证主义浪潮，这是一种想要获得某种东西的要求（另外，因为这种要求过于急迫，因而显得轻率），这也是为了获得支柱和依靠。简单地说，这就是人的弱点。这种弱点虽然没有特例的宗教、形而上学的理论和信念，但是仍然对此起到了维护的作用。实际上，在实证主义哲学的周围内，弥漫着悲观主义的郁闷氛围、厌倦、宿命、失望，以及恐惧；或者仇恨、情绪暴躁、激愤的无政府主义。当今那些聪明人士，因为怀着满腔的激愤在街巷中失去了自我。例如，这种激愤会表现在"祖国情感"里（我将它视为法国沙文主义，"日耳曼式"的）；或者表现在模仿巴黎自然主义的美学信仰中（巴黎自然主义者只是揭示了那些引起人们恐惧和厌恶的东西；今天，人们将它称作"完完全全的真实"）；或者表现在彼得堡式的虚幻主义中（这种主义就是信奉无信仰），只要是这种激烈的情感，都首先表现在对信仰和依靠的需要……

哪里需要意志，哪里就急迫地需要信仰。意志作为命令的依附，是显示力量最重要的标志。也就是说，一个人越是不明白如何下命令，就越是迫切地希望成为领导者；而一个具备领导力的人，越是需要神明、上层阶级、医师、神父、教条和党派意识。因此，世界的两大宗教——佛教和基督教，之所以会得到大家的认可，都是因为人的意志患病。事实也的确如此，这两大宗教都因为意志衰弱，而产生了荒谬的要求，即要求"你应该怎样……"这便是意志软弱时代产生的宿命，给人们提供了一种新的前景，使他们产生了新的愿望，同时享受这种愿望。

宿命论能够增强弱者和丧失自信的人的意志，对整个思想界、知识界也产生了催眠的效应，并促进现今社会占统治地位情感和观念，也就是指被基督徒称为"营养过剩"的信仰。假如一个人对自己必须接受命令的理由深信不疑，那么他就变成了"信徒"；如果他不相信，那么就证明他有自己的意识——人的自由意志。此刻，思想与各种信仰告别，告别了所有要求的确定性，而让轻便的绳索支撑自己；即便面临险境也会手舞足蹈，这便是卓尔不群的自由思想！

在欧洲，各个阶层和环境都会出现学者，就好像不需要特殊土壤的植物；因此，他们的本质属于民主主义思想体裁；但是，他们的出身却违背了自身的原则。

如果一个人将自己的能力训练到能够以一本著作、一篇论文来抓住学者的特性。那么，他也能够从这些特性中发现学者的背景——家庭，以及职业。

假如一位学者对我们说："现在证明我已经将它做完了。"一般情况下，这种论调意味着他的先辈依旧活在他的血液之中。对他而言，他所完成的工作，是非常有意义的；他所说的"证明"实际上是一种象征，证明他的祖辈的职业都是非常优秀的。例如，档案保管员和文秘的工作是整理资料，并将其分类、制图加以说明；如果他的儿子继承这份事业，那么也会表现出特殊的偏爱：喜欢用图表对事情加以分析，对他来说，这样做就会解决问题。有些哲学家也是如此，说得简单一些，他们只不过有一颗"图表脑袋"而已。父辈职业的特点成为他们的工作内容，成为证明他们分类和制作图表所特有的才能。就算律师的儿子成为学者，其骨子里仍然有律师的成分，对于他的事业,他首先会考虑公平;其次是获得公正。想要区分基督教教徒和教徒之子，只需要观察他们的自信程度便可以一清二楚。作为学者，他们自信地以为自己的事业已经得到肯定，因此表现出一种敬业精神，同时习惯于他人的信任。这些只不过是父辈"行业"所遗留的基因罢了。相反，犹太人非常讨厌别人的信任，这与他们的民族和商业精神息息相关。让我们来看看犹太民族的学者吧！他们非常重视逻辑，重视以理服人。他们明白，即使不存在反对犹太人的观念，人们也不会相信他们，而他们只会以逻辑取胜；对他们来说，逻辑分析是最民主的方式。逻辑不会顾及人的尊严，它可以将鹰钩鼻说成直鼻。还有一点需要说明一下，正是因为逻辑化，欧洲人从犹太人那里得到了很多益处，尤其是德国人。德国是一个应该遭受诅咒的理性民族，目前为止仍然需要"洗脑"。只要被犹太人触及的地方，他们就会教导人们，人与人之间不要太亲密，推理要非常精确、书写更加清晰。犹太人的使命，就是将一个民族带至"理性"。

镜中的反照人生

人们常常愿意迎合客观精神，这是多么值得感激——有谁会终生不厌烦一切主观和该死的自我癫狂呢！最终，人们不得不从他的感激中学会谨慎，并且暂时停止捧场。此刻，用这种夸张的形式，脱离精神自我化和精神脱离人格化，好像被人们奉为本来的目的。而且被颂扬是拯救和圣化，尤其是悲观主义学派内部所发生的事情大多都是这样的。与此同时，这个学派也有充分的理由将最高的荣誉颁给"索然无味的认识"。讲究客观的人不再骂人，和那些讲究悲观主义的人一样，变成了理想的学究。其间，科学本能在千百次全部或半数的失败之后，骤然像一朵花那样，由盛开走向凋零。对于最值钱的工具来说，只有一件是最保险的，但是这件工具仅仅属于一只更强有力的手。此时，他只能被看作一件工具。

我们说，他是一面镜子——没有什么"自我目的"。其实，所有讲究客观的人在一切被认识的东西面前，也是一面镜子，以服从为一种习惯，除了认识和反映，再没有什么乐趣可言——他坐等着，直到有物来临，然后轻轻伸展开，迈着轻盈的脚步，像幽灵一样的人从他的表面和皮肤溜过。他不知道自己扮演的"角色"还剩下什么。于是他感到茫然，但常常又很霸道，甚至于干扰别人，因为他本身已经成为陌生形象和事件的通道和反照。从而他想到了"自己"，虽然很卖力气，但是也犯了不少错误；他轻易地将自己与其他东西混淆，只是在涉及自己大小便问题上显得厉害，可是在这里，却独独是不雅致和粗枝大叶的。

或许是女人、朋友的健康，或者是小题大做，再或者是卧室的臭气把他害苦了。大概还有缺少伙计和帮会——不错，他勉强思量自己所受的痛苦：白费力气！一般情况下，他的思想总是漫无边际的，明天他想要知道的往往比昨天已知的要少得多，该怎样帮他。他自己都感觉失去了认真，同时也丧失了时间；其原因主要是因为他是乐天的，只是缺少克服困苦的手段。对所有事物和经历都以一种迎合的态度来对待，并且形成一种习惯，他兴高采烈而又无拘无束的好客，逆来顺受；他那无情的好意和对肯定、否定持危险的冷漠，使他这些美德受到伤害的场合，随处可见。而作为一个人，他则十分容易地变成这些美德的骷髅头。

人们希望从他那里得到爱与恨，我在这里所提到的爱与恨，与我对上帝、女人和野兽的爱与恨是一样的。他一定会完成他所擅长的事情，因此要交给他能力范围之内的事情做。可是，如果不这样做的话，人们也不必有什么惊讶或感到奇怪——如果他在那里表现出一种玩忽职守、脆弱、腐朽、有问题的话。他的爱是勉为其难的爱，而他的恨又是人造的，这更多的是由于一个力的行为的影响，一种小小的虚荣与夸张。他是真实的，只要他可以，这将变成客观存在，因为在他那乐观的、包容万物的学说中，他仍然保持一种"自然"。他的灵魂犹如明镜般永恒而光滑；他知道什么是肯定，什么是否定；他也不会再发号施令，或者去破坏。"我几乎再也不蔑视任何东西了。"他用莱布尼茨的话说。因为人们从来没有因为疏忽而漏听或低估什么东西，他也不是一个样板。他既没有走在别人的前面，也不会走在别人的后面；他只是远远地站着，他好像有什么理由必须要在善与恶之间选择一方去偏袒它一样。如果人们将他长久地同哲学家混淆在一起，或者同恺撒式的驯育者及文化暴力者相混淆，那么人们对他就会大加赞扬。但是往往忽视了他身上最基本的东西：他是一件工具、一个奴隶——至少是奴隶式的、最微妙的类型——或者说是任何一件东西。

讲究客观的人就是一件工具，而且是一件贵重的、易坏、灰色的测量工

具和反照艺术品，人们理应予以尊重。可是，他却不为目的、出路、上升，
也不是恭维的人。这种人只会为自己的余生辩护，但不是终结，更不是一个
开始、一次生殖和第一原因，绝非结实坚固的东西，也不是强有力的东西。
或者说是想当主人的自立者：因为，他充其量只是一个脆弱、雅致、灵活的
形式容器，要按照它的样子"成型"，首先得等待某个内容和形态。从实际上
说，他是一个没有形态和没有内容的人，而且还是一个"将自我丧失了的人"；
顺便说一句，他也绝非是供女人使用的人。

生活的热忱

你们想要"顺其自然"的生活？噢,高尚的斯多葛派们,只会睁眼说瞎话！
把自己想象成为自然一样的存在物,毫无节制的奢华、无限的冷漠、没有意图、
没有正义与怜悯,可怕而荒凉,并且漂泊无着,想象自己是一股冷漠的力量——
你们如何能忍受这种冷漠的生活呢——人们的生活不正是为了区别自然而存
在的吗？难道生活不就是评价、选择所爱、不仗义、受限制,力图区别于自
然的愿望吗？即使你们真的"顺应自然而生活",你们又怎能生活得与其不同？
你们为何要按照自己所认可和不得不认可的事物造出一种原则呢？实际上,
你们并非如此：你们装出一副欣喜若狂的样子,抬出你们自以为从自然中获
得的规则,干的却是相反的勾当——真是杰出的演员与自欺者！你们傲慢地
将你们的道德与意图强加于自然本身,并将道德理想自定义为"顺应斯多葛
的自然",要求一切生命即按照你们的形象来塑造,以此象征某种斯多葛主义
的永恒光辉与高唱赞歌！将自身束缚于对真理的热爱之中,如此长久而执着、
如此死板而呆滞地以斯多葛式的眼光看待自然,以至于无法再容下另一种视

角——甚至于在某种不可名状的傲慢的驱使下，使你们保持极端的希望，因为你们自身就沉迷于这种自虐之中——斯多葛主义即是如此，同时也使自然充满暴虐的色彩——难道斯多葛派不是自然的一部分吗？……但这只不过是一个永恒的故事：过去斯多葛派所发生的故事，今天仍在延续；只要有一种哲学开始变得自信起来，它就会依照自己的思维创造世界，而不可能有另一种可能。哲学便是这施暴冲动的本身，便是最权威的意志，"创世"的意图，探求第一原因的意志。

所谓的热忱与雅致，我甚至要用上"狡猾"一词。如今的人们带着这种态度寻遍欧洲各处以探求"现实世界与虚假世界"的课题，引起诸般话题，使得众人驻足。无论是在正面还是在幕后，倘若只听到一声"追求真理的意志"而没有别的内容入耳的人，一定不能吹嘘自己拥有灵敏的双耳。事实上，在极个别的场合，这种追求真理的意志——某种放任而充满冒险性质的勇气，某种形而上学者带有绝望色彩的义无反顾——的确可能参与其间。最终，他们宁可抓住满地的"确定性"不放，也不愿瞥一眼整车的可能性。甚至于还会带有清教徒般的狂热劲儿，宁可死于无，也不愿理睬不确定之物。可这都是虚无主义，一种绝望而垂死的灵魂状态——即便这是出于美德而表现的勇敢。然而，对于更为强势的、充满生机、渴望生命的思想家，情况可能有所不同。他们分属不同的党派，反对假象，以傲慢的口吻谈论"透视法"。他们以对待"地球是静止的"这一假说的态度来估量自身肉体的可信性，并基于此种态度得意扬扬地放跑了最为保险的占有物（目前还有什么比自己的肉体更可靠的呢）。谁又能保证他们不是为了夺回被前人所占有的更为保险的事物呢？即以前的某种信仰，抑或"不死的灵魂"，又或是"老朽的上帝"，总而言之就是某种观念。与"现代观念"相比，这些观念能够使他们生活得更好、更有活力、更快乐，不是吗？这既是对现代观念的一种不信任，也是对昨天与今天所建构的一切的非信仰；他们或许对自己的轻率举动表现出厌烦与自嘲，再也无法忍受繁杂不堪、概念破烂货的出身。现在，它既是那些所谓的实证主义摆到市场上兜售的破烂货，又是一头被牵到繁杂的现实性哲学市场上的一头蠢驴。这些看来花里胡哨的东西，实际毫无新意，毫不入流。在我看来，人们应当以此为鉴，来为今日的（怀疑论的）反现实与认识的微观分析证明。他们的本能无可非议地将它们同时髦的现实分离开来——他们开倒车的秘密与我们何干！他们的目的并非"后退"，而是离开。再增一份力量、勇气与艺术家的才干，他们便会逃之夭夭——而非后退！

历史意义的定位

历史意义——或者说是在最短的时间内猜中价值估量的等级制。因此，一个民族、一个社会，甚至一个人赖以生存下来，这是对这些价值权威和现实作用力的权威关系的"预知本能"。欧洲人要求自己具备特色的东西，对我们产生了有魔法和异想天开的半野性的后果。欧洲也因为阶层和种族民主主义的膨胀而陷在里面。首先，19 世纪的人们意识到了这一点，将它称为这个世纪的第六感官。所有形式和生活方式相互交织的文化历史，都因为那种在我们"现代灵魂"中的混合而涌现出来。于是，我们本能地向后退，而我们自己则成为了大混乱的品种。最后，就像前面提到过的，"精神"便在这里看出了漏洞。

我们自身所具有的半野性，使我们不管走到哪里都会找到秘密的出口，就像从未占领过某个高贵时代一样，是通向未完善的文化迷宫与在世间存在过的半野性的出口。而且，迄今为止，人类文化最可观的部分仍然存在于半野性的状态。那么"历史意义"就意味着为所有感官和本能所用，并且为一切审美和味觉所用。因为，它可以借此证明自己是一个高贵的感官。例如，我们喜欢享受荷马：这或许是我们得到的最幸运的便宜，我们通晓《荷马史诗》，但是所有拥有高贵文化的人，无论过去还是现在，都无法轻易地掌握荷马。举个例子来说，17世纪的法国人，如圣埃福莱蒙德，他就指责荷马的广泛精神，甚至包括伏尔泰的尾声。这个非常确定，随口就可以说出肯定或否定，在遇到一切陌生种类时表现出来的迟疑、退缩，对生动的好奇以及那种对所有高贵而容易满足的文化的、恶劣意志的、非审美的胆怯，没有勇气去承担崭新的一幕，也就是对自身的不满和对异物的称赞。因为对于世界上最美好的事物来说，这一切决定了他们都处于不利的地位，这些东西决不会成为他们的财产，或者是他们的猎获品——对这样的人而言，没有哪种意义会比历史意义、低三下四的无政治权利的平民式的好奇更令人难以感悟。

莎士比亚和令人惊奇的西班牙——摩尔——萨克森的综合审美者也没有什么区别。一个老雅典人因为与埃西路斯的友谊而为此笑了个半死，或者作呕。可我们——却正因为接受了这种粗野的光彩，这种最柔弱、最粗糙、最艺术的东西的杂凑，变得诚恳亲昵。我们可以把他看作自己保留下来的艺术的狡猾，并且减少我们因逆向蒸汽和英格兰庸众邻居所受的干扰，这一点倒很像那个不勒斯的科尔索岛。因为在那里，我们同我们的所有感官都死心塌地，像受了蛊惑一样，走在自己的道路上，尽管庸人聚集宿营的阴沟是空的。

我们是体现着"历史意义"的人，因为我们自身就带有一份美德，这是毫无争议的——我们无求无欲、忘我无我、勇敢、谦虚、客气，充满自我克制、充满牺牲、耐性十足、阿谀奉迎……总而言之，我们也许并不"香甜可口"；但是，我们不能否认，我们这种体现"历史意义"的人难把握、难感觉、难回味、难追求的东西，会令我们认为是一种偏见，甚至将它看作敌对的东西。

事业上和人身上的高贵，正体现在每种文化和艺术的完善之作以及接近成熟之作，并且包括平湖般的目光和满怀喜悦的自满，这些都是自我完善的事物所表现出来的荣光和冰冷。或许，我们所说的历史意义的美德，与善良审美同处一种程度，但是最起码它也是处在最佳审美的必然矛盾之中，而我们恰巧可以模仿小的、短的，以及在最低级的幸运场合下人的生命的圣化。这一点就像它们自己可以在这里或那里骤然四射的光芒一样，但是在我们这里却表现得如此恶劣、迟疑，似乎还带有一丝勉强。因为，那种目光和奇迹，在那种伟大的力量面前，主动站立在深不可测、漫无边际的事物面前——那里，因为突然发生的抑制和石化，因为我们正巧站在一块没有停止抖动的地面上，而出现了一种细腻的快乐。"尺度"这个词语，对于我们来说是陌生的，我们不得不承认：我们的欲望——对无限、不可推测的事物的欲望，就像骑在狂奔的骏马背上的骑手，当无限之物出现在我们面前时，我们自然撒开缰绳。现代人，就像半个野蛮人（当然，大多数人也都这样）正处在危险的地方，而那些半野蛮人也正处在我们的极乐状态。

精神基本意志

在那些应该为人性自豪却迟来的时代里，如此多的恐惧被遗留了下来，以及众多的对"野蛮残酷的野兽"恐惧的迷信。这个更人性的时代的自豪就是通过野兽变成主人来实现的。即使真理容易把握，但是因为几个世纪之久的约定而一直没有人把它说出来，因为它们具有帮助那头野蛮、凶残、最终被杀死的野兽死而复生的外表。如果我令这种真理滑落，那么我是出于什么勇气？因为，假如别人又将这个真理抓住，并且给它灌下了许多思维败类的牛奶，直到它静止不动的时候，它将躺在一个被人遗忘且陈旧的角落里。人们应当对此改变看法，同时睁大双眼；人们也应该学会无辜，从而使这种不谦虚、肥胖的谬误迈着美德特有的四方步子，冒冒失失地四处溜达。例如，这些谬论是在涉及新老哲学家的悲剧的地方养育出来的。所有我们称之为"更高级的文化"的东西，都是以残酷的精神化和深入化作为基础的——这也正是我的信条。"野兽"并没有彻底消灭掉，它仍然活着，并且在繁衍生息，与往日不同的是它被神圣化了。

悲剧、痛楚、快感只能带来残酷。在所谓的悲剧的同情中，从根本上说，甚至在一切崇高、形而上的最高级和最柔弱的震颤中，起到惬意作用的东西，都独独因为混入了残酷的成分而最终品尝到它的甜头。竞技场上的罗马人，十字架上基督的抽搐，常常面对火刑场或斗牛场的西班牙人，向悲剧涌去的日本人，向往血腥革命的巴黎工人，以毫不掩饰的意志"容忍"特里斯坦和伊佐尔德的瓦格纳的女性崇拜者——所有这些人所承受的，并以一种神秘莫测的春情的发动而希望得到喝个痛快的东西，就是那个伟大的喀尔刻"残酷"的调味饮料。其中，人们必须先将笨拙的心理学赶跑，因为这家伙只知道当眼前出现陌生的苦痛时，传授由此产生的残酷。但是在自身的苦痛上，在自作自受上，同样也存在一种充裕的、丰盈的享受——而只有人还会使自己听从别人的劝说，做出宗教意义上的自我诽谤；或者就是自我摧残，正如腓尼基人和禁欲者一样，阉割、禁肉欲、咬牙切齿，经常进行清教徒式的忏悔的痉挛，以及良心的活体解剖和到帕斯卡式的理智牺牲的地方。因为只有在这种地方，他才能有一种宾至如归的感觉。因为自己的残酷性被推着向前，在那种危险的、针对自身的残酷震颤而被吸引。最终，人们认识到，即使是认识者，一旦强制了自己的精神——一种悖逆精神的嗜好，并且经常悖逆其心愿。也就是说，当他想说爱、敬慕的时候，却给出了否定的含义。残酷艺术家和圣化者希望占据统治地位，每一次深入和彻底的攫取，都是一种强暴的行为，并且是精神意志上的刺痛。为了门面和表面的虚荣，它不间断地幻想着在所有意愿中，留下一丝残酷。

或许，我在这里所说的"精神的基本意志"并不被人们理解。但是，我是被邀请来做解释说明的。由"精神"——民众所指代的发号施令者，想成为真正的主人，并且还要有主人的威信。因为，他此时拥有了大众统一出来的意志；他拥有一个汇集、捆绑在一起的，有统治野心并且真正可以统治的意志。在这里，他的需求和能力，就像心理学家为一切活着的、生长着的、繁衍着的东西所提出的，它们同属一种。

在一种强大的嗜好中，精神同化异物的力量，即令新、旧东西相类似，简化多样性，将全然矛盾的东西忽视掉或者撇开。同样道理，它会任性地、强有力地强调异物，"外部世界"的任意一部分特征和线条，使之突出，然后对其伪装。在这方面，它的意图主要是，将新的"经验"同化，然后将新的事物纳入老的序列中。确切地说，就是寻找一种增长的感觉；一种表面上看似互相矛盾的精神的冲动；一种突然而至、对无知和任性封闭的决断；一种自闭的行为；一种内在的、对所有事物的否定；一种难以靠近的行动；一种对可知事物的防卫心理；一种对黑暗、封闭的地平线的满足；一种对无知的确定和核准。所有这些都是为同一个意志提供服务的，而且这些都是必不可少的，按照各自的同化力量。"精神"，对于大多数人来说就像一个胃。

同样的道理，在这个范围里，也存在偶尔的自我蒙蔽的精神意志，或者这是不着边际的预感。但是不管怎么说，事物不会并排站立，人们只能承认这一切的不安定和多义性所带来的快乐。对任性的狭隘性和秘密角落的自我享受，对过于逼近、表面、放大、缩小、推拉、美化的自我享受，对所有权力所表现出来的任性的自我享受。最终，那种具有欺骗性的精神欺骗了其他的精神，而且在它们面前还假装是不假思索的热心。那种创造性的、塑造性的、能有变革力量的、长期压迫与欲望，都属于这一范畴。因为，精神在这里充分地享受到了它的多种假面具和阴险狡诈；它在这里也享受了安全感——由于它自身变幻无常的技艺，才使他获得了最好的保护和藏匿——那种认识者的雅兴，正好与这种虚幻、假面的意志大相径庭。认识者所理解的事物是深沉的、多面的、彻底的，而这却具有一种智力良心和审美的残酷性，因为任何一位勇敢的思想家都会看到他的残酷性。

假如，他理应如此残酷，而且他的眼光已经因此而放得足够远大和尖锐了，并且习惯了严格的训练和能言善辩，那么他一定会说："这正体现了我精神嗜好中的残酷，我具有残酷性。"——但愿有美德、可爱的人能够劝慰他，停止这样做！事实上，如果人们针对某种"放荡的正直"，背后议论、赞扬，或者窃窃私语，那么听上去好像是很有教养——对于我们这些拥有自由精神的人来说——这样一来，我们真的有机会听到对自己的赞扬声了，不是吗？偶尔，因为过去——起码是我们自己有那种用道德的花言巧语来装扮自己的倾向，并且精心装潢一些饰品。到目前为止，我们的所有工作，令我们对这种审美以及它那美轮美奂的繁盛感到无比的厌烦。那些美妙的、华丽的、闪烁其辞的话语。例如，正直、对真理的爱、对智慧的爱、勇于为认识而献身的真正的英雄主义，这些都是某种令一些人的自豪发生肿胀的因素。可是，作为隐士、鼹鼠的我们，早就以一种隐士的心态的秘密将自己说服了。在这些堂而皇之的言词下，在那种同样属于无意识的人的虚荣装扮、谎言下，也在阿谀奉迎的色彩和涂层下，再一次现出了自然人这个概念。也就是把人重新与自然相联系，让人再次成为虚荣而狂热的解释和次要意义的主人。所以，这些解释和意义在当时就已经刻画在那个永恒的本文中了——自然人之上。让后人立于人前。如今天，人们在科学的培育下变僵后立于其他自然之前一样，用不会被吓倒的俄狄浦斯的眼睛与被贴紧的奥德修斯的耳朵，再像聋子那样对付形而上学的捕鸟者们的诱鸟。他们对人吹奏了太久，"你是更多、更高！你是出身特别！"这也许是一种罕见的、了不得的使命，但是它仅仅是一种无可否认的使命。我们为什么要选择这个好得了不得的使命呢？或者换种问法："我们选择这个使命的目的是什么呢？"任何人都会问我们这样的问题的。我们已经以一种急切的心理问过自己上千遍了。可是，无论过去还是现在，我们仍然没有找到理想的答案。

致现实主义者

清醒的人们，你们总以为自己是激情和幻想的反对者，总是喜欢在自己的空虚中创造出豪情和矫饰；你们这些自称为现实主义的人总是习惯于给予别人这样的暗示：世界是真实呈现于你们面前的，也只在你们面前，它才会揭开神秘的面纱，向你们展示堪称精华的一面。

——噢，亲爱的赛斯之形象！

揭开神秘的面纱，你们不也跟水中的鱼儿一样，

是激情万丈、沉郁孤寂的生灵，

不也像热恋的艺术家一样吗？

然而，你可知道，在一个热恋的艺术家眼里，什么才是"真实"呢？你们依然对那些来自过去几个世纪的充满激情与热恋感觉的事物爱慕不已！在你们的清醒之中总是掺杂着若隐若现，却又无法消除的朦胧醉意！就拿"真实"的爱恋来说吧，那可真的是一种纯粹的、原始的"爱"！它与一些幻想、偏见，甚至与非理、无知、恐惧等夹杂在一起，充塞在一切情感和感官印象之中。

那一座山、一片云的"真实"又是什么呢？清醒的人们，你们能够将对那山那云的幻象和那些人为的添加物抽离吗？你们能够将自己的出身、历史以及学前的教育，甚至是你们的整个人性与兽性统统遗忘吗？

"真实"对我们来说并不存在，对你们亦然。事实上，我们之间的陌生程度并没有你们所想的那么大。可是，我们想要超越醉意的良好愿望或许跟你们无法克服醉意的信念是同样强烈的。

对于南欧人所喜爱的一切东西的鄙俗性——无论是意大利的歌剧（比如罗西尼和贝利尼的），还是西班牙的冒险小说（比如我们最为熟悉的吉尔·布拉斯的法文版小说）我都很熟悉。但是它们却还不至于让我感到伤心。这种鄙俗如同人们在庞贝市漫步时或者在阅读古书时所碰见的鄙俗。

那么鄙俗性又是从哪里来的呢？是因为缺乏羞耻之心，还是因为鄙俗之物十分自信才可以堂皇地登场吗？难道这就像同样鄙俗的音乐和小说中所描写的那些高雅、妩媚、激情的东西一样吗？"动物和人一样有自己的权利，可以随意地四处奔窜；然而我亲爱的同代人啊，无论如何也算作动物！"这话在我看来简直就是鄙俗性的注脚，也可以看作南欧人的个性特征。

粗鄙的审美情趣同精良的审美情趣一样，都有属于自己的权利，当这种审美情趣变成一种大的需求、自信的满足、通俗的语言，甚至是叫人一看就能明白的面具和姿态的时候，它或许会比精良的审美情趣更加具有优先权；而精挑细选过的精良的审美情趣中总是包含着探索性的、尝试性的东西。虽然我们对此并没有任何确定性的理解，但是它永远都不是通俗化的，现在不是，过去也从来都不是！通俗化始终只能是一宗可怕的面具！

这样的面具出现在了音乐的华彩乐章和歌剧的欢快旋律之中！这完全可以看作一种远古的生活！如果人们不能够理解他人为何总是喜欢戴着面具，更加没能理解他人对于面具的良苦用心，那么还能对面具有什么认识呢？可以说，这里是古代思想的浴场和栖息地，这浴场或许需要古代高人雅士，更有可能甚至还需要下层的鄙俗百姓。

北欧的作品中所表现出来的鄙俗趋势实在令我汗颜，也时常让我感觉到痛苦难言，比如德国音乐，艺术家从来不会为自我贬抑而脸红，可我们却因为他而感到羞愧啊！我们受到了伤害！因为我们知道，他会因为我们而降低自己！

希腊人——至少雅典人很喜欢听别人的高谈阔论，他们的这个癖好或许已经成为了与非希腊人的一大区别。他们甚至要求站在舞台上的讲演者要有高谈阔论的激情，并且能够狂喜地、矫揉造作地进行朗诵。然而，潜藏于人性之中的激情恰恰是沉默寡言、静默、窘态的！因此即使激情能够找到言辞，那也一定很混乱，而且还是非理性、自我羞惭的！

由于希腊人的缘故，我们现在似乎已经习惯了舞台上的矫揉造作，这就如同我们由于意大利人的缘故习惯了另一种不自然的、忍受并且喜欢忍受歌唱的激情一样。我们似乎非常需要倾听处境极度困难的人的高谈阔论，而这种需要我们无法在现实世界中得到满足。悲剧英雄的生命濒临深渊，现实中的人在此刻大多失去了勇气和美好言辞之时依然镇定自若、滔滔不绝地慷慨陈词，使人的思想立即变得开朗起来，令我们如痴如狂，或许这"脱离自然的偏差"是为人们的尊严特制的午餐吧！因此，人类需要通过艺术来表达一种高尚的、英雄式的做作与习俗。

倘若一个剧作家总是保持些许的沉默，而不能够将一切变为理性与言语，那么人们将会理直气壮地指责他；然而，如果一位歌剧家不懂得捕捉最好的旋律以达到最佳的艺术效果，而只知道寻找那些效果很好的、"符合自然"的呐喊，那么人们就会逐渐对他产生不满。如此一来，也同样违反了自然规律！这里涉及到的问题就是鄙俗的、"想当然"的激情应该让给一种更高的激情让位！

在这条路上，希腊人实在走得太远、太远了，几乎到了令人惊异的地步！他们将戏台建造得非常狭窄，也绝不用深层的背景来制造效果；演员不能够有任何面部表情和细微的动作，以至于演员们都变成了如同面具一般庄重、生硬的妖魔。与此同时，他们也从激情的深层内涵抽离了出来，只给激情制定高谈阔论的规则。他们这样做的目的在于不让恐惧与同情的剧场效果出现。是啊，他们就是不要恐惧与同情——这样做也许是对亚里士多德无以复加的尊崇！然而，在谈到希腊悲剧的最终目的的时候，亚氏显然词不达意，更不要说切中要害了！

希腊悲剧诗人的勤奋、想象力以及竞争热情究竟怎样被激发出来的？我想一定不是用艺术效果来征服观众的意图。雅典人看戏的目的就是为了听演员的优美演说！而索福克勒斯的一生也正是为了写出优美的演说词！也许我的论调有些怪异，但无论如何，他们与严肃的歌剧真的无法相提并论。歌剧大师似乎竭力想要观众不能够理解他们所塑造的人物。他们全都这样认为，而且还习惯这样调侃道：虽然很多时候一个仓促说起的字眼能够使一位精力并不是很集中的观众有所领悟，但是总的来说，剧情应该要明白无误，其实说白了这根本就不重要！当然，或许他们还没有勇气将其对剧中台词的蔑视完全表现出来。罗西尼在自己的歌剧中加进去了一点儿顽皮，甚至恨不得要演员一个劲儿唱 La-La-La-La，也许这种做法是很明智的！人们之所以相信歌剧中的人物，是相信他们的音调，而不是他们的"言辞"。实际上这就是差别所在，是美好的"不自然"，人们也正是因为这种美好才走进剧院看戏的。即使是作为歌剧中吟诵的部分，也未必能够让人听懂其中的意思，采取这种"半音乐"的形式其实是为了让富有乐感的耳朵能够在最高雅、最费神的艺术享受中稍微休息一下。当然，过不了多久，观众就会对这种吟诵感到厌烦，产生抵制情绪。于是他们便开始渴望完美的音乐旋律再度响起。

如果用这个观点来衡量里夏特·瓦格纳的艺术，那结果又如何呢？也许会让人感到异样？我常常这样想，人们或许在他的作品上演之前就已经将他作品中的台词和音乐熟记于心了，否则人们根本无法听懂。

论诗的起源和艺术的功用

大凡喜欢对别人作种种猜想、拥护本能道德理论的人或许都会有如下推理：

"如果人们都怀有一颗功利之心，并将其当作最高的神圣事业推崇。那么，诗歌又从何而来呢？这诗一般的语言所表达出了些许的暧昧之意，似乎在嘲讽这世间过去与现在一贯的功利！其实那些粗犷的非理性诗歌正在对这些功利主义者进行强有力的反驳！诗歌就是要摆脱功利思想，提升人的品格，激励人们恪守道德规范，用最纯粹的心从事艺术事业！"

在此，我还想为功利主义者说几句好话，他们一直都很少得到人们的怜恤！在诗歌产生的最初，人们就非常注重诗歌的那异乎寻常的巨大功用：在那个时候，当人们让韵律进入到言语当中，强行将句子成分重新进行安排，并赋予言语以新的思想色彩，还使其变得非常晦涩、怪异和疏离，这样就自然而然地形成了一种迷信的功利思想！在实践当中人们逐渐发现，与记住即席的演说词相比，记住一首诗要容易许多。于是，人们开始借助韵律将人的热切心愿深深地烙铸在上帝的心版之上；人们还发现通过韵律节奏可以让声音传得更远；有节奏的祈祷似乎也更容易被上帝听到。人们最先想要获得的是听音乐时所体验的那种被音乐彻底征服的效果。韵律带给人们的是强迫式的乐趣，同时也是一种协调的乐趣；于是脚步和心灵一齐随着节拍律动；人们也一定猜测着上帝的心灵此时是否也是紧随节奏的？因此，他们便尝试用更加具有韵律的音乐去征服上帝的心灵，为上帝献上一首诗，其实就是将一个魔力圈套抛给了上帝。

在诗的起源说中还有一种奇妙的、最有力的想象——哲理和教育的手段，至少费塔郭里学派是这样认为的。早在哲学家出现之前，人们就已经承认了音乐的净化心灵、化戾气为祥和的作用，并开始对音乐韵律大加推崇。于是产生了所谓的音乐疗法——当一个人失去心灵和谐，就得随歌手的节拍起舞。特潘德就是用这种用疗法平息了一场叛乱，而恩培多克勒斯也用音乐让狂躁者获得了安宁，达蒙让患相思病的少女通过音乐得到了心灵的净化。人们甚至想要将这种疗法运用到疯狂渴望复仇的诸神身上。人们首先将这种疗法推到了极致，即让暴躁者真正变得疯狂起来，将渴望复仇者灌醉。这是因为所有狂放的宗教祭礼都要将一种神圣的疯狂在突然之间释放掉，接着，这疯狂便重新转化成为自由自在，让人又重新回复了安宁。从根本上说，旋律就是一种镇静剂，这是从它的效果来说的。在古代，那具有魔幻般感染力的旋律都是宗教祭礼歌曲、世俗歌曲中不需具备的先决条件。例如，在汲水和划船的时候，人们陶醉在优美的音乐之中，人性中活动着的恶魔成分逐渐被驯化为顺从、甘受约束，最终变成了人的工具。人类的活动是产生歌唱的动因，而每一次的活动又都与圣灵的帮助关系密切。因此，诗歌的原始形态似乎就是妖术歌曲和咒语。正如希腊人所说的六音步诗产生于特尔菲，当诗歌也被用在神谕宣示所时，韵律也就具备了强制性的感化力，这就相当于用韵律决定着某件事情。人们相信争取到阿波罗神就意味着征服未来。古人认为，阿波罗神比任何有预见的神明更加厉害。这一宗教信条被逐字逐句地用韵律来宣布，于是它就将未来束缚住了。阿波罗发明了这个信条，因此作为韵律之神的阿波罗也就能轻易地缚住命运女神了。

总体看来，对古代迷信的人们来说，似乎没有什么比韵律更有用了。有了韵律，人们简直无所不能：通过魔力来推动工作；迫使神灵出现并停滞在自己身边，听从自己的话；按照自己的意愿安排未来；将心灵上过重的负荷，例如恐惧、狂躁、同情和复仇等统统卸掉，不仅仅是自己，还包括人性中最凶恶的恶魔成分。而一旦没有了诗歌，人们将不能做任何事情；而有了诗歌，人们几乎变成了上帝。这一基本情感是再也无法消失了。

即使是在与这种迷信斗争了数千年之后，我们队伍中的一些聪慧过人的智者有时在韵律面前仍不免沦为傻瓜，虽然他们已经感觉到某种思想似乎比它的韵律形式更为真切。一直以来，还存在那么一些平时言之凿凿地援引诗人的箴言，以加强自己思想的力量和可信度的严肃的哲学家，这难道不可笑吗？正如荷马所说："吟唱的诗人，弥天的谎言。"对真理而言，诗人对它的赞颂比否定更为危险！

我的情感有时变得强烈、高昂，倘若在这时能够欣赏到音乐和艺术，那我完全清楚自己想要什么样的音乐和艺术——我不要那种使听众醉生梦死、情绪达到高潮的音乐和艺术。

傍晚的时候，那些平庸的人像备受鞭笞的骡子一样疲乏不堪。如果世间再也找不到使人陶醉的戏剧工具和称意的鞭笞的话，这些人又如何知道什么"高昂情绪"呢？因此，正如拥有美酒一样，他们拥有着一批欣喜若狂的观众。然而，他们的饮料和醉意对我来说又算什么呢，我真正需要的是什么样的酒呢？！我厌恶地看着那件工具，看着那些牵强附会地制造戏剧效果的、对心灵高潮的拙劣模仿的"戏剧工具"！

什么？鼹鼠入洞睡觉前还有人要给它安上一对翅膀以赠送自尊的傲慢？甚至有人还要送它到戏院里看戏，将大大的望远镜套在它那又盲又累的眼睛前面？看呐，那些人就坐在舞台前面，他们的生活是一场交易而不是"行动"；他们专注于台上的怪人，而怪人的生活不仅仅是交易？你们说："这属于正当的消遣，是生活需要的一种教育！"如果真是这样的话，那我岂不是太缺乏教育了？我讨厌舞台上的情景！自身带有悲剧和喜剧色彩的人最好远离戏院，除非整个戏剧、观众和剧作家全都变成他自己的悲剧与喜剧。但如果真是这样的话，对他来说上演剧目的意义也就微不足道了。

与浮士德、曼弗雷德相似的人和戏中的浮士德和曼弗雷德有何干系呢？可是，他们肯定觉得别人会把这类人物搬上舞台。在失去思考能力和激情的人面前，自我陶醉就是将最强烈的思想和激情统统展现出来！

戏剧和音乐如同欧洲人吸食的大麻和咀嚼的槟榔一样！天呐，有谁能够将麻醉剂的整个历史讲述给我听呢？那段历史几乎可以看作更加高等的"教育史"。

善良的审美

各种哲学概念并不是随意生发出来的，而是在各种关系与亲缘中相向而生的。带着突如其来之势与倔强的性格，从思维的历史中凸现出来。但正像某一地域动物界的组成部分一样，几乎都同属于一个体系，并最终以下列的事实呈现出来：形形色色的哲学家们一再为可能存在的哲学套上某种基本模式，这一做法似乎是最保险的。在一股无形的魔力趋势之下，他们总是一窝蜂地在一圆形轨道上奔驰，以为这样就能够以彼此相互独立的批判与体系化的意志去获得不同的感受；他们受到某种事物的引导，并被依次带入特定的秩序当中，就像某种土著的概念与亲缘的关系一般。实际上，如果说他们的思维是一种再认识，不如说是一种发现、再回忆更准确；是一种向远古的灵魂物质的回归与认同，那种概念是从这种灵魂物质中萌芽的；从某种意识上来看，这些哲学家们的言论即是最高等级的返祖现象，这在所有古希腊、印度乃至德意志的哲学论述中都有着充分的体现。尤其是在体现语言亲缘关系之处，下列情况更是无可避免的：幸亏有语法这一公共哲学——我想要表达的是，多亏了同种语法职能的无意识统治与引导——一切都为了促成哲学体系的相类性发展与排列而准备的。除此之外，通往世界观的其他方式似乎都是走不通的。在上古与古代亚洲的语言领域（尽管对主体概念的阐释糟透了）的哲学家们，则以相当大的概率另眼“洞悉世界”，并最终抓住了一条与印度日耳曼人或者穆斯林们所获得的截然不同的线索：一定的语法职能所散发出的魅力，归根结底就是生理学的价值判断与种族条件所具有的魅力。如果和观念的起源也扯上关系，那么洛克的肤浅论调也需要负一定的责任。

自身的原因是迄今为止想出的自相矛盾的最佳范例，不仅违背逻辑学，也是一种非自然的东西。但是，人的过度自信与骄傲，已经使它沦落到与胡说八道相提并论的地步，高深得吓人。遗憾的是，强烈要求"意志自由"的呼声已经在那些形而上学的超强理智中——即在那些不学无术的头脑中——占统治地位。如此一来，即是要求对其行为本身所产生的后果承担全部乃至最终的责任，以减轻上帝、世界、祖先、机会和社会的责任。这一切所涉及的正是要充当这种后果的自因，以一种比探险家闵希豪森的冒险更大胆的设想：使揪着头发往上拉自己成为存在，以脱离虚无的泥沼。假使真有人尾随这著名的"自由意志"，像一名愚笨的农夫一样姗姗而来，并从自己的头脑中删去"生存"一词。那么，我将有理由敦促他，将他所理解的"启蒙运动"向前推动一步，同时将那个"自由意志"的非概念从他的脑海中去除掉。注意，我指的是"非自由意志"的概念，这一概念将他拖入了滥用因果关系的邪路之上。将"因果"关系具体化是完全错误的——正如同自然研究者的行径（而今是谁在思维中将它们自然化的呢），在占据统治地位的迟钝的机械论的影响下行事，这种迟钝使原因受到挤压、冲撞，直至它"产生结果"为止。"原因"与"结果"应该被作为纯概念来使用，即使它发挥描述、告知的传统习惯职能，而非阐释职能。在"自为"的概念中，不掺杂一点儿"因果联系"。而"必然性"与"生理不自由"，无论如何是得不出"结果影响原因"的结论的，因为没有任何"法则"可循。原因、先后、彼此、相对、强制、数目、法则、自由、基础、目的等都是他们编造的，倘若我们将这一系列的符号作为"自为"填入事物，混杂事物的概念，那么务必再玩一次这种游戏——神话学式的——我们一直玩的就是这个。神话学就是"不自由意志"。强意志与弱意志是现实生活所涉及的主要概念——似乎一直作为一种象征，将它置于不自由意志身上就变得不那么丰满了。倘若某位思想家在所有"因果联系"与"生理必然性"中有某种受强制的、不自由的感觉，那么这样一种感觉就是背叛——自身受到了个人的背叛。假如我的观察正确的话，从截然相反的对立面出发，完全能够通过深刻的个人方式，将"意志的非自由"解读为一项课题：某些人不管怎样也不愿舍弃"责任"，不愿舍弃对自身的信任，不愿放弃自己的优越理应享受的权利（虚荣的种族即属此类）；另一些人则与此相反，没有一丝的责任感，不求担负任何责任，出于一种自卑感，将自我退缩于一隅。倘若后者想要写作，则惯于站在今日罪犯的一边，使自己具有某种社会主义式的悲天悯人，这即是他们惯用的伪装。宿命论实际上是意志软弱者的救命稻草，会令人自欺地美化自身。倘若真的将它归为人性苦难的宗教并表现得善于引导自身的话，那一定是基于它的"善良的审美"这一属性。

艺术家的自负

我觉得艺术家们由于过度虚荣，把心思都放在了傲慢上，而往往不知道自己真正擅长的是什么。这棵傲慢的幼芽原本可以在土壤里长得十分完美、新奇、漂亮，然而他们却高估了自己花园和葡萄园里的那些奇珍，和他们对心爱之物的审视没有处于同一等级。

曾经有一位音乐家，和别的音乐家相比，他更擅长从压抑、痛苦、折磨中发掘音调，甚至能够赋予沉默的动物以言语；他最擅长表现暮秋的斑斓色彩、无比感人的最重要和最短暂的人生享乐；他懂得灵魂在隐秘而阴森的午夜中会发出何种音响；他知道，在午夜时分，一切的因果都没有任何关联，随时都会有某种东西从"虚无"中迸发出来；他非常幸运，能够从命运的深层底蕴、从最酸涩、最恶心的酒与最甜蜜的酒混合于其中的命运的酒杯中汲取源泉；他深深地了解心灵那疲惫的踉跄和拖曳，知道它再也不能跳跃和翱翔了，甚至步履维艰；他还能够关注深藏的痛苦、没有抚慰的理解也没有告白的离别；作为一切隐秘痛苦的奥菲斯要比任何音乐家都伟大。他实际上已经将某些不可言说的、看似对艺术没有价值的、用言语只会吓跑而不能捕捉的、心灵中某些细微莫辨的东西统统纳入艺术之轨了。他真是一位擅长刻画细腻情感的大师啊！

然而，他并没有满足做这样的大师！他喜欢硕大的墙壁和大胆的壁画！也许连他都没有察觉到，在他的思想之中竟然隐藏着另一种审美情趣：宁愿默默地蜷缩在倒塌的屋角独自创作那些虽然均为短命之作，并且常常仅有一个节拍但却堪称杰作的音乐，只有这样才能让他感到舒适、伟大和完美！他似乎并没有意识到他或许会永远落寞地生活在那里！因为他过于自负和虚荣，所以不可能意识到。

在文明人和野蛮人的接触中，人们发现：较低文明在最初首先接受的是较高文明的陋习、弱点以及任情恣性的东西，并且从中感受到了一种吸引自己的魅力，最终会被较高级文明中的某些有价值的力量通过那些已经被接受了的恶习与弱点吞噬。我们没有必要到遥远的野蛮民族所在地，就近便被他们接受的倒是：这位求实的思想家一心想要揭开世界之谜的意志，正是这种虚荣的内心需求使他屡受迷惑，还使他败兴；这些地方显现出来的是神秘的尴尬与遁词；他那无法证实的"一切原因都是此时此某个意志的偶然显现"，"生命意志是每种生物固有的，也是不可分割的。即使是微不足道的生物，它集中在过去、现在和将来存在的一切生物身上"等"唯意志论"；还有他对于个体的否定。例如，他认为"从根本上讲，所有的狮子就只是一头狮子"，"个体的多样性只是一种假象"，他甚至还认为进化也是一种假象，拉马克的思想也被他称为"天才的荒谬"；他对天才的狂热崇拜。例如，他认为"从美学观点来看，个体不再是个体，而是纯粹的、无意志的、无痛苦的、不受时代限制的认知主体"，"主体完全溶化在被观察的事物中，成了事物本身"；他那"同情即是荒谬"的观点，以及"死才是存在的真正目的"，"死者也可能产生不可思议的影响，这种可能性是不容否认的"等论点。总之，他的门徒最先接受了这位哲学家诸如此类的任情恣性和恶习，并且一直坚信不疑。而事实上恶习与任情恣性总是不需要长时间的演练就很容易模仿出来。

现在我们要谈的是里夏德·瓦格纳——叔本华信徒中最著名的一个。发生在瓦格纳身上的情形在有些艺术家身上也出现过：他错误地解释了自己所创造的艺术形象，甚至对自己最独特的艺术哲学的认识也是错误的。在他的前半生里，一直都受到黑格尔的误导，并且他还在后来学习叔本华的学说时也犯了相同的错误，还开始用"意志"、"天才"、"同情"等词语来表达自己。然而，瓦氏作品中的英雄人物所具有的瓦氏本色或许比任何其他东西都更能够体现与叔本华思想背道而驰的思想。在这里我说的是清白无辜的自我本位，相信激情也就是相信善。总之，这些都是瓦氏英雄人物的面部所显示出的西格弗利特的特征。叔本华本人似乎也曾说过："与其说这一切是我的味道，倒不如说是斯宾诺莎的。"瓦格纳原本有充足的理由去寻找除叔本华之外的哲学家，可是他完全将自己委身于叔本华的思想魅力之下，不仅反对其他哲学家，还盲目地反对科学。这样发展下去他的整个艺术都将成为叔本华哲学的一个附属品和补充，从而更加明显地放弃了对更为高尚的、想要成为人类知识和科学的附属品和补充的功名心的追求。他之所以落得现在这个地步，不仅仅是被叔本华哲学中神秘而华丽的东西深深吸引，还因为叔本华的种种举动和情感误导了他。比方说，瓦格纳会因为德国语言的不纯正而大动肝火，这就是典型的叔本华式的脾气。如果这些都能够称得上是模仿的话，那么，瓦格纳的风格无疑是患有溃疡和肿瘤的，这种病态的模仿使叔本华的信徒们非常愤怒。于是，瓦格纳的疯狂就像当年的黑格尔的疯狂那样开始显露狰狞。

　　瓦格纳仇恨犹太人，甚至连这种仇恨都是叔本华式的。瓦氏不能公正地评价犹太人所创造的丰功伟绩，原因是犹太人创立了基督教。在他看来基督教就是被佛教吹散撒落的种子；当人们都在试图亲近基督教礼仪和情感的时候，他却正在为欧洲开创佛教纪元而做着准备。他的这种想法也是从叔本华承袭过来的。此外，他那一套怜悯、关怀动物的说教也是来自叔本华的思想，而在这方面叔本华显然是从先辈伏尔泰那里承袭而来的。伏尔泰将自己对于某些人和事的仇恨伴装成为对动物的怜悯之情。当然，他的追随者们是这样的。在瓦格纳的说教中所表露出的对于科学的仇恨，可以说绝不是来自内心的仁慈与善良，也不全是来自精神方面。可是如果说一位艺术家的哲学只是从别人的哲学中后续和追补而来的，而且也不对他的艺术造成损害。那么，这种哲学也就不值得我们关注了。

　　人们常常会因为一位艺术家所戴的临时的假面具或者不幸的、傲慢的假面具而怨恨他，现在我们还无法来防止这种怨恨的产生。我们要牢记的是，可爱的艺术家都应该且必须具有各种类型演员的表演，否则就很难持续持久。让我们忠实于瓦格纳身上所具有的真实的、原始的品质，也让瓦格纳的门徒们忠实于我们身上的真实的、原始的品质。让我们用公正的态度思考，用宽容的心对待他那理性的情绪和激昂吧！就像他说的，一种艺术究竟需要怎样罕见的营养素和必需品才能生存和发展呢？虽然身为思想家的他常常会有失当之处，然而这也算是无关紧要的，因为本来公正和耐心就不是他的事儿，只要能够保证他的生活对他自己无误就够了。生活在对我们每个人呼喊：

　　"做个血性汉子！不要随波逐流，而要按你自己的意愿行事，你自己！"

　　而我们的生活也应该对我们保持无误！我们应该是自由、坦荡的，从无辜的自我本位中使自己得到发展，并逐渐强盛起来！而当我观察这类人时，一如既往地听到从心底响起的话语："情欲要比禁欲和伪善好的多；就算是恶意的诚实，也比因为恪守传统而失去自我好；自由自在的人也可能为善或者为恶，可是，失去自由的人则是对本性的玷污，不能分享天上和人间的安慰。总的来说，想要做自由人的人就必先完全做他自己。自由不会像神赐之物一样自己落在人的怀中。"

德国的音乐和语言

目前，相对于整个欧洲而言，德国音乐是最为丰富的，欧洲革命所带来的变化只在德国音乐里才得以表现出来；也只有德国音乐家才能够更好地将激动的民众和响遏行云的人为的、在过去是从不指望别人听到的喧嚣表现得淋漓尽致。如果反观意大利歌剧就会发现，它所熟悉的只是一些被人侍候的人和士兵的合唱，对"民众"并不熟悉。此外，在所有的德国音乐中，我们都可以听出市民阶层对贵族，尤其是对他们那种宫廷的、骑士的、自信的、古老的社交风度的嫉妒。

像歌德笔下所写的歌手那样，在门前或"室内"所从事的音乐其实算不上是音乐，它只能满足国王的耳朵；这并不意味着"骑士勇敢注视，美人投怀送抱"。如果不是突然受到良心的谴责，希腊神话中专司欢乐与美丽的三女神怎么愿意在德国音乐里露脸呢！德国人只有在本国的专司欢乐和美丽的三女神显示出妩媚姿态之时才会在精神上倍受鼓舞，并由此而达到一种狂热的、深奥的、通常是生硬的"崇高"和贝多芬的崇高。

如果想要了解这种对音乐异常执着的人，那么就仔细琢磨一下贝多芬吧，看看贝多芬在特普利兹与歌德相遇的情形是怎样的。那将是半野蛮与文明的一次交汇，平民百姓与贵族的一次邂逅，风雅之士与"好人"的聚会，幻想家与艺术家的会晤，抚慰他人的人与被抚慰者的见面，夸张者、被怀疑者与地位卑微者的互访。贝多芬堪称狂怪之士、自虐者、愚钝的狂欢者、快乐的不幸者、忠诚的放任者、自命不凡的迟钝者，用一句话来形容，他是一个"桀骜不驯的人"。歌德对此深有感触，也送给他这个名号。而对于歌德——特殊的德国人，至今还不能找到一种音乐与之相匹配！

最后，还要想想，现在德国人对韵律的轻视的思想正逐渐蔓延开来，这种对韵律的忽视或许可以理解为一种民主的恶习，后者是革命的后遗症？由于对法则有着公然的兴趣，而对变动中的、尚未成形的、随心所欲的东西则表现出厌恶之情，因此韵律听起来就像是来自欧洲古老秩序的音响一样，仿佛要诱惑人们倒退到古老秩序中去。

几个世纪以来普通书面德语源自何处？我想这个问题大家都已经知道了。由于对来自宫廷的东西的敬重，德国人便故意将宫廷文书视为楷模，纷纷仿效宫廷的信函、证书、遗嘱之类的书写形式。于是城里人使用德语的高雅之处便在于按公文体——也就是按宫廷和政府的文体写作。这样经年累月，人们作结论、讲话也学着用书面文体了，甚至在说话方式、遣词造句、选用习语和声调上都变得更为高雅了。说话也总是用一种矫揉造作的、经久而成自然的宫廷腔。

别的地方或许还没有出现书面文体统御着整个民族的口语、矫情和高雅，并且成为统一语言的基石的情况。我认为在中世纪，甚至是中世纪以后，德语的声调一直都是充满了乡土气息的，是非常通俗的；只是在近几个世纪以来才逐渐高雅起来，尤其是因为人们开始意识到有必要对法语、意大利语和西班牙语的声调进行大量模仿以后。德国（以及奥地利）贵族根本无法满足于母语。蒙田和拉辛认为，虽然德语学习了外族的发音声调，然而听起来仍然俗不可耐。直到现在，某些意大利游客说德语的声调还非常粗俗、土气和嘶哑，这种声音仿佛是来自乌烟瘴气的房间和不重视礼仪之地。

目前，在我所关注的赞赏宫廷文风的人士之中，有一种热情正在蔓延，那就是追求声调高雅的热情，于是德国人便开始顺应这种奇怪的"声调魅力"。长此以往，对德国语言或许会造成非常巨大的危害！在欧洲，没有比这更令人厌恶的声调了。如今的德国人认为在语音中加入嘲讽、冷漠和粗俗的声调听起来才显得"高雅"，这种对"高雅"的追求的美意我已经从年轻的官员、教师、女士和商人的话音里听出来了，甚至连小姑娘也开始模仿军官的德语声调说话了，因为普鲁士军官正是这种声调的始作俑者。他们作为职业军人所具备的简朴的语言节奏着实令人钦羡，所有的德国人，包括音乐家和教授在内，竟然群起效尤！然而，一旦这些军官开口说话和行动起来，便立即成了古老欧洲最不谦逊和最索然无味的人了，他们并没有意识到这一点，而且肯定意识不到！那些将他们看作上流社会中人并乐于任由他们来"定调子"的优秀的德国人同样也没有意识到这一点。这"调子"确实是军官定的，之后上士和下级军官便开始模仿。德国各个城市到处都能听到那些军事口令在咆哮。每座城门前都有军队在操练着，傲慢地喊着口令声，这种权威感听起来是多么有气势而又冷漠啊！

难道德国人真的是一个有音乐素养的民族？德国人的说话语调无疑已经变得非常军事化了。既然口语已经被熟练地军事化，那么书面语或许很快也会变成这样，因为人们已经越来越习惯这种声调，它已经扎根于民族个性之中了。人们随口说的便是与这声调相适应的词汇、习语和思想！

现在，在书面语上人们或许也开始效仿军官文体了。虽然我读过的德国人写的文章不多，可有一点我深信不疑：闯入外国的德国公众集会并不是受到了德国音乐的激励，而是受到了平淡乏味的、傲慢自大的新腔调的鼓舞。不管是德国一流政治家的讲话，还是通过皇家话筒所传达的讲话，无一例外地几乎都是外国人不愿听甚至极为反感的语调，然而德国人却能忍受，这似乎是自己忍受自己。

对艺术的感激

如果艺术这种虚构的文化形式没有被创造并喜欢。那么，我们便有可能洞悉普遍存在的虚伪和欺骗，看透认识和感觉中空想和错误的局限性，那将是不能忍受的。当然，这也许会导致厌恶和自杀。然而我们的诚实却能够以一种相反的力量帮助我们避免接受"艺术就是追求虚幻的良好意愿"的结论。我们并没有要求眼睛停止转动，非要让它一直紧闭。我们在"变化流"中所承受的是一位女神，而不再是永恒的缺憾。我们还荣耀而质朴地为这位女神服务。

这种美学现象的存在对我们来说是可以忍受的。通过艺术，眼睛、手以及良知使我们有能力从内心将这类现象呈现出来。有时我们必须要安静一下，可以通过转移视线的方法，站在艺术的远处来嘲笑自己或为自己痛哭；我们必须找出潜藏于我们认识激情里的英雄与傻瓜；要想感受到我们智慧的欢悦，有时就必须来细心感受我们愚昧的乐趣！

我们在内心深处认为自己是忧郁而严肃的，而且比常人重要，因此似乎没有什么能够像一顶淘气鬼的帽子一样对我们有任何好处。有时我们需要这顶帽子，我们需要一切傲慢、轻快、揶揄和极乐的艺术，这样才不会失去超尘脱俗的、我们的理想要求于我们的自由。如果我们由于太过诚实而完全使自己陷入道学观念之中，并为自己提出过与苛刻的道德要求，以致沦为道德怪物和稻草人。那么，对于我们来说，这无疑是一种倒退。

　　原本我们可以超越道德，不仅可以立足于道德之上，还可以在道德上空飘飞和嬉戏！为此，我们怎能缺少像傻瓜一样的艺术呢？如果你们觉得这是一种耻辱，那千万别与我们为伍！

　　别以为世界是一个活的实体，我们可要当心啊！它将延伸到何处呢？是什么在供养着它呢？它是怎样成长壮大的呢？我们大体上懂得什么是有机体，难道那些仅存在于地球表面的可感知的却难于言说的派生、迟来、罕见和偶然的事物应该被重新阐释为本质的、普遍的和永恒的吗？难道所有的一切就像那些人说的那样都可以称之为有机体吗？最令我反感的是：

　　我们可要当心啊，不要相信宇宙是部机器的说法，宇宙并不是为了某个目的而建造的。我们用"机器"这个词来形容它，似乎有过分夸赞的嫌疑。

　　我们可要当心啊，不要简单地想象一切事物都像星球运行那样有规律。当我们抬头望向银河的时候，心中立刻会产生这样的疑问——许多原始的、相互矛盾的运动是否也存在于那里呢？还包括许多永远做直线运动的星星吗？我们生活的这个星球体系可以说是个例外，而由它所规定的持久性又造成了一个例外中的例外——形成了有机体。虽然这个世界总的特点是混乱，然而并不是说没有必然性，而是说这个世界缺乏秩序、界限、形式、美、智慧以及一切可以称之为美的人性。在我们看来，未成功的成功才算得上是规律，例外算不上什么秘密，所有的八音盒总是一直在重复着那种永远不能被称为旋律的工作方式。"未成功的成功"这种含有非难之意的说法已经非常人性化了。然而，我们如何能够对宇宙非难抑或称颂呢？

　　我们可要当心啊，别戳着宇宙的脊梁骨说：它无情、没有理性，也不要一再说它的矛盾。它不完美，不漂亮，还一点儿也不高贵。它根本不想变成别的任何东西，不想模仿人类的行为！它完全不会被我们的美学和道德的评估所影响！它根本没有本能欲望，也没有自我保存欲，在它那里不会讲什么规律的。

我们可要当心啊，不要说自然界存在规律，它仅仅只有必然性。不存在发号施令者和遵命者，更加没有越界者。倘若你们明白世间不存在任何目的，那么就一定也会了解，世间不存在任何偶然性。因为"偶然"只会出现在目的性的世界里。

我们可要当心啊，不要认为生死是相互对立的。事实上，生仅仅是死的一种十分罕见的形式。

我们可要当心啊，不要简单地认为世界永远在创造新的事物，永恒的物质并不存在。就像古希腊埃里亚学派之神一样，物质也算作谬误。

然而，我们这样的当心、留神何时能有个了结呢？我们究竟何时才能将大自然的神性去除、具备重新被找到、被解救的纯洁本性而使自己变得更加符合自然呢？

向艺术家学什么

有什么办法能够让我们将原本并不美丽、并不吸引人、并不值得贪恋的事物变得美丽、变得吸引人、变得令人向往呢？

对此，我们可以吸取医生的经验。例如，医生会将苦的东西稀释，将酒和糖混合在一起；我们还可以向艺术家学习，因为他们一直致力于这类艺术的研究。

与事物拉开一切距离，直到我们再也无法看见它们；或者为了看清事物，想尽一切办法一探究竟；或者转变一个角度，例如从横截面观察；也可以将事物放置在某一个特定的地方，让它局部变形；或者利用透视法观察；或者在夕阳余晖里用有色玻璃观察；或者将事物蒙上一层并不非常透明的表层。总的来说，我们应该向艺术家学习，甚至应该比他们更聪明，因为艺术家的这种优越会随着艺术的终止而终止。而我们，一定要成为生活的创造者，尤其要创造出最微妙的生活。

斯宾诺莎曾以自己独有的方式说道："不要笑，不要哭，也不要诅咒，只要思考。"那么，"思考"与前三者到底有何不同呢？难道它是与嘲笑、埋怨和诅咒这些相抵抗的欲望本能所产生的结果吗？在一种认识产生之前，任何一种本能都必须对这一事物提出自己的看法；接着，单方面的看法进行争斗，在争斗的过程中达到平衡各方的看法。只要借助公平和契约这些本能就能够保护自我，维持彼此的特权。在这一较长的过程中，我们明白了其中所达到的最终的和解与结论。并以此了解到，所谓的思考，实际上就是一种公平的、良好的、本质与本能相反的东西，只是各种本能之间存在着某种关系而已。

从古至今，人们将有意识的思考看作唯一的思考。直到现在，我们渐渐明白，思维大部分时间都是在我们毫无意识的情况下进行的。但是，我还是觉得，这些彼此斗争的本能是非常敏感的，它们都试图给对方以痛苦。思想家之所以经常觉得精疲力竭（在战场上的时候），原因就在于此。是的，我们的内心也许隐藏着壮志凌云。但是，它并不是斯宾诺莎口中的神圣、自我催眠的东西。

有意识的、特别是哲学家的思考是最为软弱的，相对来说也是最温和、最宁静的。这样一来，对于认识的本质，最容易出错的反而是哲学家了。

对于音乐而言，我们必须首先学会如何掌握音乐的主题和旋律；还要学会如何把它看作一种孤立的自我的生活；最后，我们还必须具备良好的意愿，只有这样才能理解音乐，接受音乐。尽管音乐对我们来说是诡异的、是陌生的，但是我们仍然耐心地在感受着它所想表达的意境，对它保持着好奇、善意的心态。久而久之，我们习惯它了，如果缺少了它，我们反而会觉得缺少些什么。

于是，它也就不停地施展着自己的魅力，一发不可收拾，直到我们对它俯首帖耳、心醉神迷，以至于不知道这个世上还有什么能比它更美妙。

就这样，我们学会了享受音乐。对于其他事物而言也是这样的，我们总是对所有怪异、陌生的东西感兴趣；对此，我们时刻保持着良好的心愿、耐心，以及温和的态度，最终它们给予了我们回报。怪异、陌生的事物逐渐抛开了它的面纱，呈现在我们眼前的是新奇的、妙不可言的美，那是它们对我们的殷勤的酬谢啊！

只要是懂得自爱的人，都会通过这样的途径学会热爱。人，必须学会爱！

还有就是演员，当然或许如下所说的种种问题并不仅仅是演员才有的：泰然自若的虚伪；伪装成了一股迸发的强大力量，抛弃、淹没和窒息"个性"；真诚的要求和希望进入一个角色，戴一个面具，即要求虚假；那些过剩的适应能力已经不能在最方便和最狭窄的功利中获得自我满足了⋯⋯

在下层民众的家庭里大概也训练出来以上的种种本能了，这训练比较容易。处于不断变化的压力和强逼之下的这些家庭，要依附他人，要量入为出。为了生活而不得不苦苦挣扎，为了适应新的环境不得不一再地进行自我调整，一再扮演不同的角色。长此以往，见风使舵的能力就逐渐培养出来了，成了擅长"捉迷藏"游戏的艺术大师。这游戏表现在动物界就是保护色或适应能力，现在，这套技艺也溶化在人的血肉中了。最终，代代相传的适应能力变得肆无忌惮了。它作为一种本能去指挥别的本能，同时也炮制出演员和"艺术家"来（首先是戏谑者、说谎者、傻子、小丑、类似吉尔·布拉斯的经典仆役。因为这类角色是艺术家甚至是"天才"的先行者哩）。

上层社会中，类似的人物也因类似的压力而滋生。比如，外交家。不同的只是，他们那种演员的本能大多被另一种本能所控制。我以为，任何时代的"优秀"外交家都可以随意成为优秀演员，只要他"随意"便可。

至于犹太人，那真是个适应技巧超群绝伦的民族，人们顺着这个思路一路看下去，就可以在他们那儿见到世界史上培养演员的排练，那真可谓实至名归的演员"孵化"场所。事实上，现在人们总是会碰到这样的问题：当前哪一个优秀演员不是犹太人呢？犹太人还是天生的著作家呢，这也得益于他们的演员天赋，才让他们在欧洲新闻界处于领导地位，大展宏图。著作家的本质就是演员啊，饰演的是"行家"、"专家"角色。最后来说说女人。仔细想想女人的整个历史吧，难道她们不应该最先成为女演员吗？人们听医生说，对女人进行催眠，人们就会爱上她们，既而人们又接受她们的"催眠"！结果怎样了呢？结果是"她们献出自家身体"了。当然，即使她们献身……女人，如此富于艺术气质的女人呀……

何谓浪漫主义

可能有人记着吧，至少我的同侪中应该有人记得，当初我带着某些错误和对未来过高的估计迈向现代社会时，不管怎么说也是以一个满怀希望之人的面目出现的。我对 19 世纪哲学界悲观主义的理解——也不知道是依据哪些个人经验——认为它是一种象征，即象征着比 18 世纪（休谟、康德、康迪拉克和感觉主义者的时代）更加强劲有力的思考力，更加胆大如斗的勇气，更加充满胜利的丰富生活。所以，我觉得悲观主义就好比是我们文化的繁华，是我们文化的最高雅、最珍贵，也最具危险性的奢华。但是，由于我们的文化鼎盛，这种奢华也对大局无关痛痒。

我认为德国音乐所表现的不过是德国人心中酒神的强大力量。我听到地震爆发的巨响，那经年聚集的原始力终于爆发了；而一切被称为文化的东西被深深震撼，我是置若罔闻的。人们这时发现了，当初我对哲学上的悲观主义及对德国音乐的特质——浪漫主义——的解释是错误的。

什么是浪漫主义？每一种艺术和哲学都可能被看作治疗手段和辅助手段，为倾力奋斗的、变幻莫测的人生服务，它们的前提莫不是痛苦和受苦之人。而受苦者又分为两类，一种是生活太优裕了而痛苦，他们需要酒神的艺术，同时也用悲观的眼光来打量生活；另一类是生活太贫困了而痛苦，他们需要艺术和知识的帮助来寻求安定宁静、休息放松和自我救赎，或者寻求迷离、麻醉、痉挛和癫狂。各种艺术和知识中的浪漫主义完全符合这两种受苦者的需要，叔本华和里夏德·瓦格纳也符合这些。这二位是声名最盛、最具有代表性的浪漫主义者，当初我是误解了他们。假如人们认为我的话是公平的，那就应该对他们没有什么损害吧！

生活条件优裕的富翁、酒神，不仅对可怕和可疑的事物进行观察，而且还采取可怕的行动，任意妄为，进行破坏和否定。邪恶、荒谬和丑陋的东西可能会在他的身上出现，这就是由于创造力过剩所导致的，这过剩的创造力甚至能变荒漠为良田。与此相反，正在受苦的、生活困难的人们大多需要平静、温和和善良，思想和行动里需要一个上帝，一个保佑病人的真正上帝，一个"救世主"；他们也需要逻辑，需要领会理解现实。因为逻辑抚慰人，使人有信任感。总而言之，他们需要在乐观的环境里建立一个温暖、狭窄、隔绝、能防御恐惧的空间。

故而，我开始学会理解酒神悲观主义者对立面的伊壁鸠鲁和"基督徒"。实际上，后者不过只是伊壁鸠鲁众多追随者当中的一种类型，和浪漫主义者有点儿相像。我在观察最困难和最棘手的反推论形式（大多数错误皆因反推论而铸成）时目光更加锐利了——就是从作品来推论作者，从行为来推论施行者，从理想来推论需要理想的人，从各种思维方式和评估方式来推论在其身后起指挥作用的需求。

在美学价值的认定评价方面，我现在主要使用这样的区分方法，一遇到事情就会发问："在这里，变成了创造力的究竟是饥饿还是奢侈？"然而在初始之际，另一种区分方法似乎更值得推荐，它的效果远比上述的方法明显，就是把着眼点放在创作动机上，看它是追求固定、恒久和现在，还是追求破坏、更新、改变和冀求未来。假如我们审视观察得更深入一些，便会发现这两种追求还是首鼠两端、意义暧昧，所以还不如使用在前面提到的、我认为很合理的区分模式来得一目了然。

对破坏、变化和生成的追求可能是一种孕育未来的过剩力量的外在表现（对于这力量，我使用的术语便是大家已知的"酒神的力量"），但也可能是失败者、贫苦人和失意者产生的恨意。因为仇恨，所以才进行破坏的活动，这是顺理成章的——现存的一切统统都在激化加剧这仇恨并使其发作。明白了这点，对于身边的无政府主义者就不那么难以理解了。

那希冀永恒的意志也有两种解释，一方面它可能来源于感激和爱，发端于此的艺术必然是神化的艺术，比如鲁本斯歌颂热情奔放的酒神，哈菲斯高歌欢乐的天国，歌德的善意和明丽，这类艺术将荷马式的荣耀和光明播洒到万事万物。但这意志也可能是奋斗者、受苦者和被刑讯者的那种暴君式的专横独行的意志：它在自己的痛苦的特质和私密性上全部打上必然规律和强制的烙印，要对一切进行报复，将自己受折磨的图像强加并烙印在其他一切事物上。

后者是最具特征的浪漫的悲观主义的形式，叔本华的意志哲学也好，瓦格纳的音乐也罢，浪漫的悲观主义是我们文化命运中离得最近的伟大事件。（也可能还有一种完全不同的悲观主义，即古典悲观主义——这感觉和想象是属于我个人的，是无法抹去的个人专利。但"古典"这个词听起来让人很不舒服，过于陈腐、笼统而模糊不清，我暂时将它称为未来的悲观主义吧，因为它一步步走过来了！我看见它来了！这酒神的悲观主义呀！）

我对瓦格纳的音乐的指责是因为生理方面。可是，我当初为什么要给这指责套上一个美学模式呢？

当我听到瓦氏音乐的时候，我的"实际情况"是：呼吸不畅，脚对这音乐表示不满，因为它需要节拍并且行走、舞蹈，需要狂欢，正常行走、跳跃和舞蹈的狂欢。我的心、胃、血液循环不也是在表示强烈的反对吗？我的嗓子是否会在不知不觉中变得嘶哑起来呢？我向我自己发问，在音乐里，我的整个身体究竟是索取什么呢？我想要的就是全身轻松，使人体功能在勇敢、轻快、豪放、自信的旋律中得到加强，就像铅一般沉重的生活通过珍贵、柔美的和谐而变得更美一样。我的忧郁渴求在完美的藏匿处和悬崖畔安歇，因此我需要音乐。

戏剧和我有什么关系！戏剧弘扬道德可真算得上如痴如醉、歇斯底里，"民众"也满足于此，这和我有什么关系！演员的那一套恶作剧表演和我有什么关系！人们已经看出，从根本上说我是反戏剧的，瓦格纳就不一样了，他虽然身为音乐家，但从本质上来说却是演员和剧作家，是这么长时间以来最狂热的滑稽演员！顺便说一下，瓦氏曾有一个理论："戏剧是目的，音乐是手段。"可他的实践与理论却是背道而驰，即"表演姿态是目的，戏剧和音乐向来是表演姿态的手段"。音乐被他用来作为阐述、强化和烘托戏剧表演及演员意识的手段，因此瓦氏歌剧不过是戏剧表演姿态的表演罢了！他在拥有别的本能之外，还应拥有一个伟大演员所应具备的起指挥作用的本能，哪怕他原本是音乐家。关于这个问题，我曾语重心长地给瓦氏的一位虔诚的拥趸说清楚，而且补充了理由："请更诚实一点儿对自己吧，我们可不在戏院看戏啊！就是上戏院，也只是作为群体人们才诚实；作为个体则欺骗，甚至自欺欺人。人的身体来到了戏院，可心还留在家里，放弃说话和选择的权利，放弃了自己的艺术欣赏志趣，甚至放弃那种在家里面对上帝和家人常有的勇气。从来没有人把自己最敏锐的艺术思想带进戏院，连在戏院工作的艺术家也不能除外。戏院里到处是小民百姓、女人、装得一本正经的伪君子、投票的动物、民主主义者、邻人、同代人；在那里，'大部分人'的平庸压制着个人的良知；愚昧是被看作淫荡和传染病毒在传播的；'邻人'在这里处于支配地位，于是，人们接二连三地变成这样的邻人……"（我差一点儿给忘了说了，那位被我启蒙的瓦氏拥趸是怎样回答我对瓦氏音乐的指责的，我那基于生理的指责。他说："看来您是不够健康，所以难以欣赏我们的音乐？"）

教诲的艺术

哲学家——一如我们所说的自由精神们——是责任最广泛的人，是对整个人类发展最有良心的人。他们会将宗教用于教育事业，就像运用政治与经济制度一般。他们充当着驯养者、筛选者以及破坏者的不同角色，发挥着创造者与塑造者的影响力，借助宗教进行训练，按照其魅力与保护之下的人的类别进行分类处理，产生多面而迥异的影响。倘若是强者或独立者，则要他们先发制人，发号施令，让他们体验居于统治地位的种族的理性与艺术。宗教主要充当的是镇压反抗的工具，以维护统治。它是一条连接统治者与臣仆的纽带，使后者将想要逃避服从的隐私与透露内情的良心托付于前者；而一旦出现倾向于如此高贵出身的个别特例，由于精神的高级而倾向于一种赤裸裸的冥想生命，并且出于维护自己统治术的需要仅保留精明的天资（通过遴选高徒或者教团兄弟的手段），那么宗教也能够用来创造摆脱凡音与粗俗官场的安逸生活，能够创造避开从政所沾染的肮脏的纯洁。像波罗门门徒就很清楚，如何借助某个宗教组织获得操控民众，推选符合他们意愿的国王的权利，而自己则置身事外，认为自己负有比国王更高的使命。与此同时，宗教也指导一部分的被统治者，以便为后来的统治者与发号施令——即那些冉冉升起的阶级与等级制度做准备。他们中的一些人通过幸运的婚俗使意志力（即自我统治的意志）总是处于上升状态——宗教为他们提供充足的动力与诱惑，最终走上高等精神之路，去体验伟大的自我克制感、深沉与孤寂感。倘若一个种族想要摆脱卑微的出身，由奴仆变身为主人，使自身上升到统治地位，那么禁欲主义与清教主义充当了最为关键的教育工具与贵族化工具。宗教，把一种满足于现状的、知足常乐的精神给予了占绝大多数的普通人。他们的存在即是为了从事普遍的徭役，也唯有此他们才被允许存于世间，安于此种处境与分类有赖于内心的无限安宁。这是将服从高贵化，是和其同类共有的苦与乐。从某种意义上来说，是对全部日常生活中的卑微琐事及其灵魂匮乏的半兽性的美化与神化，更是为此所做出的辩护。宗教用它的方式对生命起到的重要性，即是将和煦的阳光遍洒在这些受苦人的身上，以使他们能够忍受自己的生活。宗教在此所起的作用，如同一种伊壁鸠鲁哲学对较高等级的受苦之人所发挥的作用一般，似乎是在彻底利用痛苦益智安神，最终使之神圣化并充当辩护。或许除了教诲低等人的艺术，即利用对置身于更为高级的事物假象秩序的虔诚之外，基督教与佛教再没有令人可敬之处了。在这种秩序之内，他们活得更为艰辛，而他们恰恰需要这种艰辛——自我拘禁！

德意志的深沉

曾经有过这种时代。当时，德意志人被人们习惯地用"深沉"的嘉许来称道。在德意志民族的性格里头，好像有种大森林的气质：深沉、内向、稳重和静穆。而现在，就在这个时候，崭新的德意志文化、功绩，已经成为全新的另类的荣誉了。而且人们对所有具有深沉、怀念"勇武"的东西都心存疑惑，这基本上都是合乎时宜，体现爱国主义思想的。无论人们以前是否用那种赞誉自欺欺人，现在都算了：德意志的这种"深沉"，归根结底就是某种另类的恶的东西，和某些……上帝保佑，抛开了成就概念的东西。这样一来，我们就不得不尝试着对德意志的这种"深沉"的看法做一些改变。而对此，我们仅仅能做的是对德意志灵魂的活体解剖。这种灵魂首先分为很多种，而且有着不同的起源。

我们要用比实际多得多的聚合和叠加将它建造起来。一个不想冒昧地主张拥有两种灵魂的德意志人，在我心中，他似乎已经严重地触犯了真理。更确切地说，就是将一些灵魂遗留在真理的下面。作为一个庞大的种族融合，甚至是前雅利安因素居大多数的民族，作为任何理智意义上的"中央民族"，德意志人比其他任何一个民族都要不可捉摸、矛盾重重，而且不容易被认识、估量，甚至有时是一鸣惊人、令人害怕——对于定义，他们可以脱口而出，以至于让法国人感到彻底绝望，这就是他们身上所体现出来的德意志特征。

那么，"何为德意志？"这是一个永世没有得出答案的问题。科采布认识的德意志人真是够朋友，他们向他吹嘘"我们认识"，桑特也自认为与他们相识。让·保尔知道，当自己愤怒地对待撒谎的费希特对爱国主义的阿谀奉承和过分抬举时，自己都做了什么。但是，也存在这种可能——在对待德意志人的看法上，歌德和让·保尔也存在着差异，如果说歌德在涉及到费希特的问题上，认为让·保尔是正确的。那么歌德对于德意志人究竟有什么看法呢？但是，歌德对于自己周围的许多事物从未说清楚过，甚至是其一生精通的雅致的沉默——也许他对此有充足的理由。但是毫无疑问的是，这并不是"自由之战"，这些战争使他仰慕崇高的程度并不亚于法国大革命。由此他对《浮士德》，也就是"人"的课题的想法发生了改变——这就是拿破仑的出现。歌德说话的语气就像是出自外国人的声音一样，他用一种不耐烦、生硬的语气否认德意志人引以为豪的东西。他给著名的德意志情感下了一个定义为："具有陌生性和特别软弱的宽容。"歌德的这种说法难道不公平吗？这句话很准确地将德意志人的特征表达了出来，并且体现了人们对德国人的不公平的看法。德意志的灵魂中拥有洞穴、藏身处、古堡地牢、通道和过道，它们无秩序，不规则排列，其中还隐藏着许多神秘的刺激。

德意志人精通如何做到天下大乱的秘法，就像任何事物都懂得爱惜自己一样，德意志人则喜欢一切不清澈的、自然生成的、肮脏的、昏暗潮湿的和具有灾难性的东西。因为他们将每个种类的不确定性、无布置安排、随其自然看作一种"深沉"。德意志人本身并不存在，而且他们正处在变易生灭、"发展"的阶段。"发展"，这就是在哲学公式的伟大领域里，标志着德意志最初的出土文物和成功之作——它是一种统治概念，在与德意志啤酒和音乐结盟的基础上，致力于将整个欧洲德意志化。站在谜语面前的外国人，因为害怕而目不转睛；而这个谜语却向他们揭示了德意志的根基上存在着矛盾的天性。黑格尔将这种天性纳入了体系，后来，里查·瓦格纳则把它归到了音乐里。

"亲切与恶毒"，两者的并存，对于那些特殊的民族来说就是一种悖理和荒谬。但遗憾的是，在德意志它却往往自我辩解：其原因是人们在士瓦本（德国南部的一个部族）的名义下，仅仅生活了一段时间而已！因为德意志学究们的愚蠢，社会性的无聊，使那些恐吓别人的做法与轻快的舞绳和莽撞共存。而在这种莽撞的举动面前，任何神灵都知道了什么是害怕。如果人们将这种"德意志灵魂"展现在眼前，那么人们一定会发现德意志的审美，并且洞察到它的艺术和风俗习惯。因为与"审美"相对立的就是农夫般的漠然！最高贵的人怎么会和最卑贱的人并肩而立呢！

无序和富有竟然掌管了一切灵魂！德意志人是靠灵魂将自己向前拖拽的，而引导他们的仅仅是自己所经历的一切。他们并不能很好地消化自己的事件，而且他们根本没有能力自己解决这些事件。然而，德意志的那种"深沉"，通常只是一种简单的沉重，带有一种迟疑的"消化"功能。这一点同那些一切习惯性病人、一切消化不良者需要拥有舒适的嗜好一样，德意志人也很喜欢"坦诚"、"老实"，但是拥有了坦诚和老实，又怎么会舒适呢？今天，这或许就成了德意志人最危险和最幸福的外衣。这种温暖、怀有好意的东西就是德意志对诚恳的摊牌。这即是魔鬼靡菲斯特的高超艺术。他们希望以此将事情"携至更远的地方"！

德意志人会用一双忠实的、空洞的蓝眼睛观察这一切。但是外国人，却经常将德意志人和他们的睡衣混淆在一起！我原本想说：成为德意志"深沉"的东西，事实上正是这个"深沉"所要的。我们可以暗地里嘲笑这种"深沉"——我们要保持住"深沉"的外貌和美名，而且对于普鲁士的"果敢"和柏林的诙谐、沙土来说，我们不要积极低劣地败坏深沉民族的历史久远的名声。对于一个民族来说，能够承认自己是深沉的、不灵活的、好心肠的、正直的、不聪明的，是一项聪明之举，这个民族甚至可以成为深沉的民族！最后，人们应当将无比崇高的荣誉赋予德意志人，人们并没有无谓地称其为"条顿"的民族、迷惑人的民族……

音乐与人生

音乐是人类灵魂的释放，也是人类精神与感情的代言者。"善良古老的"年代并不存在了。或许它在莫扎特那里会成为一种绝响——我们是多么的幸运，他的罗可可没有停止对我们的诉说，他的"美好社会"，轻柔的狂想，以及他对中国式的花饰所表现出来的童真；他心中的礼貌规矩，他对窈窕、恋人、舞者、哭啼者的要求；他对信仰的罪恶，可以向我们中的某种残余发出仁慈的呼吁！啊，真不知是什么时候，这一切竟然顷刻间变成了过眼烟云。可是，谁又会怀疑，在对贝多芬的理解和欣赏不断变化的同时，这些会消失得更早呢！

贝多芬的确只是一种风格过渡和断裂的终结者，他与莫扎特之间存在着差异。贝多芬是欧洲一个伟大的、延续了百年之久的审美终结，而且是一个老套的、松散的过程。它不断裂变着，并且形成一个未知的、年轻化的、渐渐靠近的灵魂。处在他的音乐之上的，是一种永恒的、丧失的、放荡的希望之光——它也是欧洲沐浴过的那道曙光。卢梭曾经梦见过它，这道曙光正围绕在大革命的自由之树旁边翩翩起舞，最后，甚至出现在了拿破仑的面前。可是现在，往日的这种感觉正迅速地消失掉了，今天要想体会到这种感情是多么困难——就像卢梭、席勒、雪莱、拜伦所说的那样，这对我们的听觉来说是何等的陌生啊！

在这些人当中，欧洲人找到了通向这个词汇的道路，并且深刻了解应该如何用贝多芬的音乐将它演奏出来！那些源自德意志音乐的东西，则属于浪漫主义。换句话说，就历史而言，与那场伟大的幕间剧相比，那个欧洲从卢梭向拿破仑、向民主兴起的过程来说，这些已经显得更加短暂、更加草率，甚至是极其肤浅的运动。

韦伯的《自由射手》和《欧伯隆》，如今我们已经不知道它们是什么了！或者，马尔施纳的《汉斯·海林》和《吸血蝠》；或者，甚至包括瓦格纳的《汤毫塞》！即使仍然没有成为被遗忘的，却也是消逝了的音乐。一切浪漫主义音乐都没有高贵的成分，并且不具备音乐的品格。除了剧场和大庭广众之前，再找不到可以保留它们的地方。因为它根本就属于二流音乐，现实音乐家很少去留意它。费利克斯·门德尔松，一位出生在哈尔基扬的大师，因为自己那轻松、纯情、喜悦的灵魂而迅速地得到了人们的崇敬；当然，他也以同样的速度被人们抛到了脑后，因为他是德意志音乐美妙的过程。提到罗伯特·舒曼，这个人将事情看得很严重，并且刚开始的时候就把事情看得很严重，他也是最后一位创立学派的人。

现在，在我们中间，很多人都被这个舒曼式浪漫主义克服着，谁能说这就是一种幸运呢？或者是一种舒心、一种解放？舒曼，由于他将自己的灵魂投进了"萨克森瑞士"，所以，这个灵魂的一半是属于维特式的，另一半则是让·保尔式的，丝毫没有贝多芬式的因素！对于他的曼伏雷特音乐来说，就是一种失策和误解，甚至是无理的举动。从根本上说，舒曼的审美只是渺小的审美，即一种对安静的抒情与陶醉。这虽然是危险的，但是在德意志人之中，却是一种双倍危险的嗜好。他们常常都是靠一边行事，一边害羞、萎萎缩缩、扭扭捏捏，显示一种高贵的柔弱的人。他敢于隐匿在幸福和苦痛之中。从一开始就像一个羞涩的姑娘或者是一个神经过敏的人一样。因为，这个舒曼早已成为音乐中的德意志事件，与欧洲没有任何关系了。这一点与贝多芬的情形相似，更广泛地说，这与莫扎特曾经历过的情形相同，即完全丧失了欧洲灵魂的音乐，而沦为单纯对祖国的一种危险。这种危险同时也威胁到了德意志的音乐。

德意志的风格，基本上与乐声、耳朵没有什么关系。这体现了一种事实。正是由于我们善良的音乐家，谱写了大量的最恶劣的作品。而对于德意志人读谱的声音不高，其实这一点并不是用耳朵听的，反而是要用眼睛看的。因为，在这个问题上，他们将自己的耳朵放在了抽屉里。古代人读，都是给自己读的，如果说古代人读的话——在过去，这种事是屡见不鲜的，而且古代人还要大声朗读。如果我们私下问其原因，对方一定会用高声回答道：意思是想说，使所有音响肿胀、弯曲、颠倒，以及变换速度，这是古代公众常用的一手。那个时代，书写风格法与演说法总是一模一样的。而对于风格法则来说，一部分取决于令人惊奇的训练和耳喉的精练的需要；另一部分则归因于勇敢、坚持不懈、古代肺脏的权力。

　　就古代的意义来说，这一时期首先属于生理学的整体，如果它是用一口气进行概括的话。这种时期与在狄摩西尼那里，在西塞罗那里出现的时期相同。两次肿胀，两度下跌，但是这一切仍然在二呼一吸之中进行着，这也可以说是古代人的一种享受。这些人习惯于用自己的素养对一些美德进行评估，而这种行径常常出现在报告中的罕见物和困难物——但是我们却对这种伟大的时期哑口无言。我们是现代人，所以无论从哪个意义上来说，我们都是气短的人！而那些老人，换言之，在演说中统统都是半瓶醋，因此成了行家，或批评家。这样一来，他们便把自己的演说家驱赶到极限的地步。

　　运用与上个世纪相同的方式，所有意大利人，无论男人还是女人，都通晓歌唱。在这里，歌唱的名家往往攀上了高峰。可是，在德国，直到最近一段时期，舞台上出现了一类具有雄辩口才的人，他们十分羞怯而笨拙地刺激了那些人振荡的青春。但仅仅存在一种公开的、基本合乎艺术的演说。在德国的传教士运用每一个音节、每一个词汇，在一句话中敲打、跳跃、跑动，似乎激动得要溢出时，他所听到的良心故事，大多是丑恶的良心故事。因为，他拥有这样的理由：让任意一个德意志人达到演说中的精明干练实在是罕见的事情，或许根本是不可能的事情。因此，对于德意志的诗歌杰作，往好听点儿说，是最伟大的传教士的杰作。到目前为止，德意志最好的书就是《圣经》；与《圣经》相抗衡的其他所有作品，几乎只剩下"文字"一种事物了——由于它在德国没有较好地成长，所以在德意志人的内心没有留下较深的印象，当然现在也没有留下什么。

艺术的意志力

整个德国哲学——就名家而言，如莱布尼茨、康德、黑格尔、叔本华此类——是目前为止最彻底的浪漫主义与乡愁，因为他们对历史上最为辉煌的事物提出了要求。无论身在何处，人们再也享受不到宾至如归的感觉了。最终，人们要求回到亲切放松之地，想在那些地方独享家居的乐趣——这即是希腊世界！然而，通往那里的所有桥梁都早已断绝——除了概念上的彩虹。概念无往不至，通向所有被希腊精神称为家园与"祖国"之地！显然，要想踏上这些桥梁，人们必须身轻如毛薄如纸才可以！然而，在此种精神性甚至是精灵性的意志中，还奢谈什么幸福！如此一来，人们与"碾压和碰撞"，与自然科学机械论的行径，与"现代观念"上的年度集市的喧嚣又有什么两样！人们将回归，超越教父奔向希腊人，从北方向南方奔去，从公式向形式转化。在此过程，人们还将回味古代文化的终结——基督教，就像体验通往古希腊文化的通道一般，体验着古老世界本身的美好，也像是对古希腊的概念与价值的欣赏，对这幅多姿多彩的镶嵌画的品评。阿拉伯式的装饰图案，涡卷式的装饰图案，抽象的经院哲学家的洛可可式——不管怎样，终归要比北欧的农夫与平民的古板写实好得多。它更为细致、俏薄，始终具有更为高级的精神性；是对农民战争与平民暴动的抗议——后者更靠近北方的精神性，因而成为统治者，并且将那位"非精神性的"伟人——路德奉为领路人。

如此看来，作为对抗宗教改革的一部分，德国哲学甚至还能够归属于文艺复兴的范畴，至少体现了文艺复兴的意志，是对古代文明与希腊哲学，特别是对苏格拉底之前的哲学——古希腊文明中消失的最高深的哲学——的深度发掘之后发现的后继意志！或许在几百年之后，人们会下如此的结论：在这一点上，德国所有的哲学著述都将享有逐步收复古希腊哲学失地的尊严，这与德国人将重新连结被扯断的纽带（那条连接着希腊人即迄今为止最高等"人"的纽带）这一更高使命相比，对"独创性"所提出的任何要求都显得小家子气，滑稽可笑。现如今，我们将对世界的所有原则形式做出创新的解释。在阿那克西曼德、赫拉克利特、巴门尼德、恩培多克勒、德谟克利特与阿那克萨哥拉此类人中，古希腊精神发现了这种对世界的解说。我们将逐渐希腊化。首先是概念与对价值的衡量——这仿佛是希腊化挥之不去的幽灵。多么巧！但愿今后我们的爱也同样挥洒自如！在这一点上，我一向寄托了对德国人全部的希望！

如同命中注定的一般，伟大的使命与问题悄然来临。如何统治整个世界？完整的"人"（并非一国公民，或某个种族的概念）的驯化应驶向何方？

立法者的道德仍然是主要的手段。借助此种道德，能够将人塑造为受到创造性与深沉的意志所青睐的东西。但首要的条件是，这一最高级的艺术家意志必须持有暴力，同时在很长一段时间内能够以立法、宗教以及风俗习惯等手段贯彻这一创造意志。现在，或许还包括今后的一段时期，要想寻求这种极富创造性的、极其伟大的人物，我认为只是白费力气。因为这种人根本不存在。只有在人们历经几度失望之后，才会认清这一事实，并且开始明白，这世界上没有比被现在的欧洲人直呼为"道德"的东西更仇视此种人诞生的了。因为好像实在没有，也不会有其他的道德——此前提及的群畜道德极力追求的是满眼绿意的牧歌式的世俗幸福，即追求生命的安全、舒适与轻松；直至将来，"倘若万事皆顺利的话"，牧人与领头羊也将不被需要了。道德散播最广泛的这两种学说称为"平等权"与"对所有受苦之人的怜悯"——应该消除所有的痛苦，将痛苦从他们中完全清除出去。这种"观念"永远不会过时，但这种调调有损时髦的定义。但凡郑重思索过植物之人的生长环境并注意到其发展方式的人，都会误以为这全是在相反的情况下发生的；误以为植物之人的生存环境极其恶劣，由于长时间的压力，其发明与调节能力要经过激烈的斗争，其生命意志应该被强化，直至成为绝对的权力意志及强权意志；误以为危机、恶劣、暴力、阻碍以及来自内部的威胁、不平等的权利、隐匿性、斯多葛主义、诱惑的艺术及各式魔幻妖法——所有群畜希望的反面对人的自我提升都是必须的。这种道德带有相反的意图，企图将人往高处驯化，而不是往向善而平庸的方向驯化。旨在对统治阶层，即未来的地球主人的道德方向进行驯化，这一道德必将使自身结合当下的风俗与律法以利用后者的发言权并罩上后者的外衣。但为做到这一切，必须先要创造诸多过渡性的欺骗方法。然而，同完成这项艰巨任务及首创一类新人相比，个人的生命历程是远远不够的。在新的主人的种类与等级中，唯有意志——即本能——才能持续几代人之久，这一点是显而易见的，就如同其思想中诸多冗长而不易表达的内容一般。

基于创造具备最高意志力与精神性的人（一个特殊的强大种类）的目的，价值将被予以倒转；为实现这一目的，将其留存的大量遭人非议的本能，小心翼翼地缓慢释放。关注到这一问题的人即属我们之列，因为"自由精灵"——到目前为止的新种类中的"自由精灵"——或许渴望过相反的事物。我认为，欧洲的悲观主义者即首先归了这　类。由于对整个生存状态心存不满，暴躁的理想主义诗人与思想家们至少也会对今人不满，这并不违背基本的逻辑；同样，某些贪婪而追名逐利的艺术家也会毫不犹豫地加入争夺更高等人的权力、反对"群畜"的战斗，并且利用诱惑的艺术手段对遴选出来的精灵们的群畜本能与警觉进行催眠；此外，再加上那些批评学家与历史学家——这三者组合必将勇敢地使有机会开始的对旧世界的发现之旅——也是新哥伦布（德国精神未竟的事业）——发扬光大（我们始终站在这一征服之旅的起跑点）。实际上，与今日的道德相比，统治着旧世界的道德显得更为顺从，并且也更强烈、更深刻地影响了希腊人。他们是目前为止仅有的"成功者"。但是，这些成功者——即强者与伟人——将会因古典文化的诱惑而受到影响。即便是现在，一切反民主与反基督教的诱惑依然发挥着这样的效用，魅力依然，毫不逊于文艺复兴时代的诱惑。

爱的心理学特征

在一些主要的问题上，我对艺术家的赞同之处要多于迄今为止的一切哲学家。因为哲学家们没有忘记生命走过时留存的伟大足迹，他们对"本世界"的事物充满热爱，可他们感受这些事物的感官却趋向"非感性化"。我认为这是一种误解或者是病态，也许在它并不是单纯的虚伪与自欺之处，即是一种疗法。我渴望与未患有清教徒良心恐惧症的人生活在一起——生活原本就是这样，令自己的感性日趋精神化、多样化。我们当然要对感性的自由、丰盈和有力表示感激，但我们更应该用所拥有的精神佳品来充盈感性。感性的名誉被传教士与形而上学所损害了，可我们并未参与其中！这种诽谤也不是我们所需要的，因为这是成功者的象征，倘若如歌德这样的人日渐沉迷于"世界事物"，即是对人这一伟大见解的坚持，以至于人成了神化生命的角色——倘若人知道如何神化自己的话。

不自觉的劳动者与预备者已经被我指明了。但尽管我心存几分侥幸，可应该去哪里寻求我这种至少为我所需的新型哲学家呢？唯有在那里，在那充满着高雅思维方式之处。这种思维将信仰奴隶化，无论信仰何种高等文明，其前提都是信仰的高度从属性。但在创造性思维方式占主流的地方，享受安逸、

"所有安息日的安息日"都不被认为是世界的目的。即便在和平年代，发动新战争的手段也受到关注。这种思维方式立足于未来，高瞻远瞩。它恪尽职守、处世冷静、独断专行。这是一种决绝的、"非道德的"思维方式，它要将人的善与恶同时带入驯化的轨道，这来自于它对自身能力的信任——有能力将两者置于相生相克的位置上。然而，如今谁会去寻找哲学家呢？他又将用怎样的目光去探求呢？第欧根尼的灯笼为他照明，日夜奔忙，只是徒劳。今后不会再见到这种情形吗？这一时代表现出截然相反的本能：第一，它要求舒适；第二，它需要观众与演员的配合，那喧嚣的叫喊声同年度集市的热闹场面很相衬；第三，它要求所有人以最卑贱的奴性向天下最大的骗局——"人的平等"——三拜九叩，同时对规规矩矩的美德顶礼膜拜。但这样一来，实质上却阻碍了我所需要的哲学家的产生。虽然有些无辜，但能否保证自己已为哲学家的产生竭尽全力了呢？事实上，现在，前代哲学家的拙劣表现已为全世界所诟病，（这些人）被置于火刑的柴堆中，良心未泯，依然高调宣讲着教父的真谛。然而真理却说，培育强大广泛的、大胆冒险的精神性的条件始终存在于此，而且与它现在的生活条件相比更为优越。如今，另外一些精神，即煽动与伶人精神，或许还包括学者的海狸与蚂蚁精神，为这种哲学家的诞生创造了更为优越的条件。如此一来，高等艺术家们的处境就可想而知了。难道他们不是几乎都要毁在内在的无驯化性上吗？那些以教会或者皇室的绝对价值表来压服他们的外部势力是绝对不能得逞的。因而他们也就对"内在的暴君"意志不再严加管束了；而艺术家们合用的事物，同样为那些高级的与灾难性的哲学家们所喜爱。如今的自由精神何在？然而，现在的人却为我点出了一个自由精神！

单从表象来看，个人主义与要求平等权利——这两个现代欧洲人的突出特征是相互矛盾的。现在我们才明白：个体是最让人感到羡慕的虚荣——一方面，当个体意识到他人与自己同等地位时，即刻就会觉得不好受；另一方面却在固执地提出同等身份的要求。这即是社会种族特征的一个表现。事实上，在这一种族中，天才与力不太可能反目成仇。渴望孤独，渴望摆脱一些作为估价者的自豪感，这同样不能得到谅解。有人认为，最"伟大的"成就只能在大众之中产生。是的，人们甚至还未觉悟到，大众的成就只是一项渺小的成功，占有美的人毕竟只占少数。休想从道德家那里弄清楚人的"等级制"。教区良心对法学教师来说还是一个未知的概念。个体原则也对伟大的完人"一视同仁"，并且傲慢地用同等地位的口吻要求识才的慧眼。因为在这些迟来的文明化的文化中，所有人都具备一定的天分，这也就意味着，所有人都有机会获得属于他的那份光荣。因而今日炫耀渺小成功的活动是从前没有过的。因为时代被人们赋予了一副公平面孔。然而时代的不公不仅显现于愤怒之中，同时也显现于艺术之中，然而矛头并非指向暴君与民众的谄媚者，那些高贵的人却成了众矢之的——谁让这些人对众人的赞词不屑一顾呢！要求平等（法律面前人人平等之类）也属反贵族政体的思想。

同样的道理，对消失了的个体而言，这一时代是陌生的；那些大隐于市的伟人、不甘寂寞的人也感同身受，因为这里存在过种种高等人（最伟大的诗人们也属此列）的颂扬和热爱；抑或像希腊的"城邦"、耶稣教团、普鲁士军团与吏制组织；又或是伟大先驱的学生与后继者。因而，务必多一些非社会的形态，少一些无益的虚荣。

爱与心理学的初衷，即是原因——我们将会领悟有关主体统一性的种类观念，也将出现掌控公众团体的最高统治者（并非是"灵魂们"与"生命力们"），也就是治人者对治于人者的依赖与等级制观念及其同时实现主体与整体分工的条件的观念。同样，获得生命的统一体在产生与消亡中不断轮回，仿佛永生并不属于主体；服从与发号施令同样存在着斗争，而权力界限的不断变更与确定，同样是生命特性的表现；治人者固有的无知通过某些方式，或是对公众团体的干扰被表现出来，同样属于可以维持统治的条件。总之，我们能够进行对无知，对伟大而粗陋的观察、简化与扭曲、远景式的事物进行估价。但最关键的是：我们要将治人者与臣服者看成同类，感受、愿望、思维都为大家所共有，只要能够看到或猜到肉体运动的地方，我们都要学着同某个从属主体的无形生命联系起来。对视觉而言，运动只是象征性的，表示某物已被感知、被思维、被赋予愿望。

主体与精神的所有自我表现被主体直接询问，这显然存在危险性，因为对精神活动而言，对自身错误地解释或许是有好处的，并且也是非常重要的。所以我们应该询问肉体，并对严厉的感官上传的证据不予采纳。

这是因为，倘若人们愿意，我们也将关注臣服者是否具备同我们交往的能力。

判断即是信仰，"此事原本如此。"由此，判断较为隐晦地承认自身遇到了一个"同等事件"。凭借记忆，比较成为判断的前提。然而判断不说似乎有个同等事件，它也做不到，而认为是知道这一事件的。原本就存在同等事件是判断的前提。这样的话，又该以怎样的概念来命名那种有着更长的工作时间、渊源更久远、而未能平衡同等事件并使之近似的功能呢？以此类推，基于第一功能的第二功能——诸如此类的功能又该怎样命名呢？尽管"激起相同感觉的事物是相同的"，而那种可以激起多种感觉一致"认定"它们是相同的事物又该如何命名呢——假使不先在感觉内部进行平衡的演习，或许判断也就无从谈起。只有在对习惯物、经验物不断重温的情况下，记忆才得以留存。判断之前，同化的过程不可或缺，其中也有个智力的非意识活动，如同受伤必会感到疼痛一般。或许内在事件即是同化、排泄、生长等过程，能够适应各种有机功能。

最为关键的问题是，要从肉体出发，并以之为线索。肉体现象更为丰富、需要认真地观察。对肉体的信仰更胜于对精神的信仰。

"或许因为对某事物极度信仰，以至于都没有真理的标准了。"可什么是真理呢？难道有某种信仰已为生命所必需了吗？当然啦，比如就因果关系而言，强大即是标准。

爱与美的升华

以下是在佛教中占统治地位的思想："所有引起欲望、流血的现象与渴望都会转化为行动。"佛教只从这一层面上的意义告诫人们勿施恶行。行动本身并不具有任何意义，它附着于生命之上，而一切生命又都是无意义的。在他们看来，恶将会致使采用其目的的手段遭到否定，因而恶是造成逻辑现象的动力。他们之所以抗拒来自欲望的刺激，是因为正在探寻一条通向不存在的路途。比如，不可胜仇恨！不可报复！最高的价值标准是厌世者依据自己的快乐主义提出来的。在佛教看来，与自己背道而驰的莫过于使徒保罗所教唆的犹太狂热；甚至可以说，再没有比教徒们的这种狂热兴奋、躁动不安更加违背佛教宗旨的了。特别是其感性的形式——在"爱"的名义下神化了的基督教形式。即便如此，利用佛教为自己谋福利的仍是那些堪称有修养甚至是超脱精神的等级。这是一个因经受了数个世纪的哲学鏖战而筋疲力尽的种族。然而从历史文化的角度来分析，它与产生基督教的等级是不同的。总而言之，超越善恶的现象出现在了佛教的理想中。佛教对道德彼岸性也进行了及其细腻的构想，人的正果与其同时发生。但先决条件是，对善行的需要只是人们的权宜之策，是脱离一切行为的手段而已。

心理学的统一性观点。我们习惯这么认为，形式的发展始终适应于统一体的由来。

我的学说：实际上，权力意志是一种粗俗的激情形式，其余的激情只是权力意志的辅助。

在我看来，有一个观点是非常重要的——设定权力取代个人的"幸福"。所有生物都必须追求权力："生物要追求权力，并且要追求很多权力。"获得权力的象征就是快乐；生物不会追求快乐；但是，一旦它获得权力时，也就会随之感受到快乐；快乐与生命共存。

我认为，所有的原动力都是权力意志。此外，不会有任何肉体的力量；精神之力也是不存在的。

在科学领域中，因果概念成为与功利性相同的关系。这说明，不管哪一方都有相同的力，但是不会有原动力。因为，我们只在乎结果，假如只以力的内容而言，我们设其相等……

这只是经验之谈罢了，也就是我们常说的变化不息。原本我们就没有理由认为一个变化之后紧跟着另外一个变化。相反，已经达到的某一种状态，好像必须保存自身，如果它愿意的话。有关斯宾诺莎"自我保存"的这个题目，早就应该终结了。因为这个命题是错误的，如果能够反过来倒也变得真实了。但是，所有生物都清楚地说到，它们所做的一切都是为了增长，而不是为了保存自身……

你想知道陶醉的力量能够达到惊奇的程度的证据吗？"爱"就是证据，是世界上所有语言称之为爱的东西。陶醉用以对付现实性的方式是，让因为消失在爱的人的意识中，他物则取而代之——女妖的魔镜所抖动的闪光。在这里，人与动物并没有区别，更不会有精神、善良、真诚了。如果一个人非常机灵，那么他会被机灵愚弄；如果一个人非常粗俗，那么他也会被粗俗愚弄。但是，爱，对上帝的爱、拯救的灵魂的神圣之爱，其根源都是因为发热，所以变形；是一种善意的自欺。不管怎样，如果有爱，那么他是一个彻彻底底的自欺者。因为，人们的自身可以变形，变得更加强壮、更加富有，成为一个更加完美的人。在此，我们发现了器官功能的艺术性。因为，我们将艺术与天使般的本能——"爱"结合了。在我们看来，爱是生命最伟大的兴奋剂。所以，即使艺术会撒谎，也可以称为崇高的功利主义。我们不应该对艺术具备的说谎的权利无动于衷。艺术的功能超过了我们的想象，甚至颠覆了自身的价值。有爱之人是最强大的。爱可以诱使动物产生新的武器。例如，变换身体颜色和形态。人也是这样。有爱之人，他的家当要比无爱之人更加丰富、更加全面。有爱之人善于挥霍，那是因为他有能力让自己挥霍。有爱之人敢作敢当，是天生的冒险家，这样的人会因为阔气和单传变成一头驴。他信奉上帝、美德与爱；另一方面，这个幸运的人儿会再添羽翼和技能，以至于创造出通向艺术之门的道路。如果我们将抒情诗的声调和语句做以整理，那么抒情诗、音乐几乎不会再出现了！也许这就是为了艺术而艺术吧！陷于沼泽地里的绝望的青蛙，发出了"咯咯"的声音……爱创造了一切……

对那些在从事艺术的人的体内活动的肌肉和感官来说，所有的艺术都能够带来灵感。因为，总是那些灵敏、机智的艺术家在讲艺术。"外行"是一个错误的概念，就好比聋子不屑于听力正常的人一样。

所有类型的艺术都可以强身健体、激发快乐，以及激发一切敏感的记忆——进入这种状态的特殊记忆。因为，一个远去的、瞬间消失的、充满了骇人听闻的世界又回到了现实中。

丑陋的东西，与艺术相矛盾的东西，从艺术清除的东西，都是对艺术的否定。当遥远的地方激起人们的衰弱、贫乏、无力、散漫、腐败的时候，美学之人就会表现出否定。丑陋的东西让人变得沮丧。因为，丑陋等同于沮丧。它会涣散人们的精力，让人变得抑郁；丑陋的东西会暗示丑陋。依据人的健康状态可以检查出来，虽然逆境产生丑陋之物的程度不同。因为事物、兴趣不同，所以选择也不同；逻辑会产生丑陋的状态——笨拙。面对这种情况，机械意义上的平衡也就不存在了。因为，丑陋让人们的行动变得迟缓。

美学中充满了信息，同时，对刺激和符号也异常敏感。它是信息的来源，是生物间互相传递信息的顶峰。语言是从这里发源的——声音语言、举止语言，以及眉目语言。开端才会产生最精彩的现象，因为我们的能力在强劲的影响之下变得纤弱。但是，就算是在今天，人们仍然会用肌肉，甚至是肌肉来读，来聆听。

所有已经成熟的艺术都有一套准则作为基础。就这个意义而言，准则也就是语言。准则是艺术的一个条件，而不是艺术的阻碍物；同样，生命的提高可以增强人们的交际能力、谅解能力。对于其他灵魂的适应能力，与生理学的敏锐相关，而不是与道德相关。"同情"，或者"利他主义的"，都只是精神心理的联系与发展。人与人之间从不交流思想，因为，人们交流的动作、信号，被当成了人的思想。

在此，我要将所有的心理状态设定为完善的生命信号。实际上，人们今天所认为的这些状态都是错误的。刚才我们并没有谈论健康和病态之间的矛盾，因为这与程度问题相关。我的主张是：今天被人们看作健康的东西，其实只能在有利的条件下才会变得健康。相对来说，我们都是不健康，只有艺术家与健壮相连。在我们身上有害的、病态的东西，在他们那里都是天性；但是有人反驳，正是机器的缺乏，才造成了对灵感的特殊理解。那些歇斯底里的女性就是证明。

充沛的精力与勇气，与生命的贫乏相同，其本身也会产生束缚、感官幻觉、机警的灵感。条件虽然不同，但是结果相同。首先，预想的结果并不是这样。所有病态的天性陷入乖僻之后，都会表现出极度的倦怠，但是这与艺术家的状态并不相同。因为，艺术家并不需要对自己的幸运忏悔。艺术家的财产，足够他肆意挥霍，而不会变成穷人。

例如，有人把"天才"看作患有神经官能症，也许艺术的灵感也会受到相同的待遇。实际上，我们的艺术家与那些歇斯底里的女人一样！因此，这并不是在反对"艺术家",而是在反对"今天"。

客观性状态是非艺术家的状态。这表明意志涣散（叔本华认为，艺术能够否定生命，这就是他对艺术的可恶的误解）……

基督徒是非艺术家的状态：制造穷人、吸血鬼，在他们的监督之下生命变得痛苦不堪。

陶醉感与实际能力的过剩相连，尤其是两性发情的时候更加强烈。新的器官、颜色、形态，"美化"是提高了的力的表现；"修饰"是意志的表现，是增强协调性的表现，是渴望协调的表现，是准确的重力的表现。力度增加的结果，则来源于逻辑性和几何学的简化。因为，这种简化还会提高力感，成为发展的顶峰。

一个种族是否颓废，要看它有没有丑陋的恶习，以及是否缺乏协调的能力。用心理学的表达方式来说，这意味着因为缺乏组织能力，所以产生了衰败。

图书在版编目（ＣＩＰ）数据

尼采哲思录 /（德）尼采（Nietzsche,F.）著；尤青译 . —北京：北京联合出版公司，2013.9（2024.1 重印）

ISBN 978-7-5502-1839-0

Ⅰ . ①尼… Ⅱ . ①尼… ②尤… Ⅲ . ①尼采，F.W.（1844 ~ 1900）—哲学思想 Ⅳ . ① B516.47

中国版本图书馆 CIP 数据核字 (2013) 第 200166 号

尼采哲思录

作　　者：［德］弗里德里希·威廉·尼采
出 品 人：赵红仕
责任编辑：李　征
封面设计：吴黛君

北京联合出版公司出版
（北京市西城区德外大街83号楼9层 100088）
北京新华先锋出版科技有限公司发行
大厂回族自治县德诚印务有限公司印刷　新华书店经销
字数196千字　787毫米×1092毫米　1/16　18印张
2013年9月第1版　2024年1月第5次印刷
ISBN 978-7-5502-1839-0
定价：59.00元